民主社會的
人權理念與經驗

*The Ideas and Practices of Human Rights
in Democratic Societies*

彭堅汶 著

人權是與生俱有的，這是今日絕多數人同意的一句話。可是人權是一個抽象的名詞，什麼時候有，什麼時候沒有，什麼時候受到侵犯，什麼時候要站出來維護等等問題，還不是一時之間可以得到答案的。

以人權來和一個人的影子作比較，我們每日走路出去，一看到地面上就知道今天出來時影子都緊跟著。偶爾影子不見了，那是因為沒有光源而暫時消失。隔了不久，若是陽光再現或是走到街燈下，那時影子必然還是緊跟著。所以，沒有人會為影子的存否而煩惱。

人權呢？每一個人的所有人權，事實也就像是影子一樣隨時跟隨著人們，在民主社會中一般人平日大都不必去煩惱其存在與否。但是，當一個人的權利被剝奪或受到侵犯時，日常生活所受的影響極大，而失去或被剝奪的權利卻不像影子一樣很容易就可找回來的。然而剝奪人權卻不是極權國家所專有的事，每一個國家都可能有人權問題，只有在沒有人類居住的地方才沒有維護和侵犯人權的問題，因此認識人權是每一個公民須具有的素養。

人權的概念是人類和其他動物的一項重要區別因素，也是人類文明的重要內涵之一，具有其他人類文明相同的演化、互補和增添的過程，至今已是多元且極豐富。人權的具體內涵，向來在世界各地都是有爭論性的，很難論斷是非、先進或落後，然可以確定的是，人權概念並不是因為有了人權理論或法條之後才存在的。理論和法條是綜合及歸納千萬年來累積的多元人權思想而來的，在未有人權理論和法條的社會中，絕對仍有其傳承和存在的。

有史以來世界性地統合人權概念是在聯合國成立之後，通過 30 條的世界人權宣言作為各國的共同理想。宣言源起於 1945 年 3 月在墨西哥市舉行的泛美洲國家會議中，一些拉丁美洲的國家堅決要求在聯合國憲章中放

入保護人權的條款。接著有 1300 多個民間團體在各地登報作同樣的呼籲。促使在 1945 年 4 月 25 日，46 國代表在舊金山開會成立聯合國時，憲章中有五處提到人權。包括：在憲章的前言，指明保護人權是聯合國的四大宗旨之一；憲章第 1 條，明述聯合國的各會員國要達成合作⋯⋯，不分種族、性別、語言和宗教，促進並鼓勵尊重人權及基本自由；第 55 條標明聯合國將推動「普世尊重和遵守人權及基本自由」；第 56 條要求會員國承諾，採取個別或合作的行動來達到此目標；第 68 條授權聯合國經濟和社會委員會，成立一個新的委員會專門致力於提倡人權。此為創設聯合國人權委員會的法源。人權委員會在 2006 年 6 月 16 日終止運作，聯合國組成較高層級的人權理事會來處理人權事務。

人權委員會在 1946 年 6 月成立，由此召開多次會議和辯論起草宣言，終於在 1948 年 12 月 6 日完稿擬定世界人權宣言的 30 條條文。再隔幾日，於 12 月 10 日的聯合國大會中表決通過。

世界人權宣言誠如一些國家所指出，也許仍非完善的。因此聯合國之後再通過了經濟、社會和文化權利國際公約及公民權利和政治權利國際公約，總合一宣言二條約而稱為國際人權憲章。簡要的說，人類的歷史由神權、君權而演變至今的民權時代，1948 年通過的世界人權宣言，乃是代表現今人類尊嚴的最低條件，也是最受企求的希望。中華民國的代表張彭春先生為世界人權宣言的關鍵起草者之一，並擔任第一屆人權委員會的副主席，他的角色具有相當的代表性。他代表的是亞洲—東方文化中對於人權的銓釋，並將之溶入宣言的條文之中。

由本國代表支持的宣言通過之後，依宣言所示各國應該施行人權教育，廣布人權概念。然而，自 1948 年之後的 50 幾年間，本國人權環境逐有改善，但是國小、中學的教科書中仍未將 30 條的人權宣言列入其中。以至於各級學校執行人權教育時內容殘缺不全，學子對人權僅得一個模糊的概念而已，因此人權教育在今日的大專教育中是非常緊迫且待補強的要事。

　　彭堅汶教授在我國大專通識教育開授人權課程者中屬先行者，在未受到政治風浪的衝擊下即已專心傳授人權思維。彭教授的努力而後得到多方的肯定，教育部人權教育委員會在 2003 年正式會議中，曾邀請彭教授專程報告通識人權教學經驗，供全體委員學習及諮詢。

　　筆者敬佩彭教授在新的教席─崑山科技大學努力不懈，奉彭教授之召而開課支援外，今有幸拜讀教授新著，敬仰之餘謹以為記。

總統府人權諮詢委員會委員（第 1-4 任）
國際特赦組織台灣總會理事長（2002-2006）
教育部人權教育委員會委員（2001-2005）

蔡明殿

2013 年 6 月 20 日

高序

　　立憲民主國家，將人權保障條款入憲，使基本人權獲得憲法保障的地位，被認為是現代憲法的特徵。

　　不過，人權觀念與實質的發展，從第二次世界大戰之後迄今，有相當大的變化，從而有了第一代、第二代及第三代等不同的人權觀。但是，是不是全部三代的人權觀，都必須入憲取得憲法的保障，則有不同的看法；而且，在實際的各國憲政發展不同歷程中，除了基本人權是普世法則外，第二代及第三代的人權觀與憲法的關係，則是多樣的與複雜的面貌。

　　因此，對於後來發展出來的人權觀、憲法和民主之間的關係，是值得學術界深入研析的。就此而言，台灣學術界投入這一塊領域的學者專家不算多，成果也不算豐富。而且，一切泛政治化的台灣，人權甚至於成為各政黨，爭相競逐與標榜的招牌，此種風尚不僅不值得鼓勵，甚至應該予以嚴肅批判。

　　彭堅汶教授長期投注於政治發展的研究，於民主與憲政，時有獨到之觀點，著作甚豐，在學界備受肯定。從政治發展與民主憲政深厚的學養根基中，他這些年專注於人權的研究，今而能出版專書，為人權之研究做出實質的貢獻，令人敬佩。而本書對於人權的諸多論述與分析，深具參考價值，特此為序，並向各界鄭重推薦。

考試院考試委員
國立政治大學社會科學學院院長

高永光

2013 年 6 月 26 日

葛序

一般而言，人們總認為民主與人權是正相關的，愈民主的國家，人權保障愈完善。這個命題在多數的情形下是成立的，但在少數的例子中，尤其是在新興民主國家中，其人權保障是否一定比某些威權體制好，就是見仁見智的問題了。

在台灣，根據台大的研究，民眾在對民主優越性信念的變化上，1999年時有12%的人認為有些情況下威權體制比民主好，但在2001年政黨輪替後，增加到24.2%的人對民主感到失望，對威權體制感到懷念。國民黨執政時，平均失業率是2.78，民進黨執政時，則是4.43。根據行政院主計處公布的數據，2005年國民痛苦指數為6.43%，高過2004年的6.06%，再創24年來的歷史新高。行政院經建會「家庭收支調查報告」顯示，台灣最低所得家庭141萬戶，每年勞動報酬已降至新台幣14萬元，比1997年調查大幅減少6萬元，而與最高所得家庭相比，勞動報酬差距已升至11.95倍，創下歷年新高，也顯示台灣的貧富差距正在惡化中。《聯合報》在2004年12月26-28日民調顯示，台灣人民最不滿意的生活問題，就是貧富差距（不滿意比重為83，滿分100）。《天下雜誌》（*Common-Wealth Magazine*）2006年國情調查顯示，台灣民眾對「貧富差距」、「政府表現」、「社會公平」、「經濟表現」等項目的不滿意度至少達60%以上，創下5年來歷史新高，這些都是台灣經濟人權下降的證明。

此外，在隱私權方面，由於媒體的發達，狗仔隊的無所不在，對民眾隱私權的破壞，遠比過去嚴重。在新聞自由方面，政府對媒體的搜索，甚至威脅要關台（TVBS），都說明民主體制不一定更能保障隱私權和新聞自由。最近從國家公部門所牽涉的貪腐案來看，更可看出民主政府中的貪腐弊端，有時比一個懂得自制的威權政府更加可怕。政府對民眾的監聽，有時也侵害到民眾的隱私權。這些都是民主時代在人權方面需要改善的地方。

　　我的好友彭堅汶教授出版的書，適時的將民主社會的人權與經驗，做了完整的介紹與檢視，相信對釐清很多觀念與讓我們了解人權有很大的助益。彭教授在學術界鑽研政治理論多年，出版著作甚多，在學界著有聲譽，近年來又從事民主社會與人權教學多年，這本書是他多年教學的心得與心血結晶，特別值得向大家推介。希望藉著此書的出版，讓我們更加了解，民主社會在推動人權保障上仍有哪些缺失，讓我們能更加努力來改善民主的缺失和提升人權的保障，使民眾能真正生活在一個公平、正義、和諧、快樂的社會中。

監察院監察委員

台灣大學政治系教授

美國威斯康辛大學政治學博士

葛永光

2013 年 6 月 30 日

梁序

　　人權與民主是西方現代社會的重要政治價值，被認為是各種政治制度的合法性基礎。自上世紀初晚清年間以降，華人知識份子開始討論西方政治概念，亦逐漸認識西方政治制度，試圖吸收其思想精粹及實踐經驗。縱使人權與民主在台灣及其他華人社會在實踐上可謂歷盡艱辛，華人學者卻一直以來繼續潛深相關的研究。

　　彭堅汶教授長期進行有關人權與民主之研究，大作在民主與人權理論上提供深入淺出的分析。在人權理論的討論上，跳脫傳統集中在哲學討論的方式，從個別人權入手，其涉獵的廣度是罕見的。至於民主理論方面，書中分析了各種民主模式及形態，內容易懂，見解精闢。更難能可貴的是，書中引用人權與民主實踐上的資料非常豐富，特別是相關的網站，為讀者提供進一步了解的各種渠道。簡言之，此書在在顯示彭教授之用心及其治學的嚴謹態度，深信對讀者必能有所裨益。作為後輩撰寫此序受寵若驚，亦深感惶恐；惟作為友人，出於敬佩之心撰之，則深感榮幸。

國立成功大學政治系暨政治經濟研究所教授
英國牛津大學政治學博士

梁文韜

2013 年 6 月 12 日

自序

　　人權與民主均為「普世之價值」，尤其是人權的發展，在全球化（Globalization）的浪潮中，已經是可以超越國家的主權而成為世界的共識。換而言之，任何國家的政府，均是沒有任何的藉口可以去拒絕世界公民（World Citizens）在人權上存在的尊嚴與價值。因此無論是國際的NGOs或是IGOs，無時無刻不在檢視世界各國的人權狀況，每年並有定期評比的年度報告（Annual Reports）出版，以促進人類友善社群（Friendly Communities）普遍的建立。

　　人權是起始於對生命的尊重，而其前提也只有一項，即是只要是人，就當有其人的權利。因此其所包涵的範圍相當的廣，具體而言舉凡人在出生之前如墮胎的問題，生死之間如生存發展尊嚴的問題，死亡之後如毀屍鞭屍的問題，在在均是人權所要關注的對象。當然人權與民主一樣，它們是在人類「自覺的理性」（Rationality of Self-consciousness）中被發現，而且有很大發展的空間，即仍可在人類啓發性的覺醒中不斷充實其內容。

　　不過，無可否認者是民主社會中人權的追求，其核心價值（Core Value）仍在於社會正義（Social Justice）的體現。換而言之，正義雖有「實質正義」與「交換正義」之別，但人權仍須在「分配的正義」（Distributive Justice）、「對的正義」（Correct Justice）與「程序的正義」（Procedural Justice）之中實踐。惟無論如何，人類的行為仍必須養成「隨時隨地反省」的習性與能力，並以「前瞻性的反省」來代替「後悔性的反省」，如此人們才不致使自己成為別人痛苦的來源，同時也不致使自己成為他人進步的障礙。因為委實而言，畢竟人權的發展，乃是希望能儘早建立「人人有尊嚴」、「人人有希望」與「人人有未來」的社會，進而使每個人均能「很有尊嚴的出生」、「很有尊嚴的生存」、「很有尊嚴的發展」與「很有尊嚴的往生」。

　　基於以上的理念，個人 1995 年即在成功大學開設「人權與民主社

會」的課程。選修同學的專業背景，由於是遍及人文、社會、管理、理工
及醫學院，故使課程的研究與討論，更具有其特別的意義。再者，由於人
權所涉及的範圍極廣，因此本書所探討的主題，只能從兒童人權到往生者
人權，選擇較為社會所關心的議題來探討，爾後若有可能，當繼續探討未
盡之主題。當然由於個人能力所限，書中若有理念闡述或資料引用不周延
處，勢必在所難免，尚祈四方賢達不吝指正。最後必須一提的，即本書之
能順利完成，除個人專業興趣外，仍歸功於內人明秀多年的鼓勵與督促，
謹此致上最真摯的感謝之誠。

成功大學政經研究所暨
崑山科技大學通識教育中心

彭堅汶

2013 年 7 月 1 日

Contents

Contents

Contents

Contents

第一章
緒　論

　　人權（Human Rights）與民主（Democracy）的概念，雖然並不是具有什麼「創新」（Innovation）的概念，但它們卻是人類從 20 世紀跨越至 21 世紀，始終無法忘懷的兩項議題。因為，就亞洲、非洲及拉丁美洲的第三世界（The Third World）而言，事實上，有太多的開發中國家，不但為了民主與自由，付出了好幾代慘痛的代價，甚至連基本的人權，至今也沒有辦法獲得「穩定」而又有「持續性」的保障。像種種的暴力脅迫（Violent Intimidation）、國家機關（State）不當的干預、社會「歧視性的剝削」（Discriminatory Exploitation）、國際「恐怖主義」（Terrorism）的威脅……等，在在均使這些國家的人民，不知何時才能獲得免於恐懼的自由。（Zehra F. Arat, 1991: 55-75; Roy C. Macridis, 1986: 13-17）。而此亦如聯合國人權高級總署（OHCHR），在人權與民主專題討論中所評述的一般，全球的民主不但成就不足，民主化也是尚不完全的。（http://193.194.138.190/democracy/conclusions.doc）

　　此外，從變遷（Change）與發展（Development）的角度而言，世界民主與人權的思潮，事實上，已在人類經驗與自覺的理性中，獲得最大多數人的最大肯定。尤其是從動態的角度來探討，由下列各項因素所帶來的挑戰，更增強了民主與人權的角色功能，與人類無限的期待：其一是全球化（Globalization）；其二是知識經濟（Knowledge-based Economy）；其三是資訊科技的衝擊（Impact of Information Technology）；其四是互賴但競爭世界的來臨（Coming of Interdependent but Competitive World）；其五是日益增加的公民參與（Increasing Civic Participation）；其六是日增道德考

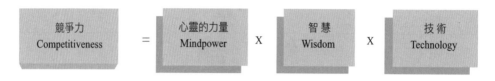

圖 1-1　競爭力的基本架構

資料來源：參見高希均、石茲宜編著，1997，競爭力手冊，天下文化，P.38。

量的需求（Need For Moral Consideration）；最後則是快速社會、環境、文化、政治、技術的變遷，及其對道德價值（Moral Value）的衝擊。換而言之，面對以上全世界種種的變遷，尤其是繼民主而來的人權覺醒的浪潮，這就是全人類今後必須面對的挑戰。

再則，從社會的角度來探究「競爭力」（Competitiveness），究實而言，提升「競爭力」意義，並非等於就是「為達目的不擇手段」。就整個國家而言，它即是共同創造財富及未來的能力，其中包括創新高科技的生產力（Productivity）、高品質的教育及高尚的價值理念。故依據學者的分析與歸納發現，事實上所謂的競爭力，如圖 1-1 所示，它是由心靈的力量（Mindpower）、智慧（Wisdom）與技術（Technology）相乘的積數所構成。其中「心靈的力量」，就包含人權民主高尚的道德與價值，「智慧」當然也並不只是腦的智力（IQ）因素。至於「技術」亦包括民主人權推理的方法。換而言之，終生學習的競爭力，假如能源於民主與人權的理念，來引發新的知識、價值、智能與技術的增長，必將使個人與國家的「總體競爭力」倍增。否則，任何違反民主與人權的心靈污染，假如達到人神共憤的程度，其他之技術與智商再好，事實上仍然是沒有什麼競爭力可言的。

因此，就人民的通識教育而言，假如大部分的人均注重民主與人權導向的終生學習，則優質國民的養成及其促進優質民主的建立，當有其積極

又正面的功能。同時，一般所稱「民粹主義的民主」（Populist Democracy），不但不容易發生，所謂法治（Rule of Law）的公民社會，在人權的普遍認知與認同中，當有利於憲政民主（Constitutional Democracy）的體現。因此，民主人權社會的建立，以選舉而言，就並不只是正當的競選的制度與技術而已，更重要的是全民必須有民主人權的智能與涵養，否則一切不正當的謀略，也只會使其成為只是人類政治的烏托邦（Utopia）而已。

　　然就台灣地區的政治發展而言，是經歷過一段刻骨銘心的人權奮鬥史。（李貞祥等編撰，2002）自發展至今，依據 Freedom House 的評比，1973年到 1977 年，一直是被列為「不自由國家」，1978 年到 1996 年則被列為「部分自由國家」，但到 1997 年以來，就開始躍升為「自由國家」。其中主要的因素，除了黨禁（1986）、戒嚴令（1987）、報禁（1988）的解除外，從終止動員戡亂時期（1991）、總統直選（1996）到所謂「政黨輪替」的出現，台灣地區的「民主化」（Democratization）與「民主鞏固」（Democratic Consolidation），事實上也才真正獲得國際的肯定。

　　但無可諱言的，台灣地區的民主鞏固，除了仍要接受「二次翻轉的檢測」（Two-turnover Test），即執政或在野黨均須歷經兩次的政權和平移轉（Samuel P. Huntington, 1991: 266-277）外，國民如何全面提升民主的「素養」，便成為建立所謂「優質民主」的前提。因為，畢竟台灣民主的發展尚未成熟，以致種種黑金掛勾、政商勾結、派閥鬥爭、違法亂紀……等等的問題，正在腐蝕著台灣這個新興的民主社會，對「憲政主義」（Constitutionalism）的體現與「公民社會」（Civic Society）的建立，自然更會有其一定程度的困難。（朱雲漢，2000：410-422；陳忠信，2000：18-32）如至 2012 年人權評估而言，依據中華人權協會的調查發現，整體人權的保障方面，有 38.3%的民眾抱持較正面評價，但有 43.4%的民眾仍抱持負面評價。分項而論，民眾在原住民人權、政治人權、老人人權、身心障礙者人權、婦女人權等方面的評估，相對來講是較為正面，但是在經濟人權、司

表 1-1 101年度人權保障程度評估表

	非常好	好	不好	非常不好	無反應
兒童人權	3.1%	32.0%	28.2%	9.7%	30.84%
婦女人權	3.6%	39.4%	27.2%	10.6%	19.3%
老人人權	5.1%	39.2%	26.0%	13.1%	16.6%
身心障礙者人權	5.8%	37.4%	24.9%	10.6%	21.4%
文化教育人權	5.0%	34.1%	25.9%	15.0%	20.0%
環境人權	2.7%	29.8%	33.5%	18.6%	15.5%
經濟人權	1.5%	12.3%	31.2%	44.8%	10.2%
勞動人權	2.6%	25.3%	31.3%	25.2%	15.6%
司法人權	1.4%	20.0%	29.3%	24.3%	25.1%
政治人權	8.0%	37.7%	16.1%	13.5%	24.7%
原住民人權	15.1%	38.6%	12.1%	5.2%	29.0%
整體人權	4.0%	34.3%	27.7%	15.7%	18.3%
整體人權保障程度在 0～10 評分下，平均數為 4.76，標準差為 3.09。					

資料來源：http://www.cahr.org.tw/eweb/uploadfile/20121204154452355.pdf

法人權以及勞動人權等方面的保障評估，則是較為負面的，約五成到七成以上，特別是經濟人權方面，負面評價的比例超過 76%。（http://www.cahr.org.tw/eweb/uploadfile/20121204154452355.pdf）顯示台灣的政治發展雖已脫離威權統治，但政府對人權保障的問題，仍有許多努力的空間。再者，立法院於 2009 年 3 月 31 日已正式通過「公民與政治權利公約」（*International Covenant on Civil and Political Rights*）及「經濟、社會與文化權利公約」（*International Covenant on Economic, Social and Culture Rights*）兩項國際人權公約，並於同年 5 月 14 日正式簽署批准。對於政府推動國際人權規範國內法化，固然有最大幫助，但接踵而至的工作如廢除死刑（Death Penalty）、性工作（Sex-work）除罪化、代理孕母（Surrogate Motherhood）、複製人（Human Cloning）……等等，也即將面臨許多嚴峻的挑戰。

　　不過，誠如許多學者所言，「民主」與「人權」之關係，一般而言不但相互間是依存的（Interdependent），而且亦是不可分開的（Inseparable），彼此可謂為相互正當性（Legitimacy）增強的動力。（http://193.194.138.190/democracy/conclusions.doc）換而言之，若缺乏人權的內涵，則民主將由「庸俗」轉為「形式」，人權也將淪為只是「口號」而已。（H. Hannum, 1989: 17-22; Zehra F. Arat, 1991: 3-5; OHCHR, 2002）因此，假如吾人認為台灣地區的民主仍然不夠成熟，則增強全民與政府的人權涵養，乃是其必要的途徑。同時，若認為台灣地區的人權仍未獲得充分的保障，當然，如何確實依據民主的「邏輯推理」（Logical Reasoning）來體現其價值，更是其無法迴避的方法。否則，以第三世界為例，無數國家的經驗事實一再證明，沒有發現任何國家是有機會，能夠以殘害人權而被稱為是民主國家者。同時也沒有發現有哪一個國家，可以用威權或極權的統治，而能使人權可以獲得充分體現者。（M. Monshipouri, 1995: 25-44; Juan J. Linz & Alfred Stepan, 1996: 68, 154-155, 252）。

　　尤其在國際三代人權的發展中，依據法國學者 Karel Vasak 的說明，第一代人權是以自由的天賦人權為核心，消極的要避免來自國家或政府的侵害；第二代人權則是以平等為核心價值，積極要求國家或政府必須設法豐富人民經濟、社會與文化的權力；第三代人權則是以博愛為基礎，強調國家或民族均享有許多新興的人權，例如和平權（Rights to Peace）、發展權（Rights to Development）與「環境權」（Rights to Environment），而此與正在逐漸形成的超越主權界線之全球治理模式（Global Governance），有必要進行網絡上充分的結合。由此更顯示，人類由民主到人權的追求，始終是有發展的連續性與依存性。

　　故總結來說，民主與人權是全球倫理（Global Ethics）與全球正義（Global Justice），亦可謂是「高貴的價值」（Noble Values），人類沒有付出「學習」與「省思」的代價，誠難分享其所帶來的「幸福」與「感

動」。同時無可否認的，人權與民主不但是可作為公共理性（Public Rationality）的核心價值，同時亦可以被認可為社會道德（Social Morality）主張的基礎，對於因權力不對稱所引發的衝突與歧視，必將產生積極又全面性的作用。（UNDP, 2004: 15-19）

參考資料

Walther L. Bernecker 著，朱章才譯，2000，**第三世界的覺醒與貧困**，台北麥田出版社。

李貞祥等編撰，2002，**人權之路—台灣民主人權回顧**，玉山社出版公司。

Clare Ovey & Robin White 原著，何志鵬等譯，2006，**歐洲人權法**（*The European Convention on Human Rights*）：原判例，北京大學。

陳忠信，2000，「台灣社會傳統與現代因素的競賽：公民社會出現了嗎？」，李麗薰主編，**邁向公與義的社會（上）**，台北：時報文教基金會。

朱雲漢，2000，「憲政主義的退化與重建」，李麗薰主編，**邁向公與義的社會（上）**，台北：時報文教基金會。

李步云，2000，「人權的普遍性和特殊性」，王家福等主編，**人權與 *21* 世紀**，北京：中國法制出版社。

Marlies Glasius,2009, "What is Global Justice and Who Decides?" *Human Rights Quarterly*, Vol.31,No.2,John Hopkins University Press.

UNDP 2004, *Human Development Report 2004-Cultural Liberty in Today's Diverse World*, New York: UNDP.

Amnesty International, 2001, *Amnesty International Report 2001*, London: Amnesty International Publications.

Arat , Zehra F., 1991, *Democracy and Human Rights in Developing Countries*,

Boulder & London: Lynne Rienner Publishers.

Linz, Juan J. & Alfred Stepan,1996, *Problems of Democratic Transition and Con-solidation : Southern Europe, South America, and Post-Communist Europe*, The Johns Hopkins University Press.

Macridis Roy C., 1986, *Modern Political Regimes: Patterns and Institutions*, Canada: Little, Brown and Company.

Monshipouri, M., 1995, *Democratization, Liberalization & Human Rights in the Third World*, Boulder & London: Lynne Rienner Publishers,Inc.

OHCHR, 2002, *Seminar on the Interdependence Between Democracy and Human Rights*, Geneva.

http://www.freedomhouse.org/media/pressrel/121801.htm

http://www.freedomhouse.org/pdf_docs/research/freeworld/2000/map2000.pdf

Seminar on the interdependence between democracy and human rights

http://193.194.138.190/democracy/seminar.htm

Expert seminar on the interdependence between democracy and human rights

http://193.194.138.190/democracy/conclusions.doc

World Audit Democracy

http://www.worldaudit.org/democracy.htm

陳俊宏，人權與民主（I）：共生或互斥？http://www.scu.edu.tw/politics/journal/J11/j11chench.html

中國人權協會 98 年人權評估報告 http://www.cahr.org.tw/政治.pdf

第二章
世界人權評述

　　誠如聯合國高級人權專員公署（Office of the United Nations High Commissioner for Human Rights, OUNHCHR）負責人 Mary Robinson 所指出的，只有充分認知及整合人權與民主，人類才可能有持續性的發展（Sustainable Development），否則，今日對人權的侵犯，往往便會種下了人類明日的衝突與危機。（Marry Robinson, 1998: iv-v; Marry Robinson, 1998: 36-37）尤其是依據聯合國的統計發現，到 2000 年，全球人口已突破 60 億，到 2013 年將達 70 億，到 2050 年更將高達 89 億。（Massimo Livi-Bacci, 2000）假如人權與民主的問題不能獲得合理的改善，則包括戰爭在內的全球性各種形式的危機或浩劫，勢將難以避免。

　　因此，為了促進世界民主與人權的發展，20 世紀以來，全球成立了若干的機構與組織，目的就在增強人權實質的運作效能。其中較受關注的有以下諸單位下設的人權相關委員會：阿拉伯國家聯盟（League of Arab States）、常設阿拉伯人權委員會（The Permanet Arab Human Rights Committee）、非洲統一組織（Organization of African Unity）、非洲人權和民族權委員會（African commission on Human and Peoples' Rights）、歐洲理事會（Council of Europe）、歐洲人權委員會（European Commission on Human Rights）、歐洲人權法院（European Court of Human Rights）、美洲國家組織（Organization of American States）、美洲國家間人權委員會（Inter-American Commission on Human Rights）與美洲國家人權法院（Inter-American Court of Human Rights）等等。

　　就全球對民主與人權的關切而言，全世界每年有許多知名的機構及非政府組織（NGOs）如國際特赦組織（Amnesty International, AI）、人權觀

察（Human Rights Watch, HRW）、自由之家（Freedom House, FH）、美國國務院、聯合國人權委員會（UNCHR）等，皆會對各國的人權狀況進行持續性的觀察與評鑑，以促進世界民主的發展。同時各個國家與地區，也會有相關的人權組織，以關切本地區的人權概況如：非洲人權委員會（ACHPR）、非洲民主與人權研究中心（ACDHR）、亞洲人權委員會（AHRC）、加拿大人權基金會（CHRF）、美國國家人權教育中心（NCHRE）、荷蘭人權研究中心（NIHR）、歐洲人權與民主訓練和研究中心（ETC）、日本國際兒童人權中心（JICRC）……等等。換而言之，不只一般非民主國家的人權狀況會受到嚴厲的譴責，甚至連最標榜民主與人權的美國，經常也成為被批評的對象。譬如因911事件而進攻阿富汗之後，美國對阿富汗、伊拉克軍俘不人道的虐待；譬如處理古巴罪犯的時候，無視法律人權的保障；譬如基於自我產業的保護，公然否定京都議定書（Kyoto Protocol）的環保協定，在在均受到相關民主及人權組織嚴厲的指責。（HRW, 2002；胡晴舫，2002）

一、自由之家 ▍▍▍▍➡

　　自由之家（Freedom House）是美國一非營利且獨立的非政府監察組織，旨在提倡全球之民主、自由及法治，反對獨裁暴政及政治迫害。最早於1941年在紐約成立，由Eleanor Roosevelt、Wendell Willkie及其他關切民主的美國人所建立，目的就是在評估及致力於世界各國人權與民主的改善。譬如依據他們1995年的調查報告顯示，在8項政治權（Political Rights）及13項公民自由（Civil Liberties）的指標檢測中發現，在191個國家中，「自由國家」（Free Nations）有76個，占39.8%；「部分自由國家」（Partly Free Nations）有62個，占32.5%；「不自由國家」（Not Free Nations）則有53個，占27.8%。但到2000年，屬民主國家者有119個（62%），屬「威權政體」者有40個國家（20.8%），屬傳統「君主政體」者有10個（5.2%），絕對君主政體則已不存在。2002年全世界以選舉產

生的民主政府已達 121 個（63%）（2004 年反降至 119 個國家）。換而言之，到 20 世紀結束，屬「自由國家」（Free）者只有 86 個（45%），屬「部分自由」（N=58.30%）與「不自由」（N=48.25%）的國家，合計就有超過半數以上（55%）的 106 個國家。惟若以區域來檢視，由表 2-1 可發現，2012 年全球自由的國家以 Western Earope 比例最高，不自由的國家則以 Middle East & North Africa 居首位。

再檢測 1974 年至 2012 年全球自由的趨勢來看，由表 2-2 可知，自由的國家雖已由 1974 年的 41 個國家（27%），增至 2012 年的 90 個國家（46%），但屬部分自由及不自由的國家，仍有 105 個國家，占全球的54%。至於人口數而言，依據 Freedom House 的統計發現，全球處在自由國度的人民亦只有 43%，約 30 億 4,615 萬 800 人；處於部分自由及不自由國家的人民，則仍高達 39 億 8,965 萬 600 人（57%）。（http://www.freedom-house.org/sites/default/files/FIW % 202013% 20Charts % 20and % 20Graphs % 20for%20Web.pdf）但值得關注的現象是有「選舉民主」（Electoral Democracy）的國家，則已由 1989 年的 69 個國家（41%）成長到 2012 年的 117個國家（60%）。顯示有許多國家雖然非屬完全自由的國家，但仍可能有選舉的民主。

表 2-1　2012 年 Freedom House 世界各洲自由程度調查概況

區域 Regions	自由 Free	部分自由 Partly Free	不自由 Not Free
Sub-Saharan Africa	22%	37%	41%
Americas	69%	28%	3%
Asia-Pacific	43%	36%	21%
Middle East & North Africa	6%	33%	61%
Centra & Eastern Europe/Soviet Union	45%	31%	24%
Western Europe	96%	4%	0%

資料來源：http://www.freedomhouse.org/sites/default/files/FIW%202013%20Charts%20and%20Graphs%20for%20Web.pdf

表 2-2　全球自由的趨勢（Global Trends in Freedom）

年分 Years	自由 Free	部分自由 Partly Free	不自由 Not Free
1974 年	41(27%)	48(32%)	63(41%)
1984 年	53(32%)	59(35%)	55(33%)
1994 年	76(40%)	61(32%)	54(28%)
2002 年	89(46%)	55(29%)	48(25%)
2004 年	89(46%)	54(28%)	49(26%)
2005 年	89(46%)	58 (30%)	45(24%)
2006 年	90(47%)	58(30%)	45(23%)
2007 年	90(47%)	60(31%)	43(22%)
2008 年	89(46%)	62(32%)	42(22%)
2009 年	89(46%)	58(30%)	47(24%)
2010 年	87(45%)	60(31%)	47(24%)
2011 年	87(45%)	60(31%)	48(24%)
2012 年	90(46%)	58(30%)	47(24%)

資料來源：http://www.freedomhouse.org/sites/default/files/FIW%202013%20Charts%20and%20Graphs%20for%
20Web.pdf

　　再者，以代表民主最重要的指標之一的新聞自由（Press Freedom）而言，依據 Freedom House 在 2012 年的統計發現，全球「自由國家」（Free Nations）有 66 個，占 33.5%，人口為 1,012,529,700，占全球只有 14.5%；「部分自由國家」（Partly Free Nations）有 72 個，占 36.5%，人口為 3,136,382,800，占全球 45%；「不自由國家」（Not Free Nations）則有 59 個，占 30%，人口為 2,829,621,600，占全球 40.5%。顯示新聞自由進步的困難度是高於一般自由綜合的平均值。至於各地區的狀況，由表 2-3 可知，差距之大如西歐、中東與北非，其中全球最糟的國家為 Burma、Cuba、Eritrea、Libya、North Korea 與 Turkmenistan，更是值得地球村的成員省思再三。

表 2-3　2012 年 Freedom House 世界各洲新聞自由調查概況

區域 Regions	自由 Free	部分自由 Partly Free	不自由 Not Free
Sub-Saharan Africa	10%	47%	43%
Americas	43%	46%	11%
Asia-Pacific	37.5%	32.5%	30%
Middle East & North Africa	5%	26%	69%
Centra & Eastern Europe/Soviet Union	24%	45%	31%
Western Europe	92%	8%	0%

資料來源：http://www.freedomhouse.org/sites/default/files/Charts%20and%20Graphs%20-%20Web%20site_0.pdf

　　由以上諸項數據顯示，在今日世界民主與自由的發展程度上，若要進一步推動「不放棄任何一個人」（Do Not Give Up Anyone）的人權運動，可謂是人類相當浩大的「社會工程」（Social Engineering）。

二、國際特赦組織

　　國際特赦組織（Amnesty International, AI）成立於 1961 年，是由英國的律師 Peter Benenson 所創立。該組織是獨立於任何國家或政府之民間團體，是以促進世界人權發展為職志，經濟則大部源於所有認同該組織成員之捐獻。AI 具體的宗旨則是㈠尋求人權受難者有及時且公平審判的機會；㈡擴張受庇護者的權利，並能符合國際規範受到法律平等的對待；㈢幫助流亡的政治人士尋找適當謀生的工作；㈣推動各國言論自由的保護；㈤廢除死刑、刑求和其他殘酷、非人道或羞辱的待遇或懲罰。

　　該組織全球成員已超過 220 萬人，範圍遍及世界 162 個國家及地區，行政中樞設於倫敦，有超過 350 位以上的職工，其中至少有 100 位是來自50 個國家的義工。全球亦有 8 萬以上的成員是與 AI 緊急救援行動網路（Urgent Action Network）連線，隨時開啟動員機制，以拯救全球各地的人權受難者，故 1977 年曾獲得「諾貝爾和平獎」，1978 年亦獲得「聯合國人權

獎」，顯見其貢獻是已獲得國際的肯定。台灣第一個 AI 小組則正式成立於 1989 年，1994 年登記成立「國際特赦組織中華民國總會」，1997 年獲國際執行委員會承認為正式分會，後於 1999 年更名為「國際特赦組織台灣總會」。我們除了關注國內的人權事務外，也積極參與全球性的倡議運動；同時亦推動人權教育，讓大眾認識及了解人權普世價值，共同建立一個尊重人權的社會。惟為了保持組織的獨立性，該會不接受政府或其他政治組織的捐款。目前，台灣分會擁有超過 300 位會員，在台北、台中、高雄、新竹、花蓮等地分別設有小組。（http://www.aitaiwan.org.tw/index.php?page_id=862）

在 2005 年國際特赦組織的報告嘗明確指出，全世界在 152 個國家與地區，均有不同程度「人權侵犯」的紀錄，其中包括有政治犯（Political Prisoners）、酷刑（Torture）、死刑（Death Penalty）、非法刺殺（Unlawful Killings）、失蹤（Disappearences）……等等。（AI, 2006）如 1996 年，AI 嘗嚴厲的指責，全世界總共有 146 個國家，在阻止嚴重侵犯人權行為上的失職與無能，其中 85 個國家有政治犯，14 個國家動用刑罰拷打和虐待犯人，54 個國家的犯人受刑後死亡，54 個國家有人民被謀殺，43 個國家中有因政治因素而失蹤者。尤其是如拉丁美洲的許多國家，如巴西、瓜地馬拉、海地、哥倫比亞、墨西哥及祕魯，幾乎皆有刑求逼供犯人之情事，政府侵犯人權之行徑，已構成為人民之潛在威脅。（Walther L. Bernecker 著，朱章才譯，2000：271）2002 年的調查發現，全世界至少有 3 億的「原住民」（Indigenous Peoples），在生活各方面正遭受人權的歧視，也缺乏國家的保障。

更進一步再以死刑而言，人類之所以要廢除死刑，主要原因有幾，其一是死刑是極度殘忍、無人性的懲罰。其二是它侵害了人生存的基本權利。其三是死刑無法回復，增加了無辜者遭處決的可能性。其四是死刑從未被證實比其他任何刑罰，可以更有效地嚇阻犯罪。其五是會造成連後悔也沒

有用的結果，將違逆民主建立人人有機會的任何可能性。（http://www.
aitaiwan.org.tw/html/dp003.htm）同時依據 AI 的調查顯示，2001 年底雖有多
國已簽字或批准遵守廢除死刑的「公民權利與政治權利國際公約第二任擇
議定書」（Second Optional Protocol to the International Covenant on Civil and
Political Rights）（簽字 46 國，但未獲批准 7 國）、「歐洲人權公約第六號
議定書」（Protocol No.6 to the European Convention on Human Rights）（簽
字 39 國，但未獲批准 3 國）及「美洲人權公約議定書」（Protocol to the
American Convention on Human Rights）（簽字 8 國，但未獲批准 1 國）。
但依據統計如圖 2-1 發現，2004 年全世界已有 117 個國家從法律或實際經
驗上廢除死刑。2005 年則有 86 個國家，在刑法上明文完全廢除死刑。同
時，至少亦有 25 個國家，雖然其法律上仍保有死刑，但在過去 10 年中已
不執行。此外，亦有 11 個國家除戰犯罪（Wartime Crime）外，已完全廢除
死刑。但依據 AI 的統計，到 2009 年之前，全球 197 個國家中，仍有 58 個

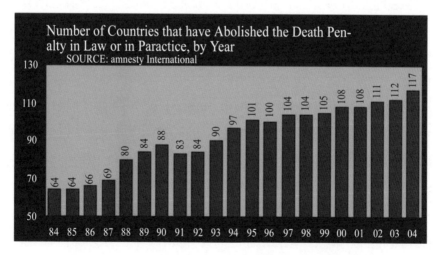

圖 2-1　2004 年全球在法律上或實際不執行死刑的國家

資料來源：www.deathpenaltyinfo.org/article.php? scid=15&did=411

國家保留死刑（29.4%），但在法律及事實上廢除死刑的國家已達 139 個（77.7%），其中包括有三種情況㈠在所有罪刑中完全廢除死刑：94 個國家（47.7%），㈡除特殊罪犯（如戰犯）外，已廢除一般死刑：10 個國家（5.1%），㈢國家雖仍保有死刑，但過去 10 年卻事實上已不執行：35 個國家（17.8%）。顯然在 AI 多年的的努力下，已有具體的成效呈現，如至 2012 年全世界就已有 2/3（141）個國家從法律或實際經驗上廢除死刑。

不過，依據AI的統計，單單 2004 年，全球在 25 個國家，至少有 3,797 人被執行死刑。同時，在 64 個國家，至少有 7,395 人被判處死刑。2006 年間，全球在 25 個國家至少有 1,591 人被執行死刑，在 55 個國家至少也有 3,861 人被判死刑。2008 年間，全球在 25 個國家，至少有 2390 人被執行死刑，在 52 個國家至少有 8864 人被判處死刑，這還算是保守的數據，實際數字當會更高。同時，依據 2010 年統計，中國大陸、伊朗、北韓、葉門及美國是全世界執行死刑最多的五個國家。如中國，依據國際特赦所說，其 2001 年總共在 2,468 宗案件中使用了死刑判決，超過了世界其他所有國家使用死刑數字的總和。2004 年至少有 3,400 人已被執行槍決。惟仍須關切者，伊朗是 2005 年唯一處決少年犯的國家，其中有 2 名囚犯被處決時還不到 18 歲。

再者依據AI的統計發現，2004 年美國總共處決 59 個死刑犯，至 2005 年 12 月，則已有 1,002 人被執行死刑。2006 年亦總共處決 53 個死刑犯，使美國自 1977 年恢復死刑以來，至 2010 年 1 月已有 1,193 人遭到極刑。（AI, USA）事實上，美國仍有 35 個州維持死刑。顯見，即使是民主的美國，為了維持國內的基本秩序，仍然無法基於人權的理念而廢除死刑。台灣地區執行死刑的概況，依據法務部的資料顯示，則已有明顯下降的趨勢。同時，基於世界人權發展的要求，台灣政府當局也公開宣布「準備廢除死刑」，即可能採取兩項措施，其一擬仿照國際案例，法律上不立即廢除死刑，但準備長期不予執行；其二則是引進「死緩刑制」，即對死刑確定者

表 2-4　支持廢除死刑的重要國際公約

	公約名稱	條文	通過時間
1	美洲人權公約（哥斯達利加聖荷西條約） American Convention on Human Rights "Pact of San Jose, Costa Rica"	No.4	1969.11.22
2	歐洲人權公約第 6 議定書 Protocol No.6 to the Convention for the Protection of Human Rights and Fundamental Freedoms (European Human Rights Convention), concerning the Abolition of the Death Penalty in All Circumstances.	No.1	1983.4.28
3	公民與政治權利國際公約第二任擇議定書 Second Optional Protocol to the International Covenant on Civil and Political Rights.	No.1	1989.12.15
4	歐洲人權公約第 13 議定書 Protocol No.13 to the European Human Rights Convention, concerning the Abolition of the Death Penalty in All Circumstances.	No.1	2004.5.13

暫緩執行，以觀察有無悔悟情事；若確有證據，則可獲減刑而免於處死。（張正新，2004：40-45）如此，就以不廢除死刑下對生命權之保障而言，仍不失為可行之途徑。不過，依據統計顯示，到 2008 年 9 月，全球簽署並批准相關廢除死刑公約之國家已達 159 個，有簽署但未獲批准者亦有 16 國。（詳細概況參見 http://web.amnesty.org/pages/deathpenalty-treaties-eng）支持廢除死刑的重要國際公約則如表 2-4。

三、美國國務院 ▐▐▐▐▐▶

　　美國在民主與人權的運作上，雖然常被許多國家質疑有雙重標準之嫌，但基本上其多年來對於世界人權與民主的努力，仍然是受到一定程度的肯定。而此亦如美國總統 George Bush 在 2006 年的一場演說中，面對全球處在缺乏人權與民主的人民所說的：「所有面臨暴政（Tyranny）與沒有希望（Hopelessness）處境中的人必須知道，美國不會忽視你們受壓制（Oppression）的情況，也不會原諒那些壓制者（Oppressors）。當你們勇敢捍衛自由（Liberty）時，我們必將與你們同在！」（http://www.state.gov/g/drl/rls/64132.htm）

　　美國國務院（U.S. Department of State）每年對國會提交的人權報告（Human Rights Reports），是由該院「民主，人權與勞工局」（The Bureau of Democracy, Human Rights and Labor, DRL）所草擬，DRL 的前身是「人權與人道主義事務局」，1977 年卡特政府上台之初成立，1978 年正式擴編為「人權局」，至 1993 年柯林頓當政時期，才更名為「民主，人權與勞工局」，由助理國務卿負責領導。經過 20 多年的發展，此機構已在國務院中取得了鞏固的地位。其在制定有關人權的對外政策，亦擁有無可爭議的發言權。（周琪，2001：408-409；趙學功，2001：341-347）

　　事實上，該機構最早的人權報告是完成於 1977 年，但只包括接受美國援助的 82 個國家，惟至 2001 年，評估的國家則已增加到 195 個。其工作任務是專門負責蒐集世界各國人權的執行概況，並向國會做出約 5,000 頁的年度報告與政策建議。該報告是針對全世界各國所做的人權評估，其中包括非洲、東亞與太平洋、歐洲與歐亞、西半球、近東與北非、南亞等地區。其主要的目的，除了提供美國外交及援外的重要決策參考外，也藉以擴大美國與世界各國民主與人權對話的機會。

　　DRL 不但關切各國過去、現在與未來的人權狀況，也與同樣關切人權的組織、政府與機構，保持密切的夥伴關係，如聯合國的 HCHR，以共同促進世界人權與民主的發展。尤其是 911 事件以後，美國更希望以此增強彼此的國際聯盟，以攜手打擊恐怖主義（Terrorism）。（U.S. Department of States, 2002）而此亦如美國總統布希所說的，打擊恐怖主義乃是為民主而戰重要的一部分，而且美國所捍衛的自由與正義，對世界各地的人民而言，不但是對的，是真理的，也是不可改變的。美國將永遠堅定人性尊嚴（Human Dignity）是不可談判的需求，如法治（Rule of Law），國家權力的限制（Limits on the Power of the State），對女性的尊重（Respect for Women），私有財產（Private Property），言論自由（Freedom of Speech），平等的正義（Equal Justice）與宗教的容忍（Religious Tolerance）。

　　然而許多國家的政府，為了統治的需要，而侵害民主與人權。美國在報告中仍給予最嚴厲的譴責，如阿富汗塔利班政權（Taliban）殘酷與獨裁的統治，尤其是婦女所受到的歧視與虐待，更為舉世所忿怒。因此布希總統在 Taliban 政權被推翻之後，乃簽署 2001 年阿富汗婦女及兒童解救法案（The Afghan Women and Children Relief Act of 2001），鼓勵他們儘速返回學校並積極參與社會。

　　另如古巴政府（Cuban Government）至今仍然拒絕公民基本的公民與政治權利，如政治言論表達（Political Expression）的禁止，對批評政府者的持續監禁，並拒絕同意國際組織任何探監的舉動。在中國大陸、印尼、肯亞、緬甸、墨西哥及其他國家，人民被非法逮捕監禁，甚至被嚴刑拷打者，更是無計其數，嚴重侵犯人民的政治人權。特別是被軟禁多時的緬甸國家民主聯盟（National League for Democracy, NLD）領袖 Aung San Suu Kyi，2007 年美國亦持續要求軍政府（Authoritarian Military Regime）予以釋放。至 2010 年贏得大選獲釋，Aung San Suu Kyi 總共被軟禁 15 年，亦是目前諾貝爾和平獎得主被軟禁最久者。（現在仍在軟禁中者為中國的諾貝爾和平獎得主王曉波）她所領導的「國家民主聯盟」曾於 1990 年贏得選舉，但緬甸軍事執政團卻拒絕交出政權，反而將 Aung San Suu Kyi 軟禁。美國眾議院 2007 年 12 月 17 日嘗投票決議，決定頒贈金質獎章（Congressional Gold Modal）給她，該獎章為美國國會對非軍人所頒贈的最高榮譽，前一位獲獎者為西藏流亡領袖達賴喇嘛。惟 2012 年 4 月她又成功當選國會下議院議員，美國國會再度頒發代表最高榮譽的金質獎章給 Aung San Suu Kyi。

　　在新聞自由（Press Freedom）方面，如辛巴威（Zimbabwe）、賴比利亞（Liberia）……等國政府，事實上其施政已失去大眾的支持，卻把責任怪罪在媒體及記者身上，不是動輒脅迫、壓制自由的媒體就範，就是隨意驅逐國際的媒體記者，甚者更可能如亞賽拜然（Azerbaijan）一樣，以政治

或國家安全（National Security）的理由，將批評政府或違反規定的記者入獄。

至於宗教自由（Religious Freedom）方面，依據報告顯示，世界上的許多國家，仍然面臨嚴重的考驗，如緬甸、中國、伊朗、伊拉克、北韓與蘇丹，就被美國國務院列為「特別關切的國家」（Countries of Particular Concern）。尤其是中國大陸，最近一次將她再次定為這類國家是在 2009 年 1 月 16 日。依據報告，中國在對宗教及良心自由的尊重上，乃是處在更加惡化的狀態。如對「法輪功」精神運動的信仰者而言，法輪功結合了打坐的技巧和氣功，只是一種精神修煉，但由於被中共當局認定為是「邪教」，因此自 1999 年到 2001 年，已有數千人（3000 人以上）被捕入獄，甚至被酷刑身亡者，已超過 200 人以上。2009 年 4 月，山東省的退休物理教授張興武因警方在他的公寓中搜出法輪功材料就被判刑 7 年。再者，基於政治的理由，中共也禁止西藏佛教徒對宗教領袖達賴喇嘛，表達任何尊敬的態度與行為。（http://www.state.gov/documents/organization/132864.pdf）

有關恐怖主義方面，美國國務院的人權報告，除了表達美國政府與人民，不但不會因 911 恐怖事件而退縮外，反而會更堅強的為人權、自由及生命尊嚴等普世價值而奮戰不懈，希望全世界愛好民主與人權的國家與人民，能共同攜手打擊恐怖主義。故該報告明白指出，巴勒斯坦恐怖團體（Palestinian Terrorist Groups），自 2000 年 9 月以來，已射殺了 208 名以色列的士兵及平民，其中包括繼續在增加的自殺炸彈攻擊（Suicide Bombings and Shootings），而以色列的安全部隊，乃以更堅強的武裝力量予以還擊，以報復其恐怖攻擊的罪行。換而言之，各國人民均有落實人權與實行民主的權利，政府亦有義務去增強它、保衛它，絕不受任何恐怖行動所影響，而且必須是愈挫愈勇。

就台灣而言，2009 年 2 月 25 日的年度報告中，美國國務院就指出以下幾項必須嚴重關切的課題，相當值得政府與人民警惕，其一是政府公職人

員的貪腐（Corruption by Officials）；其二是對婦女的暴力與歧視（Violence and Discrimination against Women）；其三是人口的販賣（Trafficking in Persons）；其四則是對外籍勞工的虐待（Abuses of Foreign Workers）。（http://www.state.gov/g/drl/rls/hrrpt/2008/eap/119038.htm）。事實上以上諸問題，早在 2005 年的報告中（http://www.state.gov/g/drl/rls/hrrpt/2005/61606.htm），美國國務院就已指出相同的問題，顯然這幾年改善的情況並不理想。惟到 2011 年的報告，主要的人權問題已稍有改善，只剩下公務員貪汙、對婦女的暴力與歧視及兒童販賣的問題仍待解決。

此外，美國每年均編列相當預算以協助推動世界民主與人權的工作，如每年會計年度就編列 140 億美金的預算，同時也提供 1,000 萬美金給民主基金會（UN Democracy Fund）。更值得關注者是美國國務院亦設置「人權與民主獎」（The annual Human Rights and Democracy Achievement Award），每年頒發給在人權民主上有傑出成就者，2005-2006 年得獎者為美國的 Eric Richarson，其他被提名者為 Laos 的 Greg Chapman，Kyrgyzstan 的 Jennifer Croft，Chad 的 Kathleen Fitzgibbon，Kuwait 的 Richard Michaels，Vietnam 的 Noah Zaring，Thailand 的 Michael Sweeney，Burma 的 Patrick Murphy；再者是以團隊表現特殊而獲提名者是 Belarus 的 Marc Nordberg、Carson Relitz、Lyle McMillan、Dmitry Semenov 與 Alla Vikhnina。（http://www.state.gov/g/drl/rls/shrd/2005/63950.htm; http://www.state.gov/g/drl/rls/64132.htm）

四、聯合國人權委員會

聯合國成立之初，即以保護與促進人權為其重要目標之一，尤其是 1948 年 12 月 10 日，已通過「世界人權宣言」（Universal Declaration of Human Rights）之後，國際對於人權的重視便與日俱增。聯合國對人權的促進與實踐，具體表現在以下三方面：其一是提出一些人權的標準，以協助各國界定及釐清人權的概念；其二是研究特殊的人權或特殊地方的人權，並

提供必要的建議；其三則是為人權被剝奪的受害者，提供直接的援助。（葉保強，1991：127）因此，在 21 世紀的今天，侵犯人權的行徑，將受到 UN 人權機構和各民間人權組織的調查；若有對抗人權宗旨的立場，將會受到 UN 大會決議的譴責；再者，踐踏人權以至影響到國際的和平與安全，將會受到國際社會普遍的制裁，其中包括 UN 派兵或經濟制裁。

惟就行政體系而言，聯合國大會（General Assembly）下設許多委員會、小組、中心及辦公室，以推動人權的基本政策。其中的核心機構就是「經濟暨社會理事會」（Economic and Social Council），可依據聯合國憲章（Charter of the United Nations）第 62 條至第 66 條之授權，積極從事人權保護與促進的工作，如召開人權國際會議、研究並提供人權建議……等等。「經濟暨社會理事會」最初由 18 個理事國組成，現已擴展為 54 個。理事國由聯合國大會產生，任期 3 年，每年召開常會 2 次。主要工作是邀請有關國家參與相關人權事務的討論，其核心任務就是在保障「經濟、社會和文化權利國際公約」（International Convenant on Economic, Social and Cultural Rights）的實踐。但值得注意的，即「經濟暨社會理事會」主要推動的機構，乃是 1946 年 6 月 21 日其下所成立的聯合國「人權委員會」（UN, Commission on Human Rights, CHR），即是世界人權宣言與國際人權公約的起草單位。UNCHR 的主要職責是根據《聯合國憲章》宗旨和原則，在人權領域進行專題研究、提出建議和起草國際人權文書並提交聯合國大會。該委員會最初由 32 個會員國代表組成，至 2005 年的會員國總共達 53 個：（http://en.wikipedia.org/wiki/UNCHR）

1. 非洲 15 國：Burkina Faso、Congo (Brazzaville)、Egypt、Eritrea、Ethiopia、Gabon、Guinea、Kenya、Mauritania、Nigeria、South Africa、Sudan、Swaziland、Togo、Zimbabwe。

2. 亞洲 12 國：Bhutan、People's Republic of China、India、Indonesia、Japan、Malaysia、Nepal、Pakistan、Qatar、Republic of Korea、Sa-

udi Arabia、Sri Lanka。

3. 東歐 5 國：Armenia、Hungary、Romania、Russian Federation、Ukraine。

4. 拉丁美洲與加勒比海 11 國：Argentina、Brazil、Costa Rica、Cuba、Dominican Republic、Ecuador、Guatemala、Honduras、Mexico、Paraguay、Peru。

5. 西歐及其他地區 10 國：Australia、Canada、Finland、France、Germany、Ireland、Italy、Netherlands、United Kingdom、United States of America。

目前 53 個會員國，任期 3 年，每年 3、4 月在瑞士日內瓦舉行 6 個星期的會議，與會者尚包括觀察員、NGOs 代表，總人數超過 3000 人。探究的主題包括（Commission on Human Rights, 2002）：

1. 自決權（Right to Self-determination）；

2. 種族主義（Racism）；

3. 發展權（the Right to Development）；

4. 阿拉伯占領區侵害人權問題包括巴勒斯坦（Palestine）；

5. 世界任何地區的人權侵犯及基本自由（Fundamental Freedom）；

6. 經濟、社會與文化的權利（Economic, Social and Cultural Rights）；

7. 公民與政治的權利包括酷刑、非法拘留、失蹤、草菅人命、言論自由、司法獨立、宗教不容忍等問題；

8. 婦女、兒童、移民、難民及少數弱勢團體的人權問題；

9. 原住民問題（Indigenous Issues）；

10. 人權的促進與保護，包括人權諮詢服務（Advisory Services）與技術合作（Technical Cooperation）。

2006 年 3 月 15 日，聯大以 170 票支持、4 票反對和 3 票棄權的壓倒性

多數通過建立人權理事會（United Nations Human Rights Council），取代人權委員會，總部設在瑞士的日內瓦。新的人權理事會擁有47個席位：亞洲13席、非洲13席、東歐6席、拉丁美洲和加勒比海地區8席、西歐及其他國家集團7席。在選舉理事會成員時，必須考慮候選國在促進和保護人權方面所作的貢獻。理事會成員國每屆任期3年，最多可連任一次。經三分之二成員國同意，聯合國大會可中止嚴重違反人權的國家之人權理事會成員資格。

　　組織中的促進和保護人權專門委員會（Sub-Commission on the Promotion and Protection of Human Rights）是人權理事會最主要的下屬機構。專門委員會由26名專家組成，根據地域分配，其中非洲7名、亞洲5名、拉丁美洲5名、東歐3名、西歐6名（每個成員可有1名候補委員），以個人身份任職。每2年改選專門委員會中的半數成員，任期4年。專門委員會的主要職能是對有關促進人權、保障基本自由和預防種族、民族、宗教、語言歧視的各種問題，進行研究並向人權理事會提出報告。此外，人權理事會（*Human Rights Council*）亦出版「世界定期評論」（The Universal Periodic Review, UPR），每四年會對192個會員國的人權紀錄進行平等的評鑑，以促進各國人權的改善與發展，第一次預期完成的時間是2008-2011年。

　　1967年6月6日，經濟暨社會理事會通過了第1235號決議，授權人權委員會和人權小組委員會，審議有關人權和基本自由受到侵犯的情況，進行充分研究，並向經濟暨社會理事會做報告，同時提出建議。依據統計，人權委員會在成立後的最初15年，共舉行了1091次會議，審議了85個初次的報告，13個補充報告，48個締約國第2次的定期報告，11個締約國第3次的定期報告。譬如1947年，人權委員會亦收到代表1,300萬美國黑人控告受到歧視的申訴。（范國祥，2000：1480）此外，聯合國祕書長下又設有聯合國高級專員公署（Office of the United Nations High Commissioner for Human Rights），總部設在日內瓦，主要也在協助人權委員會，去落實人權的研究、調查、教育訓練及相關人權的保護工作。其主要任務則有四（United Nations, 1998）：

其一是建立全球的人權夥伴（Partnerships for Human Rights）；

其二是人權侵害的預防與緊急人權事件的快速反應（Responding to Emergencies）；

其三是結合民主發展促進人權，以為維持和平的原則；

其四是密切系統配合聯合國人權計畫，以促進人權之改善。

再者，如依據聯合國發展計畫（UNDP）2002年人力發展報告（Human Development Report 2002），在第四章「以民主化中的安全預防衝突與建立和平」（Democratizing Security to Prevent Conflict and Build Peace）中指出，在 1990 年代 53 個發生內部衝突的國家，估計就有 360 萬人喪生；發生破壞民主體制的軍事政變 20 次，包括在泰國、緬甸、巴基斯坦及非洲的許多國家。1951 到 1999 年期間，全球就有 46 個民選的政府，遭到軍事威權所推翻。此外，在 20 世紀中遭到政府及暴政喪命者，如表 2-5 所示，有 1 億 6,900 萬人，其中 81.7%（1 億 3,800 萬人）是發生在極權的國家，17.2%（290 萬人）是發生在威權統治的國家，2%（200 萬人）是發生在民主的國家。惟在一般戰爭中喪命者，則有 3,300 萬，其中 2,900 萬（87.9%）是發生在威權及極權的國度中。但值得關切的，即在 1990 年代以後，已有許多中歐及東歐的共產政權，在崩潰後隨即朝民主化（Democratization）的方向發展，不但軍警公安必須接受合法的監督，國會、媒體、學術界、民間機構如 NGOs，也逐漸形成對行政當局有效及透明化的制衡機制。因此，聯合國乃強烈建議各會員國，應盡早建立對軍警行政民主治理（Democratic Goverance）的系統，以充分保障人權。（UNDP, 2002: 87-90）

表 2-5　20 世紀在極權威權及民主統治中人民喪生的概況

單位：百萬

政府形態 Type of Government	非武裝人民為政府殺害喪生人數 Number of Unarmed People Intentionally Killed by Government(Millions)	戰爭中喪生人數 Number of People Killed in Wars (Millions)
民主的 Democratic	2(1.2%)	4(12.1%)
威權的 Authoritarian	29 (17.2%)	15 (45.5%)
極權的 Totalitarian	138 (81.7%)	14 (42.4%)

資料來源：UNDP,2002, Human Development Report 2002: Deepening Democracy in a Fragmented World, New York:Oxford University Press, p.87.

　　然而，依據聯合國人力發展的報告顯示，全球要達到相當人權水準的發展，仍有一長遠的路要走。譬如對嚴重的生活剝削而言，以下全球的調查數據，就值得給予高度的關切（M. ul Haq, 2002）：

1. 健康（Health）方面

　⑴有 9 億 6,800 萬人無法飲用已改善的水源。（1998）

　⑵有 24 億人無法獲得基本的公共衛生條件。（1998）

　⑶每年有 220 萬人死於屋內的空氣污染。（1996）

　⑷有 3,400 萬人生活在 HIV/AIDS 病痛中。（2000 年底）

2. 教育（Education）方面

　⑴有 8 億 5,400 萬成年人是文盲，其中 5 億 4,300 萬人是女性。（2000）

　⑵有 3 億 2,500 萬兒童失學，其中 1 億 8,300 萬人是女孩。（2000）

3. 貧窮（Income Poverty）

　⑴有 12 億人生活在一天少於 1 美元的困境中。（2000）

　⑵有 28 億人生活在一天少於 2 美元的困境中。（2000）

4. 兒童（Children）

　⑴有 1 億 6,300 萬 5 歲以下的兒童體重不足。（1998）

　⑵有 1,100 萬 5 歲以下的兒童死於可預防的喪命因素。（1998）

　　此外，最值得被關切者，是公元 2000 年聯合國發表了「聯合國千年宣言」（United Nations Millennium Declaration），除明確揭示「自由」（Freedom）、「平等」（Equality）、「團結」（Solidarity）、「寬容」（Tolerance）與「尊重自然」（Respect for nature）等基本價值外（http://www.un.org/millennium/declaration/ares552e.htm），更提出在 2015 年必須完成的八項目標：其一是消滅極度貧窮與饑餓（Eradicate Extreme Poverty and Hunger）；其二是普及全球小學教育（Achieve Universal Primary Education）；其三是促進兩性平等並給予婦女授權（Promote Gender Equality and Empower Women）；其四是降低兒童死亡率（Reduce Child Mortality）；其五是改善產婦之保健（Improve Maternal Health）；其六是進行與愛滋病毒、瘧疾及其他疾病之戰鬥（Combat HIV/AIDS, Malaria and Other Diseases）；其七是確保環境的永續能力（Ensure Environmental Sustainability）；其八是開發全球的發展夥伴關係（Develop a Global Partnership for Development）。（http://www.un.org/millenniumgoals/index.html）

　　基於以上的種種原因，聯合國乃主張發展必須與人權整合，以維護人民的生命價值與基本尊嚴，並研擬以下諸項工作目標：其一是持續增強聯合國領導的國際人權系統；其二是增強區域及國家實施人權的能力，以為人力永續發展重要的一環；其三是強化所有組織的主流人權，如民主治理、消除貧窮、危機預防……等；其四是全力支持國家人權行動計畫的發展；其五是協助人權的公民教育、省思覺悟的活動，增強稽查室的功能，進一步擴展人權制度到國家的層面；其六是聯合國高級人權專員公署（OUNHCHR），必須密切配合人力發展計畫，加速全球的促進與保護。（UNDP, 2002）

五、人權觀察組織 ▐▐▐▐▐▐➡

　　人權觀察組織（Human Rights Watch）是美國一獨立的 NGO 組織，由全球的私人與基金會所贊助支持的公益組織。全世界有超過 150 位專業人士，包括記者、律師、教授……等，每年均對各國進行人權的經驗調查與研究，並發表年度報告，以督促各國政府落實改善人權狀況。HRW 開始於 1978 年，當時名為「赫爾辛基觀察」（Helsinki Watch），1988 年才改名為今日的 Human Rights Watch。HRW 總部位於紐約，但在全球各地如 Brussels、London、Moscow、Hong Kong、Los Angeles、Washionton 均有辦公室。除非安全有顧慮，為了研究調查的需要，也會在當地設置臨時的辦公室，足跡已超過 70 個國家以上。其詳細發展歷程如表 2-6。

　　提到 HRW 關切的主要議題，有婦女人權、兒童人權、學術自由、國際正義、囚犯、難民、煙毒、警察暴力、移民人權……等等。HRW 之所以要如此的努力，主要原因是他們相信，國際的人權標準，是可以平等的應用在所有的人民身上。而且也深信只要當他們善良的意志，被堅定的組織起來以後，人權的進步是會實現的。譬如 HRW 就嘗成功的促成國際社會接受放棄使用兒童軍人（Child Soldiers）的條約，並且限定參與武裝衝突者，年齡必須在 18 歲以上。

　　依據 HRW 公布的 2002 年世界人權報告，除了譴責 911 恐怖攻擊，是一個嚴重背離人權價值的事件外，更籲請聯合國人權委員會及全世界，共同關切愈來愈多的平民百姓，毫無預警的受到暴力攻擊，而成為一群群無辜的受害者。例如有些國家的政府，尤其是非洲地區的 Angola、Burundi、Sierra Leone、the Democratic of Congo、Nigeria，其國際上會表面配合全球對抗恐怖主義，然而在國內居然會發生假借「防恐」（Anti-terrorism）之名，去濫捕平民百姓的情況，甚者亦有因被指控為「恐怖主義者」，或曰是「恐怖主義支持者」而被酷刑至死。此外，該報告也提醒美國行政部門，能從 911 恐怖事件中，深刻體會建立國際人權標準及其運作的重要性，盡

表 2-6　人權觀察發展歷史大事紀

1975	赫爾辛基（Helsinki）國際協議「自由言論基金會」（Fund for Free Expression）成立，此為人權觀察前身
1978	人權觀察（Human Rights Watch）成立，名為赫爾辛基觀察（Helsinki Watch）
1981	美洲觀察（Americas Watch）成立
1985	亞洲觀察（Asia Watch）成立
1987	監獄工程（Prison Project）設立
1988	觀察委員會（The Watch Committees）更名為「人權觀察」（Human Rights Watch）；設立國際電影節（The International Film Festival）；非洲觀察（Africa Watch）成立
1989	中東觀察（Middle East Watch）成立；倫敦辦公室（London office）開放
1990	婦女權利工程（Woman's Rights Project）設立；洛杉磯（Los Angeles office）辦公室開放
1991	香港辦公室（Hong Kong office）開放
1992	莫斯科辦公室（Moscow office）開放；武器工程（Arms Project）設立
1994	布魯塞爾辦公室（Brussels office）開放；兒童權利工程（Children's Rights Project）設立；里約熱內盧辦公室（Rio de Janiero office）開放
1995	魯旺達緊急辦公室（Rwanda emergency office）開放
1996	學術自由工程（Academic Freedom Project）設立；薩拉熱窩緊急辦公室（Sarajevo emergency office）開放；塔式肯辦公室（Tashkent office）開放
1997	杜山壁辦公室（Dushanbe office）開放
1998	特比利斯辦公室（Tbilisi office）開放；全球難民計畫（Global refugee program）設立

早能批准許多國際重要的人權公約，更不要因為美軍罪犯可能會被移送，而強烈反對國際人權法庭的成立。

至於對各地區及國家的人權評估，如美洲地區、非洲地區、歐洲及中亞、亞洲、中東及北非、美國等均有詳細的評析，包括的國家超過 72 個以上。譬如對中國大陸的人權狀況，就有相當多的篇幅給予批評，其中有如共產黨對「政治異議人士」（Political Dissidents）持續的鎮壓與迫害，對廣播、電視、報紙媒體持續的監控，對網路溝通的政治控管更是嚴格，4 月份有超過 55,000 個網路咖啡店遭受到搜檢，單單 10 月份就有 17,000 個網站面臨被關閉的命運，同時至少有 16 個人，因利用網路傳送領導不喜歡的資

訊，而被逮捕或判刑。其他對於人權特別的議題及活動，如學術自由的壓制、政治意識形態的控制、學生活動的監控，或其他兒童軍人、婦女人權、HIV/AIDS、種族歧視、政治庇護者、難民人權等，HRW 亦有全球性具體的批評。例如依據 HRW 報告顯示，UN 大會雖已於 2000 年 5 月，通過禁止徵用 18 歲以下兒童參與武裝衝突，而且也有超過 120 個國家簽署，但在 2001 年 6 月，於 87 個國家發現至少有 50 萬兒童參與國家的軍隊，或非政府的武裝團體。（HRW, 2002）

人權觀察 2006 年在長達 532 頁的全球考察報告之中，指出在 2005 年裏顯示有新的證據說明酷刑（Torture）和苛待（Mistreatment）的手段，一直是美國布希政府用來打擊恐怖主義的策略（Counterterrorism Strategy）之一，而此策略卻損害了全球性的人權防衛工作。換而言之，美軍虐待性的拷問行為，不只是幾名低階級士兵的惡行而已，證據顯示那些違反人權的虐囚行為（Abusive Interrogation），乃是美國高級軍官有意識進行的策略。而這個策略也限制了華盛頓說服或強制要求其他國家遵守國際法的能力。人權觀察執行長 Kenneth Roth 進一步指出，打擊恐怖主義是人權事業的核心，但是對恐怖嫌疑犯使用非法的手段（Illegal Tactics），不但是一大錯誤，而且還會造成許多的反效果。因為非法手段的使用，加速了恐怖成員的吸收，削弱了公眾反恐的力量，並且將會製造大量無法起訴的囚犯（Unprosecutable Detainees）。

此外，依據 2006 年的調查報告指出，包括烏茲別克斯坦（Uzbekistan）、俄羅斯、中國在內的許多國家，企圖利用反恐戰爭（Anti-Terrorism War）為藉口，來攻擊他們政治上的敵對者，甚至於給他們扣上「伊斯蘭恐怖份子」（Islamic Terrorists）的大帽子。人權觀察就記載了許多在反恐戰爭範圍之外的嚴重暴虐事件。例如烏茲別克斯坦政府五月在 Andijan 屠殺了幾百名的示威民眾；蘇丹政府在西部的 Darfur 進行的行動，即有近似「種族滅絕」的行為；在剛果民主共和國及車臣境內不斷有殘暴事

件的報導。其他嚴重的鎮壓行動，亦仍在緬甸、北韓、土庫曼斯坦（Tur-kmenistan），及中國的西藏和新疆等地持續進行。而敘利亞和越南繼續對公民社會執行嚴厲的控制，辛巴威則進行大規模的，擁有政治意義的強制驅逐行動，在在顯示此一問題的嚴重。（http://www.hrw.org/english/docs/2006/01/13/global12428.htm）

就國際重要的團體而言，從 2006 年 3 月民主程度評比的結果，如OECD、EU、NATO 成員國的民主等級排名均佳，G8 則除 RUSSIA 居 115名外，其他各國均有第 9 至 32 名相當不錯的評比排名。其他如 ASEAN、APEC、AFRICAN UNION、ARAB LEAGUE 等組織成員國，就有相當懸殊的民主等級排名，如 APEC 的 NEW ZEALAND 全球第三，CHINA 卻居 128名；AFRICAN UNION 的 SOUTH AFRICA 排名第 35，LIBYA 竟居 148 名。當然有些組織的成員國，其普遍民主排名本就不佳，如 ARAB LEAGUE，最佳的是 MAURITANIA，排名居全球第 81，最差的仍是前所提及的 LIBYA居 148 名。

依據 2007 年 HRW 的年度報告，2006 年所指出的人權問題，並未獲得明顯或大幅度的改善，尤其以中國大陸而言，原本以為其 2008 年奧運的舉辦會促進中國大陸人權的進一步改善，結果事實證明並非如此。相反的，依據 HRW 的調查報告發現，中共政府因懼怕更多的真象外洩，更加緊使用大量的警察和國家安全設備，持續對輿論、民間抗議人士實施多層次的管控。譬如中共政府在 2006 年上半年即關閉了 700 多個網路論壇，並且強迫 8 個搜尋引擎過濾 10,000 個敏感用字。具體而言，在 2006 年，大約有100 名中國的異議人士、律師、作家和學術界人士均遭到警察不同程度的關押或監禁，其中也包括在家中被補及在工作場所被便衣公安監控等。如在過去一年當中，中國政府就監禁了紐約時報研究員趙岩，撤換了敢言報紙的編輯，並且制定法律要求記者在報導敏感性新聞時必須獲得許可，尤其是要求國外媒體必須獲得官方新華社的允許，才能發布中國的新聞、照片

和圖像。（http://www.epochtimes.com/b5/7/1/13/n1589118.htm, http://www.hrw.org/wr2k7/essays/introduction/7.htm#_Toc152461179）

最後，依據 2012 年 HRW 的年度報告，中國在快速的社會經濟變化和現代化的背景下，仍為一黨專政國家。政府嚴厲鉗制言論、結社和宗教自由；公開拒絕司法獨立及新聞自由；任意且經常動用法外手段以限制、壓制維權人士及組織。此外，據官方和學術統計估計，中國每日平均發生 250 至 500 起抗議事件，每次抗議參與人數從一萬到數萬不等。儘管面臨諸多風險，互聯網用戶及傾向於改革的媒體還是不停宣導法治及透明度、揭露官方錯行、呼籲政府進行改革，從而積極推進審查界限。（http://www.hrw.org/zh-hans/world-report-2012/2012-0）

六、無疆界記者組織 ▌▌▌▌➡

新聞自由通常被認為是代表民主人權最具有意義的指標，總部設在法國巴黎的「無疆界記者組織」（Reporters without Borders），即是一堅持捍衛新聞自由及資訊權利（Information Rights）的機構。他們在全球五大洲的許多國家如 Germany、Austria、Belgium、Canada、Spain、France、Italy、Sweden 與 Switzerland，均有其分支機構。在 Abidjan、Bangkok、New York、Tokyo 與 Washington 等地，亦有設置辦公室。具體而言，無疆界記者組織在過去二十年來一直為維護世界各國的新聞自由而努力，並積極譴責一切違反新聞自由的行為，重點有：㈠支援在自己國家受到威脅的記者，並對其家屬給予援助；㈡專門對抗封鎖和限制新聞自由的法律，儘量使它無法執行；㈢積極改善記者安全問題，尤其在發生衝突的地區，並幫助媒體重建，對有困難的新聞機構給予經濟和物質援助。

他們多年來為記者仗義執言，也積極提供司法及經濟協助，成為相當具有影響力的NGO。無疆界記者組織，每天將各國箝制新聞自由之實況，向世人公布，其中包括因執行新聞工作而遭監禁或殺害的記者、當前在某些國家仍存在嚴重禁錮新聞自由的事實。此外，在無疆界記者組織架設網

站（www.rsf.org），是用英文、法文和西班牙文三種語言建構（Trilingual Website），由分布在全世界的 100 多名記者隨時告知。同時每年 5 月 3 日國際新聞自由日（World Press Freedom Day），無疆界記者組織都會出版世界 150 國新聞言論自由現況。在 2005 年度報告中，167 國新聞自由度排名方面，中國的全球排名為第 159 名，台灣則名列全球第 52 名。

　　依據無疆界記者組織 2005 全年的統計，如表 2-7 所示，全球至少有 63 位記者被殺，807 位記者被逮捕，1,308 位記者之身體遭受攻擊或被威脅；1,006 個媒體被搜查。另外統計亦有 126 位記者與 70 位網路異議人士（Cyberdissidents）被關進監獄，顯示新聞記者的職業生涯，仍然充滿相當程度的風險。再若以地區來了解，亦可明顯發現，在記者被殺、被逮捕、遭受攻擊威脅與媒體被搜查中，除了記者被殺是以北非與中東最嚴重外，其他

表 2-7　2005-2008 年全球新聞記者處境與各年統計

	記者被殺 Journalists Killed	記者被逮捕 Journalists Arrested	記者身體被攻擊或威脅 Journalists Physically Attacked or Threatened	媒體被搜查 Media Outlets Censored
Africa	7.9%(N=5)	31.7%(N=256)	16.3%(N=213)	8.6%(N=86)
Americas	11.1%(N=7)	2.5%(N=20)	17.5%(N=229)	1.0%(N=10)
Asia	27%(N=17)	43.6%(N=352)	44.6%(N=583)	74.1%(N=745)
Europe+Ex-Soviet	11.1%(N=7)	11.4%(N=92)	13.7%(N=179)	11.9%(N=120)
North Africa+Middle East	42.9%(N=27)	10.8%(N=87)	8.0%(N=104)	4.5%(N=45)
2005 年總　計	N=63(2.0%)	N=807(25.4%)	N=1308(41.1%)	N=1006(31.6%)
2006 年總　計	N=81(2.4%)	N=871(26.1%)	N=1472(44.1%)	N=912(27.3%)
2007 年總　計	N=87(2.9%)	N=887(29.4%)	N=1511(50.2%)	N=528(17.5%)
2008 年總　計	N=60(3.0%)	N=673(33.4%)	N=929(46.1%)	N=353(17.5%)

資料來源：http://www.rsf.org/IMG/pdf/Roundup_2005_Eng.pdf,
　　　　　http://www.rsf.org/article.php3? id_article=20286
　　　　　http://www.rsf.org/article.php3? id_article=24909

諸項均以亞洲地區位居榜首。尤其是媒體被搜查方面，74.1%竟然是發生在亞洲。若與 2004 年相比較，除記者被逮捕有下降 100 名外，其他均有上揚的趨勢。尤其是媒體被搜查方面，竟然也有 161.7%的成長，顯示新聞自由問題仍在惡化之中。（http://www.rsf.org/IMG/pdf/Roundup_2005_Eng.pdf）

　　至於 2007 年的情況，依無疆界記者組織據統計，記者被殺者（Journalists Killed）有 84 名（2006 年 85 名），媒體助理被殺者（Media Assistants Killed）有 20 名（2006 年 32 名），記者入獄者（Journalists Imprisoned）132 名，媒體助理入獄者（Media Assistants Imprisoned）有 6 名，網路異議人士入獄者（Cyberdissidents Imprisoned）65 名（http://www.rsf.org/article.php3? id_article=20286）。惟至 2012 年之調查情況，仍無明顯的改善，如記者被殺者有 88 名，記者被逮捕者 879 名，記者被攻擊或威脅者 1993 名，記者被綁架者 38 名，記者逃往海外者 73 名，網路公民被逮捕者 144 名。

　　故總體而言，依 2012 年世界新聞自由調查分析結果，如圖 2-2 所示，以西歐及北歐最優（Good Situation），中國大陸、北非小部分地區情況

圖 2-2　2012 年世界新聞自由概況

資料來源：http://en.rsf.org/press-freedom-index-2011-2012,1043.html

最嚴重（Serious Siotuation），俄羅斯及北非地區發展困難（Difficult Situation），美國、紐澳及西歐小部分地區屬滿意之情況（Satisfactory Situation）。

此外，若就民主、新聞自由與清廉度的關係而言，如表 2-8 所示，通常都以為愈民主的國家，不但新聞自由愈會受到肯定，其政府貪腐的情況亦會愈少。主要的原因是民主政治的理念及其制衡的運作機制，就會促使政府的新聞自由與清廉度相對的提升。但仍有許多的例外，譬如Cuba的民主與新聞自由排名，分別為 121 與 144 名，但政府的清廉度卻居全球第 42

表 2-8　2012 年全球各國民主、新聞自由與清廉度排名

國家 Country	民主排名 Democracy Rank	新聞自由 Press Freedom Rank	清廉排名 Corruption Rank
Finland	1	1	1
Sweden	2	1	4
Denmark	2	5	1
Norway	4	1	7
Switzerland	5	5	6
New Zealand	6	9	1
Netherlands	7	5	9
Canada	8	15	9
Australia	9	18	7
Germany	11	9	11
United States	12	12	15
Ireland	13	8	19
United Kingdom	13	18	13
Austria	15	18	19
France	16	24	18
Uruguay	17	31	16
Portugal	17	9	25

國家 Country	民主排名 Democracy Rank	新聞自由 Press Freedom Rank	清廉排名 Corruption Rank
Chile	20	38	16
Spain	20	24	22
Slovenia	22	27	27
Costa Rica	23	15	34
Poland	24	27	30
Lithuania	25	23	34
Czech Republic	26	15	38
Slovakia	27	18	46
Italy	28	41	56
Japan	29	22	13
Taiwan	30	27	27
Israel	31	36	29
Korea, South	33	39	32
Hungary	34	45	33
Ghana	35	34	48
Croatia	36	49	46
Panama	36	59	65
Botswana	38	49	22
Jamaica	40	12	65
Namibia	41	39	42
South Africa	44	42	53
Greece	45	36	74
Romania	48	52	50
Benin	49	42	74
India	50	47	74
Brazil	50	57	53
Mongolia	50	47	74
El Salvador	53	49	65
Peru	55	57	65

國家 Country	民主排名 Democracy Rank	新聞自由 Press Freedom Rank	清廉排名 Corruption Rank
Turkey	55	80	38
Philippines	57	54	84
Bolivia	59	60	84
Tanzania	60	62	81
Argentina	61	68	81
Indonesia	62	62	95
Mexico	69	99	84
Paraguay	70	92	125
Singapore	71	110	5
Papua New Guinea	74	32	125
United Arab Emirates	75	120	21
Tunisia	78	71	58
Mozambique	79	56	100
Kuwait	80	85	50
Malaysia	81	104	38
Jordan	82	104	42
Niger	83	62	91
Colombia	84	80	74
Liberia	84	92	58
Nicaragua	86	62	107
Lebanon	87	71	105
Malawi	89	92	70
Thailand	89	92	70
Nigeria	89	68	114
Zambia	89	92	70
Egypt	94	85	95
Kenya	94	74	114
Guatemala	97	92	91
Uganda	98	85	107

國家 Country	民主排名 Democracy Rank	新聞自由 Press Freedom Rank	清廉排名 Corruption Rank
Algeria	98	99	84
Nepal	98	80	114
Haiti	103	68	139
Sri Lanka	107	120	61
Saudi Arabia	117	137	53
Cambodia	118	104	132
Cuba	121	144	42
Angola	122	110	132
China	124	141	61
Ethiopia	126	131	91
Iraq	127	114	143
Russia	128	128	110
Vietnam	129	137	100
Yemen	136	135	131
Zimbabwe	136	128	138
Syria	140	143	119
Afghanistan	142	123	148
Iran	142	145	110
Sudan	144	126	147
Korea, North	150	150	148

資料來源：http://www.worldaudit.org/democracy.htm

名，顯然其中仍存在許多特別的問題。其他又有如 Singapore 的民主與新聞自由排名，分別為 71 與 110 名，但政府的清廉度則高居全球第 5 名。顯示政府雖屬威權體制，但其嚴格肅貪的決心與效能，卻也使其清廉度相對的有相當程度的提升。其他如 China，亦有此傾向。相反的如 Paraguay，其民主與新聞自由排名，分別為 70 與 92 名，但政府的清廉度卻落居全球第 125 名。

參考資料 ▐▐▐▐▐▐➡

W. L. Bernecker 著，朱章才譯，2000，**第三世界的覺醒與貧困**，台北麥田出版社。

陳忠信，2000，「台灣社會傳統與現代因素的競賽：公民社會出現了嗎？」，李麗薰主編，**邁向公與義的社會（上）**，台北：時報文教基金會。

朱雲漢，2000，「憲政主義的退化與重建」，李麗薰主編，**邁向公與義的社會（上）**，台北：時報文教基金會。

Clare Ovey & Robin White 原著，何志鵬等譯，2006，**歐洲人權法**（*The European Convention on Human Rights*）：原判例，北京大學。

胡晴舫，2002，「誰背叛了美國？」，**中國時報**，7 月 31 日，15 版。

范國祥，2000，「國際人權公約的法律監督」，王家福、劉海年、李林合編，**人權與 21 世紀**，北京：中國法制出版社。

葉保強，1997，**人權的理念與實踐**，香港：天地圖書公司。

Massimo Livi-Bacci 著，郭峰等譯，2000，**繁衍：世界人口簡史**（*A Concise History of World Population*），北京大學出版社。

張正新，2004，**中國死緩刑制度的理論與實踐**，武漢大學出版社。

周琪，2001，**美國人權外交政策**，上海：上海人民出版社。

趙學功，2001，**當代美國外交**，北京：新華書店。

http://www.tahr.org.tw/abouttahr/abouttahr.htm

Robert A. Dahl,1992, "Democracy and Human Rights under Different Conditions of Development" in Thomas B. Jabine & Richard P. Claude(eds.), *Human Rights and Statistics*, University of Pennsylvania Press.

Robert J. Goldstein, 1992, "The Limitations of Use Quantitative Data in Studying Human Rights Abuses" in Thomas B. Jabine & Richard P. Claude(eds.), *Hu-*

man Rights and Statistics, University of Pennsylvania Press.

Ian Brownlie, 1992, Baic Documents on Human Rights, Oxford: Clarendon Press.

Donnelly, Jack, 1989, Universal Human Rights in Theory and Practice, Cornell University Press.

Macpherson, C. B., 1966, The Real World of Democracy, Oxford: Clarendon Press.

Pennock, J. Roland, 1979, Democratic Political Theory, New Jersey: Princeton University Press.

Schumpeter, Joseph A., 1976, Capitalism, Socialism and Democracy, London: George Allen & Unwin Ltd..

Macridis Roy C., 1986, Modern Political Regimes: Patterns and Institutions, Canada: Little , Brown and Company.

David Beetham, 1999, Democracy and Human Rights, Polity Press.

Berman,L., B. A. Murphy & O. A. Woshinsky, 1996, Approaching Democracy, New Jersey: Pren-tice-Hall, Inc..

Cohen, Carl, 1971, Democracy, University of Georgia Press.

Dahl, Robert A., 1971, Polyarchy: Participation and Opposition, New Haven: Yale University Press.

Feinberg, Joel, 1970, "The Nature and Value ofRights," Journal of Value Inquiry, Vol.4.

Held, David, 1987, Models of Democracy, Polity Press.

McLean, Iain, 1996, Oxford Concise Dictionary of Politics, New York:Oxford University Press.

Murakami, Y., 1968, Logic and Social Choice, New York: Dover Publications.

Soysal, Y. N.,1994, Limits of Citizenship:Migrants and Postnational Membership in Europe, Chicago & London: The University of Chicago.

Wellman, Carl, 1978, "A New Conception of Human Rights," E. Kamenka & A. E. S. Tay, *Human Rights*, London.

Diamond, L., 1994, "Rethinking Civil Society:Toward Democratic Consolidation," *Journal of Democracy*, Vol.5, No.3.

Faundez, Julio, 1993, "Constitutionalism: A Timely Revival," in D. Greenberg,S. N. Katz, M. B. Oliviero & S. C. Wheatley (eds.), *Constitutionalism and Democracy: Transition in the Contemporary World*, Oxford University Press.

Murphy, Walter F., 1993, "Constitutions, Constitutionalism, and Democracy," in D. Greenberg, S. N. Katz, M. B. Oliviero & S. C. Wheatley (eds.), *Constitutionalism and Democracy: Transition in the Contemporary World*, Oxford University Press.

Ranny, A., 1996, *Governing: Introduction to Political Science*, New Jersey: Prentice-Hall, Inc..

Squires, J., 1996, " Liberal Constitutionalism, Identity and Difference," in Richard Bellar-my & Dario Castiglione (eds.), *Constitutionalism in Transformation:European and Theoretical Perspectives*,Oxford:Blackwell Publishers.

Linz, Juan J. & Alfred Stepan, 1996, *Problems of Democratic Transition and Consolidation: Southern Europe, South America,and Post-Communist Europe*, The Johns Hopkins University Press.

Monshipouri, M., 1995, *Democratization,Liberalization & Human Rights in the Third World*, Boulder & London: Lynne Rienner Publishers,Inc..

Robinson, Marry, "Message from the High Commissioner for Human Rights" in UNDP, *Integrating Human Rights with Sustainable Human Development*, New York.

Robinson, Marry, 1998, "Today's Violations,Tomorrow's Conflicts " in *UN Bri-*

efing Papers:Human Rights Today, United Nations Department of Public In-
formation, UN.

United Nations, 1998, "Human Rights in Action" in *UN Briefing Papers: Human
Rights Today*, United Nations Department of Public Information, UN.

UNDP, 2002, *Human Development Report 2002: Deepening Democracy in a
Fragmented World*, New York: Oxford University Press.

Heinrich Klebes, 2002, "Democratic Security: An Utopian Perspective for our
World? Reflections on Democracy, The Protection of Human Rights and the
Rule of Law in International Relations" Paper prepared for *International
Symposium on Human Rights in Taiwan,* Sponsored by Taiwan New Century
Foundation(TNCF), Research, Development and Evaluation Commission,
Executive Yuan, Ministry of Foreign Affairs, Taipei, 2002/10/16-18.

Linz, Juan J. & Alfred Stepan,1996,*Problems of Democratic Transition and
Consolidation :Southern Europe,South America,and Post-Communist
Europe*, The Johns Hopkins University Press.

Macridis Roy C., 1986, *Modern Political Regimes:Patterns and Institutions*,
Canada:Little ,Brown and Company.

Monshipouri, M., 1995, *Democratization, Liberalization & Human Rights in the
Third World*, Boulder & London: Lynne Rienner Publishers,Inc..

Robinson, Marry, "Message from the High Commissioner for Human Rights" in
UNDP, *Integrating Human Rights with Sustainable Human Development*,
New York.

Robinson, Marry, 1998, "Today's Violations,Tomorrow's Conflicts" in *UN Brief-
ing Papers: Human Rights Today*, United Nations Department of Public In-
formation, UN.

Arat , Zehra F., 1991, *Democracy and Human Rights in Developing Countries*,

Boulder & London: Lynne Rienner Publishers.

http://en.wikipedia.org/wiki/UNCHR

2005 Human Rights and Democracy Achievement Award Winner

http://www.state.gov/g/drl/rls/shrd/2005/63950.htm

U.N. Commission on Human Rights, 2002

http://www.unhchr.ch/html/menu2/2/chrintro.htm

U.S.Department of States, Human Rights Reports for 2001,

http://www.state.gov/g/drl/rls/hrrpt/2001/

UNDP, 2002, "Integrating Human Rights in All Development Activities"

http://www.undp.org/governance/humanrights.htm

Arch Puddington, "Freedom in the World 2006"

http://65.110.85.181/uploads/pdf/essay2006.pdf

China (Taiwan only)

http://web.amnesty.org/web/ar2002.nsf

HRW, U.S. in New Fight Against War Crimes Court,

http://www.hrw.org/press/2002/06/icc0625.htm

HRW, World Report 2002/8/8

http://www.hrw.org/wr2k2/contents.htm

Haq, M. ul, 2002, " What is Human Development "

http://hdr.undp.org/hd/default.cfm

Freedom House,2002,

http:www.freedomhouse.org/reports/century.html

Constitutional Democracy, 2002

Http://www.civiced.org/constdem.html

Amnesty International, Amnesty International Report 2002-Taiwan http://web.amnesty.org/web/ar2002.nsf

HRW, World Report 2002

http://www.hrw.org/wr2k2/contents.htm

U.N. Commission on Human Rights, 2002

http://www.unhchr.ch/html/menu2/2/chrintro.htm

Vienna Declaration and Programme Action, 1993

http://www.unhchr.ch/html/menu5/wchr.htm

U.S.Department of States,Country Reports on Human Rights Practices for 2001

http://usis.usemb.se/human/2001/eastasia/china_taiwan.html

Press Freedom in 2005

http://www.rsf.org/IMG/pdf/Roundup_2005_Eng.pdf

http://www.rsf.org/rubrique.php3? id_rubrique=280

第三章
人權民主概念與公民社會

　　人權與民主均是淵源久遠的概念，其內涵及範圍，至今仍有不同的爭辯與質疑。自由主義者（Liberalists）認為，應將其局限在傳統的公民自由（Civil Liberty）與政治自由（Political Freedom）內，但有些學者則認為，應擴大概念以包括社會與經濟的權利（Social and Economic Rights）。惟就以多數國家所承認的聯合國「世界人權宣言」（The Universal Declaration of Human Rights）而言，事實上均已包含所述之「公民權」、「政治權」與「社會與經濟權」。（Zehra F. Arat, 1991: 3; Y. M. Soysal, 1994: 130-131）

一、人權的概念說明 ▌▌▌▌➡

㈠人權的概念界定

　　就一般的理解，「人權」就是「人民權利」（Rights of the People）的簡稱，或可如美國總統傑佛遜（Thomas Jefferson, 1743-1826）所說，是「人類共同的權利」（The Common Rights of Mankind）（周道濟，1983：1-2），有些則稱之為「基本人權」（Fundamental Human Rights）。但基於各項不同的角度或面向，以下諸項界定實有其參考的意義：

1. 「人權是一種特別不可讓與的道德權（Inalienable Moral Entitlement）」

——（Iain McLean, 1996: 228）

2. 「人權具備固有性及普遍性，乃人之為人當然享有的權利。」

——（許志雄，2000：42）

3. 「人權是人與生俱來的權利」

——（Jack Donnelly, 1989: 13-14）

4.「人權是所有人可無條件的（Unconditionally）、不可更換的（Un-alterably）且平等的（Equally）擁有基本而重要的道德權（Moral Rights）。」

—— （Joel Feinberg, 1973: 84; 1970: 243-257）

5.「人權乃屬道德權的一種，它在任何時間均歸屬人類所有，它並不是經由購買而取得，也不是通過契約的關係而產生，更不是由職位、角色或權力而擁有，而是只因為是人而取得此項權利。」

—— （Maurice Cranston, 1973: 6-7, 21-24）

　　由以上種種的界定，吾人似可較為確切的了解，「人權」乃是成為一個人（To be a person）自然就擁有的道德權。當然此處所謂的成為一個人，基本上是指「所有的人」，其中不只包括現在正存活的人，同時也包括過去的人及未來即將出生的人。（葉保強，1991：17）換而言之，對於已經過世的人，並不表示即可進行侮辱性的歧視（Discrimination）或「人權侵犯」；對於未出生之「人」，亦當有其生命的尊嚴（Dignity of Life）。譬如 1969 年 11 月通過的美洲人權公約（American Convention On Human Rights），第 3 條即規定：「在法律面前，人人都有權被承認是一個人。」；第4條第1款亦稱：「每一個人都有使其生命受到尊重的權利（the right to have his life respected）。這種權利，一般從胚胎起就應受到法律的保護，沒有任何一個人的生命是可以被任意的剝奪」（Ian Brownlie, 1992: 497），事實上，均在表明此一意旨。

　　㈡人權的特性

　　就前述人權的概念界定而言，「人權」既然是成為一個人所自然擁有的道德權，其間綜合許多學者的說明，人權至少有以下幾種特性是值得關切的：

1. 價值性

人權所論及的「人」（Human Being），除了重視其人身（Body）的存在外，更重視其之所以為人的道理。換而言之，此「所以為人的道理」，就是將人本身已視為是「價值」（Value）與「目的」（Purpose）的化身，而且也自然有其基本的「尊嚴」（dignity）存在。儒家在《論語》上嘗指出：「人者，仁也。」，事實上亦在說明此一道理。顯見「人權」理念上的「人」，不但有其形體上「事實判斷」（Factual Judgment）的部分，更有其文化上潛在道德的「價值判斷」（Value Judgment）。故人之所以需要人權，並不只是由於生存與健康的需要，而是基於人的尊嚴（Human Dignity）。因為畢竟在民主的理念中，人是價值唯一的來源（James M. Buchanan, 1986），侵犯人權就等於是在否定人的尊嚴。（Jack Donnelly, 1985: 25-30）

2. 正當性

由於人權所論及的權利，是指牽涉到「什麼是對的」（What is Right）及有必要性去實踐，故有其道德或法律上的「正當性」（Righteousness）或「應然性」（Ought to be）。（Jack Donnelly, 1993: 19-21）換而言之，人權雖為是一種「道德權」，如學者 Joel Feinberg 所剖析的，權利其實是一項「有理由的要求」（Justified Claim），而且一個能以法律或道德原則作為根據的要求，才算是一個權利。但就理想的狀況而言，一個合理的法律權利，應該是道德權利能在法律制度上的具體落實。（Joel Feinberg, 1973: 43-44）同時從另外一個角度而言，人權通常是助長個人「自主性」（Autonomy）的「規範結構」（Normal Structure），也是個人面對政府時所擁有的一種「倫理自主性」（Ethical Autonomy）的系統。（Carl Wellman, 1978: 48-58）

3. 天賦道德的自覺性

1776 年美國「獨立宣言」（The Declaration of Independence）嘗明白指

出：「凡人生而平等（created equal），由造物主賦予不可讓予的一定權利，包括生命、自由及追求幸福等權利。」（Berman, B. A. Mur-phy & H. Woshinsky, 1996: A-1）1789 年法國的「人權和公民權宣言」（The Declar-ation of Man and the Citizen）第 1 條明示：「在權利方面，人生來是而且始終是自由平等的。」；第 2 條亦表明：「一切政治結合的目的都在於保護人天賦的和不可侵犯的權利；這些權利是自由、財產、安全以及反抗壓迫。」（王德祿，蔣世和編，1989：14）。在 1948 年通過的聯合國世界人權宣言，第 1 條亦明定：「人皆生而自由；在尊嚴及權利上均各為平等。人各賦有理性良知，誠應和睦相處。」（Ian Brownlie, 1992: 22）

由前述這些重要的文獻可知，人權乃是人類天賦當然及自然就具有的權利，而此所謂之「天賦」，由於各家或各時代的思想背景不同而有不同的詮釋。譬如就西方中世紀自然法（Natural Law）概念所引發的自然權利說（Natural Rights），就深深影響到所謂「天賦人權」的理念。惟總體而言，自然權利說帶給人權幾項重要的「啟示」，其一是人類是和權利一起誕生，權利是人的稟賦，是不可分割與廢除者；其二是權利先於國家社會而存在，有其優越性，不能因他們的因素而被削弱、妥協及貶損；其三是權利為普遍存在者，不受時間與空間的限制。（Michael Freeden 著，孫嘉明、袁建華譯，1998：47-49）

不過，由於時代思潮的變遷，自然權利的理念源頭，已受到嚴重的質疑。有人認為其只是想像的權利（Imaginary Rights），甚者竟以為是荒繆且沒有意義的假想。（Scott Davidson, 1993: 29）更甚者以為天賦人權對無產階級而言，是資產階級虛偽的與欺騙的抽象謊言。（董云虎，1992：257-260）然有些學者也認為，根本沒有所謂的自然權利存在，他們並對權利是絕對的，或權利是不可讓渡、早在社群成立之前就已存在的觀點提出攻擊。因為他們認為沒有一個客觀的方法，可以決定何謂是「絕對的權利」。（Herbert M. Levine 著，王業立等譯，1999：254）

但委實而言，現在這一代人對自然法與自然權利的擁護，已大大少於1776 年及 1789 年代的人，尤其是在功利主義（Utilitarianism）、實證主義（Positivism）、實用主義（Pragmatism）的影響下，人們已可清楚的指出自然法則應屬說明性的陳述，而非道德性的規範，同時他們也不再相信上帝或自然法能保障什麼人權。但新的哲學卻讓他們相信人的價值，是源於「自尊」與「自信」的信仰。（Austin Ranny 著，陳想容譯，1967：98-99）

換而言之，人權並非來自上帝的恩賜，或來自自然生命，它是人為決策的結果，代表我們對人類潛在道德的理解，以及對實踐那種理解自主性的選擇。（葉保強，1991：45）顯然，就此而論，人權雖為生而有之，並非源於上帝的自然權利，而是人類道德權利自主理性的堅持。更確切說，它乃是道德理想與人權之實踐，構成一種建設性互動關係（Constructive Interaction）的體現。（Jack Donnelly, 1985: 32）

4. 神聖不可侵犯性

承如學者 Joel Feinberg 之分析，擁有權利能使我們堂堂正正的做人，與他人坦誠相處，彼此平等對待。將自己想像成權利的擁有者，就是去保存最起碼的自尊。惟尊重個人（Respect for Person），只不過是尊重他們的權利。所謂「人的尊嚴」（Human Dignity）也只不過是一種被承認且被提出要求的能力。（Joel Feinberg, 1970: 252）因此人權的提出，可以被視為是一種「道德自我實現的預言」（Self-fulfilling Moral Prophey），同時它也是人類自覺理性的體現。在個人主義與自由主義的理念中，將個人理性的自主（Rational Autonomy），視為是人權的核心與主體，自然有其神聖的價值與尊嚴，是不可任意被侵犯的。而此所稱的被侵犯（Be Violated），事實上，就是自由意志（Free Will）不被尊重下的剝奪（Exploitation）、讓與（Alienability）、交易（Exchange）與更換（Alteration）。換而言之，人權有其道德性的尊嚴，並不能等同於經濟上的價格（Price），因為，畢

竟價格是取決於市場上供需的機制，而人的尊嚴，如前述是本源於人類自主及自覺的理性價值，是不可任意被否決的。

不過值得注意的，即「人權之神聖不可侵犯性」或曰「無條件性」，基本上是理論中理想的道德命題。假如論及積極而又有必要之可行（Necessarily Enforceable），相對地條件仍然受到關注，故德意志基本法第2條隨即規定：「人人有生命與身體之不可侵犯權，個人之自由不可侵犯，此等權利唯根據法律始得干預。」，顯然人權並非有絕對的不可侵犯性，相對的規範乃成為運作的必要。

5. 普遍的相同性

在人類道德的自覺中，既然肯定與承認人權是人人生而自然擁有，在原始的理念上當有其普遍的相同性。蓋承如大哲 John Locke（1632-1704）所剖析的，人類是先國家社會而存在，而且是在自然的法則下平等的生存。因此，對於人權的尊重應該相同的被對待。尤其是「生命的尊嚴」，基本上應屬完全的相同，它不應受到性別、出身、種族、語言、籍貫、血統、信仰、宗教、階級或政治見解之不同而受到歧視。因為就理論上言，生命尊嚴屬人類基本之需求（Basic Needs），自當等同視之。民主選舉中「一人一票，一票一等值」（One Man One Vote, One Vote One Value.），事實上，就在說明此一票之神聖性，是在它乃代表著每一個生命尊嚴的等值性。換而言之，總統或富商之投票，絕不會因其政經地位，而會使票值與庶民窮人者有所不同。

因此歸結而言，人權可視為一種人格權（Personality Right），而人格的尊嚴亦是人權產生的基礎，故否定一個人的人權，事實上即如同否定其人格一樣。（王利明，2005：26-31）同時，更值得關切者，人權的普遍性乃是基於以下兩項前提，其一是人本身就是目的，國家社會也是因人而存在，故一切人權均應全面回歸人類固有的尊嚴與價值。其二是基於人類相互的依存性，人類自應有其共同的利益與倫理。（李步云，2000：6-7）

二、民主的概念解析 ▎▎▎▎▶

㈠民主的概念界定

依照語源學的分析，Democracy一字源於希臘語，其字根為demos，指涉為人民（The People）之意，kratein則為治理（To Rule）的意思，故民主的本意即為人民治理。（Leon P. Baradat, 1984: 60）希臘史學家 Herodotus 稱民主為「多數統治」（Multitude's Rule or Rule of the many），或曰是人民行使權力，共同治理國家之意。（J. Roland Pennock, 1979: 3；施治生、沈永興，1988：2）然就現代學者的觀點而言，仍然有許多大同小異的界定，現且簡列如以下諸項：

1. 「民主是能為所有社會成員提供平等的條件，以及人們能力（Human Capacities）能自由的發展。」

　　　　　　　　　　　　　　　　——（C. B. Macpherson, 1966: 58）

2. 「民主是一多數決（Majority Rule）或是非少數決（Nonminority Rule），其中包括格外多數（Extraordinary Majority）、足夠多數（Qualified Majority）或勉強過半數決（Rule By A Bare Majority），其中除有蘊涵一人一票（One Person, One Vote）的平等原則外，也應有高度民主實質共識（Substantive Consensus）與程序共識（Procedural Consensus）」

　　　　　　　　　　　　　　　　——（J. Roland Pennock, 1979: 7-8）

3. 「民主乃是個人透過人民選票的競爭並取得政治決定權的制度性安排（Institutional Arrangement）」

　　　　　　　　　　　　　　　　——（Joseph A. Schumpeter, 1976: 269）

4. 「民主乃是人民相互間保有平等的地位，也具有相同的機會表達其所好，而政府的政策作為亦能持續反應人民的喜好。」

　　　　　　　　　　　　　　　　——（Robert A. Dahl, 1971: 1）

從以上各家的概念界定，吾人不難發現，由於解釋面向的差異，頗有「十人十義」的傾向。因此，根據學者 M. Salvadori 簡單估算一下民主的定義，就已有兩百多個之多。（M. Salvadori, 1957: 20）不過，由於歷史及社會變遷的影響，承如學者 Carl Cohen 所言，民主是永遠處在「尚在改進中的狀態」，而且改進的過程，也是永遠不會完成的。（Carl Cohen, 1971: 30）誠如學者的研究顯示，民主思想畢竟不是天生者，它是在人類挫折的經驗中被發現的（Be Discovered），而且也是在人類道德性的覺醒及自覺的理性中，不斷的再充實它的內容。（Carl Cohen, 1971: 78-85）但如前所提及的，雖然它仍在發展之中，至少歸納以下幾項民主的意義、民主的信念（Beliefs）仍是最基本的共識，其中民主的信念是：

1. 信仰每個人存在的價值（A Belief in the Worth of Every Person）。

2. 信仰所有人民的平等性（A Belief in the Equality of All People）。

3. 信仰自由（A Belief in Freedom）。

4. 信仰人民可以被信任在與自身有關的共同福利上，能做最有智慧的決定（A Belief that People can be Trusted to Make Wise Decisions concerning their Common Welfare）。

至於民主的意義，亦可歸納為：1.民有、民治與民享（Government of the People, by the People, for the People）；2.人民可自由的去思想（Free to Think），在適當的限制中，亦可從事其所歡喜之行為；3.可自由的批評及讚揚我們的政府（Free to Criticize as well as Praise our Government）；4.可自由選擇自己崇拜的對象（Freedom Worship as One Chooses）；5.人人平等且相互尊重（The Equality of All Persons and Respect for each Individuals）；6.有一為全民服務的政府。

(二)民主的基本類型

依據現代學者對民主理論的不同建構，民主依分類標準之差異而有所

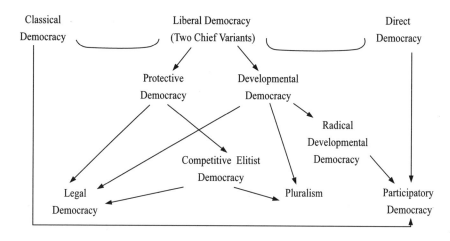

圖 3-1 民主的變異

資料來源：David Held,1987, Models of Democracy, Polity Press, P.5.

不同。依據參與（Participation）的方式，可分成「直接民主」（Direct Democracy）與間接的「代議民主」（Representative Democracy）。依據民主運作過程、形式與程序來分，可分成「選舉式民主」（Electoral Democracy）、「參與式民主」（Participatory Democracy）、「全民投票式民主」（Referendum Democracy）與「競爭式民主」（Competitive Democracy）。（G. Sartori, 1986:14）惟其中依據 David Held 的研究發現，民主大體可分成「古典型」（Classic Models）與「現代型」（Contemporary Models），其內容中的各種民主，如圖 3-1 所示，有其理論上的影響關係，亦有其理論上的變異（Variants）。（David Held, 1987:5）然綜合各家的分類，僅就較普遍受到重視的類型，簡略加以說明。

1. 古典民主理論與現代民主理論

就民主理論的發展時期來分，可畫分成「古典的民主理論」（Classical Democratic Theory）與「現代的民主理論」（Modern Democratic Theory）兩種。前者比較著重公民直接參與政治的角色扮演，古代如希臘雅典的民

主（Athenian Democracy），全體公民進行「城邦」（City State）式的自我
管理，年滿 20 歲之男性公民即可參與公民大會，任何成員也均可登台發表
己見，或指控施政不力之官員，必要時亦可依一定程序放逐政府官員。
（John Thorley 著，王瓊淑譯，1999）其他主要的特點有（David Held, 1987:
34）：

(1)公民直接參與立法與司法之職務。

(2)公民大會擁有主權（Sovereign Power）。

(3)主權的範圍包括所有城邦的公共事務（Common Affairs）。

(4)以多種方法如直選、抽籤（Lot）、輪流（Rotation）挑選服公務
之候選人。

(5)不存在造成一般公民與官員差別待遇的特權。

(6)除與戰爭事務有關之情況外，同一個人不能兩次擔任同一職務。

(7)所有職務任期均是短期的（Short Terms）。

(8)擔任公職享有報酬（Payment）。

然所謂「現代民主」則認為，直接民主在現代國家的形態及規模上，
有其事實上的不可能，即政府不可能凡事均尋求人民的同意或決定才執行，
故人民只得務實的定期選出精英進入國會，代表人民監督政府，此就成為
「代議式民主」，或曰是精英民主。由於它是針對傳統直接民主的修正，
故也稱之為修正的民主理論（Revised Democracy）。不過值得注意的，即
在代議民主的時代，當人民在某些議題或政策上，不願意相信政府或代議
機關，或政府與代議機關均沒有能力或不願負責時，人民依法亦可透過「創
制」（Initiative）與「複決」（Referendum）的途徑，以保留直接民權的空
間。現在世界各民主國家所實行的「公民投票」（Plebiscite），或憲法之
「強制複決」（Obligatory Referendum）、「立法之創制」（Legislative In-
itiative），即是古典民主的再現。

2. 自由主義民主及參與式民主

就西方歷史的發展而言，沒有自由主義的催生，現代民主理念的建構終將失敗。自由主義重視人的自我解放，反對宿命；強調生命、財產，在此其中所謂「自由主義的民主」與「參與的民主」，便成為學者所關切的議題。

首先就「自由主義的民主」而言，源於早期洛克（John Locke）、孟德斯鳩（Baron de Montesquieu）、彌爾（John S. Mill）、傑佛遜（Thomas Jefferson）等人思想的啟發，相當重視以個人主義為基礎的人權，尤其是人民基本的公民權與政治權。不過，綜合而言，自由主義民主的重要論點有以下諸項：（參見文思慧、葉保強，1990：49-50）

　　⑴強調公民與政治的權利；

　　⑵個人基本自由，國家（State）不得侵犯；

　　⑶尊重資本主義（Capitalism）體制；

　　⑷強調法治（Rule of Law）；

　　⑸主張代議制（Representative System）；

　　⑹兩黨以上定期及競爭性選舉（Periodic & Competitive Election）；

　　⑺少數服從多數，多數尊重少數；

　　⑻政治的制度建立（Institution-building）強調分權與制衡；

　　⑼輿論（Public Opinions）有其獨立性；

　　⑽多元化價值與民間社會（Civil Society）並存。

其次，就「參與式民主」而言，雖同樣是企圖以反專制來保障人權與民主，但更重視的是以主動的參與來擁有積極的自由。換而言之，其所要體現的是人的「自主性」（Autonomy）、優異的潛能（Potentials）與道德的發展（Moral Development）。相較於前者自由主義的民主，更能落實由自由意志所彙整的普遍意志（General Will）。尤其是有關自由市場的機

制，參與式民主認為會過度鼓勵個人自私慾望的開發，結果也會有礙經濟平等的實現，進而影響到人在社會文化，甚至政治上自主性之發揮。故總的來說，參與式民主有以下諸特點是值得關切的：（參見文思慧、葉保強，1990：52-53）

(1)強調經濟、社會及文化之權利；

(2)強調正面積極的自由（Positive Freedom）；

(3)對自由市場（Free Market）之自動運作機制缺乏信任；

(4)隨著政府對人民生活管制之減少，社群自主性之增強，法治重要性會相對減低；

(5)對代議制有較低的評價；

(6)相信有普遍意志的存在，多黨競爭（Multiparty Competition）便不必然需要；

(7)強調協商與共識（Consensus）的重要；

(8)權力分散乃至可以取消；

(9)輿論存在是為普遍意志形成的基礎；

(10)重視民間社會自主性的存在。

3. 保護式民主

保護式民主（Protective Democracy）是加拿大多倫多大學學者 C. B. Macpherson，對民主分類所啟用之名詞，內容是屬古典模式的民主，其主要是在說明許多學者如 James S. Mill 與 Jeremy Bentham，雖然主張「最大多數人的最大幸福」（The Greatest Happiness of the Greatest Number），是法律與道德的最高原則。但他們並未完全的主張普選的民主，反認為投票權應有財產之限制，而且甚至認為財富與權力的不平等，乃是不可避免的現象。因此，保護式的民主之主要意義，乃在於公民不但須要來自「統治者」的保護，同樣也需要來自他們彼此之間的保護，以確保那些統治者能

推動與公民整體利益相符的政策。惟若進一步剖析，保護式民主仍有以下幾項值得注意的特徵：（David Held, 1987: 70）

 ⑴主權（Sovereignty）雖終究掌控在人民手中，但已授權於可正當行使國家功能（State Function）的民代身上。

 ⑵有建立由統治者負責（Accountability）的制度基礎：定期選舉（Regular Elections）、祕密投票（The Secret Ballot）、派系政黨或潛在領袖多數決的競爭。

 ⑶國家權力（State Powers）必須是非個人的（Impersonal），依法受限制且區分成行政、立法與司法三權。

 ⑷依立憲主義（Constitutionalism）確保政治與公民權，在法律之前的平等與不受專橫對待（Arbitrary Treatment），同時也包括相關的言論、出版、結社、投票及信仰之自由。

 ⑸國家與公民社會（Civil Society）必須分立，國家行動之範圍應受嚴格之限制，以創造出一種架構，即允許公民有權追求其私人的生活，可免受暴力之風險（Risk of Violence）、無法接受的社會行為及不當的政治干預（Political Interference）。

 ⑹競爭性的權力核心與利益團體（Interest Group）。

  由此顯見，保護式的民主確切道出了民主的追求，具體的目標之一，就是企圖透過如無記名投票、定期選舉、實力代表的競爭……等等方法所產生的政治機制（Political Mechanism），以使政府必須向人民負責，進而讓人民的權益能獲得應有的保障。但就學者 David Held 的研究顯示，此種民主之體現仍有其一定的條件，例如政治上自主性公民社會的發展、生產工具的私有（Private Ownership）、競爭性的市場經濟（Competitive Market Economy）、家長式的家庭（Patriarchal Family）及達到一般民族國家（Nation-state）的領土範圍。（David Held, 1987: 70）

4. 發展的民主

「發展的民主」（Developmental Democracy）是代議民主理論的變異，主張參與政治生活不只是對保護個人利益（Individual Interests）而已，就是對於造就有知識、忠誠及發展中的公民，均是有所必要的。同時對於個人能力「最高與最和諧的擴展」（The Highest and Harmonious Expansion）中，過問政治是非常重要的。另就較為激進的發展民主而言，則肯定的認為任何人均不可成為他人的主人（Master），同時在集體發展（Collective Development）的過程中，每個人皆能同享平等的自由（Equal Freedom）與信賴。至於主要的特點有：（David Held, 1987: 78, 102）

(1)以「普選」（Universal Franchise）（按比例分配選票）來體現「人民主權」（Popular Sovereignty）。

(2)代議制政府（Representative Government），包括以選舉產生領導者、定期選舉、祕密投票等。

(3)以憲法上的制衡（Constitutional Checks）確保國家權力（State Power）的限制與分立，並且以茲促進個人的權利。

(4)明確區分國會議會與國家官僚機構（Public Bureaucracy），並且要將民選與專技行政人員之職能分開。簡言之，即將立法與行政職能分開。

(5)公民透過選舉來介入政府不同部門的事務，並且廣泛的參與到地方政府、公共辯論（Public Debate）及陪審服務。

(6)公共問題上不能達成一致（Unanimity）時，以多數決的表決來解決。

5. 協合式民主

協合式民主（Consociational Democracy）是美國學者 Arend Lijphart，於 1968 年所創用之概念。「Consociational」一字，本源於 17 世紀 Johannes

Althussius 的「Consociatio」概念，當時是用以形容荷蘭境內各省邦和平接觸與相互容忍的過程。依據 Arend Lijphart 的說明，協合式民主是著重於政治精英在決策過程中，以妥協來化解對立團體間衝突與危機的理論。它也被設計用來轉換分裂型政治文化（Fragmented Political Culture）成為穩定的民主政治，即透過某些政治的特殊安排，可使高度異質性的多元化社會，轉變成政治上相對穩定之社會。（Arend Lijphart, 1969: 212-215）

　　協合式民主是一種非競爭性解決衝突的過程，即它在解決衝突的過程中，基本上強調精英的「大聯合」（Grand Coalition），尤其是碰到重大問題之解決時，政治精英均能棄競爭而就合作，甚至可以「少數者否決權」來取代「多數決」，以換取全體之和諧共處。因此協合式民主的精髓，就在精英有意聯合努力，以促進政治穩定的一種制度，彼此無零和衝突（zero-sum Conflict）的打算，也無所謂「多數專制」（The Tyranny of Majority）的問題。

　　不過，依據 Arend Lijphart 的研究顯示，成功的協合式民主，精英之心態仍必須包括以下幾項因素：其一是精英要有辦法照顧各種利益，滿足次級文化團體（Subcultural Groups）的需求。其二是分歧點的超越，敵對精英能有同心協力的共識。其三是端看彼此是否有維持系統和諧穩定之決心。其四則是精英是否充分理解分裂的禍害與教訓。（Arend Lijphart, 1969: 212-225）至於整體的運作基本條件，亦有四項值得關切的重點：其一是行政權力（Executive Power）必須能被所有的重要團體代表所分享。其二是所有團體在其意願下，皆擁有高度的「自主性」（Autonomy）。其三是政府機關的職位及公基金均採「比例分配制」（Proportional Allocation）。其四則是少數有否決權（Minority Veto）（顧長永，1992：66）。換而言之，假如以上條件皆獲正面的肯定，則協合式民主即可協助解決許多國家因多元對立團體所帶來的困擾。

6. 社會主義民主

依據馬克斯主義（Marxism）的觀點，社會主義民主（Socialist Democracy）乃是人類社會發展中，最新型的和最高類型的民主，同時也是歷史的一種「必然現像」（范明英、吳偉，1991：233；Adam Przeworski, 1986: 7-10）。其最簡易的「界定」就是說：「無產階級」（Proletariats）和人民群眾在享有對生產資料所有權利和支配權的基礎上，充分享有管理國家以及其他社會主義事業的最高權利（石雲霞，1988：114）。由此顯見，社會主義民主也是一種無產階級的民主（Proletarian Democracy），它不是建立在生產資料私有制的基礎上，故不再受財產私有制的限制。同時他們更批判資本主義民主（Capitalist Democracy），指其只是掌握和支配社會主要財富的資產階級一家的民主。對富人而言，資本主義民主是天堂，對窮人及被剝削者而言，它卻是陷阱和騙局。因此堅持社會主義民主是優於資本主義之民主，因為，畢竟社會主義民主不具有狹隘的階級性，也能因此實現平等的人際關係，此時人們的權利與義務相統一，更重要的是能徹底根除違反人民意志的資產階級官僚體制。（王子杰，1990：174-181）

然依據學者的研究發現，社會主義民主仍有結構性的三大原則值得關注，如圖 3-2 所示，其一是人民當家作主；其二是民主集中；其三則是權利平等。

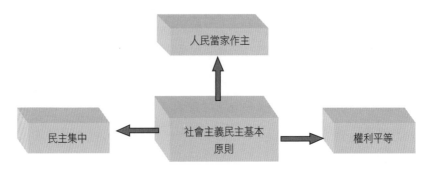

圖 3-2　社會主義民主基本原則

⑴人民當家作主

「人民當家作主」的意義，依據中華人民共和國憲法第 2 條的規定：「中華人民共和國的一切權力屬於人民。……人民依照法律規定，通過各種途徑和形式，管理國家事務，管理經濟和文化事業，管理社會事務。」越南社會主義共和國憲法第 2 條亦規定：「越南社會主義共和國是一個民有、民治、民享的國家。國家的權力屬於以工人、農民、知識份子聯盟為基礎之人民群。」古巴共和國憲法第 4 條同樣規定：「古巴共和國之一切權力，均屬於勞動人民，由其直接行使，或透過人民權力大會，或人民權力大會所授權之其他國家機關行使之。」由此顯見，在社會主義民主中，人民不但擁有國家之所有權力，同時也是行使這些權力之主體。因此國家權力基本上即是人民的權利，兩者間應該是和諧與統一的。可是事實上，不管這些國家的學者們，在理論上描繪或分析得如何動聽，在共產黨一黨專政之下，人民非但沒有當家作主，反而處處受到「黨國體制」（Party-state）的脅迫，可謂是諷刺至極。因此有學者也認為，所謂的人民當家作主，其實只是一相當空洞的名詞，幾乎無法告訴我們任何實質性的內容。

⑵民主集中

「民主集中」本身並不等於民主，因它是屬一組織原則，而非「政治範疇」，只不過它是在承認「少數服從多數」的多數決上，與民主緊密的發生關係。同時依據共產中國學者的說明，以下幾種關係是值得注意的：

其一是民主乃是民主集中制的基礎和前提，即任何組織只有在政治是民主的或成員間是平等的情況下，才有可能實行民主集中制。

其二是民主集中制實行的條件，很大程度上是取決於民主氣氛如何而定，如「文化大革命」期間，民主受到嚴重的破壞，使實行民主集中制的基本條件變成一紙空文。

其三就動態上而言，民主集中制將隨著民主的擴大而發展，所謂充分發展民主就得取消民主集中制的說法和做法，是完全違反歷史趨勢和歷史

規律的。

　　其四民主集中制與民主的關係、制約是相互的、雙向的。而且這種制約與影響的作用，主要是民主集中制是為民主服務的，使政治民主在組織上獲得具體的體現。沒有民主集中制，民主就失去組織的保證而難以實現。（王貴秀，1994：101-102）

　　因此，就自由民主而言，這些說明雖有諸多問題存在，但就共產社會的角度而言，民主概念比民主集中制在內容上豐富得多，但民主集中制仍是民主在組織原則和制度上的具體體現和適用。至於其運作基本原則，如圖 3-3 所示為：「少數服從多數」、「個人服從組織」、「下級服從上級」、「全黨服從中央」。其黨國機構實際之運作狀況則是：

A.各級領導機關及領導均由民主之選舉產生，並依一定程序予以罷免。

B.各級領導機關必須對群眾負責，向群眾或其代表作定期工作報告，傾聽下級組織和群眾的意見，接受群眾的監督。

C.一切方針政策及法規之制定或重大問題的決定，都是在民主討論的基礎從群眾中由下而上集中，統一執行。

D.個人服從組織，少數服從多數，下級服從上級，地方服從中央。

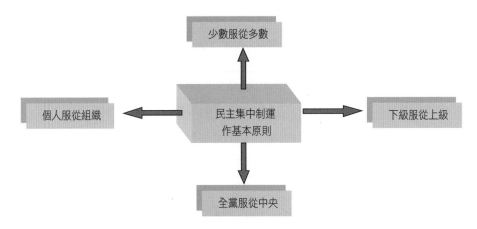

圖 3-3　民主集中制運作基本原則

在北韓的憲法第9條規定：「一切國家機關都根據民主集中制原則組成和運作」；越南社會主義共和國憲法第6條亦有相同的規範，即國民大會、各級人民會議以及其他國家機關，必須依據民主集中制的原則來組織運作。中華人民共和國憲法第3條，也明確表示國家機構實行民主集中制的原則。全國人民代表大會和地方各級人民代表大會都由民主選舉產生，對人民負責，受人民監督。

由以上之說明，吾人不難發現，民主集中制在理論上，主要還是在為代表無產階級及廣大勞動群眾的利益而設計，並有效保障人民當家作主的權利。但依據實際的經驗顯示，理論上雖認為沒有民主就沒有民主集中制。但在一黨專政之下，民主集中的原意，事實上已受到嚴重的扭曲，人民的民主權利當然也無法受到實質的保護。

(3)權利平等

社會主義民主的理念中，自由是必須結束剝削，並最終達成政治和經濟的平等；同時，唯有平等才可確保實現所有人類的潛能（Potentiality），進而達到各盡所能、各取所需（Receive What They Need）的目的。（David Held, 1987: 136）當然，社會主義民主所要的平等，並不只是政治上的平等，而重要的是包括經濟上的平等。蓋Karl Marx以為，經濟是基本的下層建築，經濟平等當是政治平等與社會平等的基礎。然經濟的平等包括三個主要的面向：其一是生產資料所有權的平等；其二是勞動的平等；其三則是按勞分配的平等。

首先就「生產資料所有權」的平等而言，他們以為生產資料所有權的不平等，乃是社會一切不平等的根源。因此，主張以生產資料公有制，來打破這種不平等的現象，例如中國大陸過去所稱的「全民所有制」與「集體所有制」，就是這種理念下的產物。其次，所謂的「勞動平等」，就是指勞動權利及勞動地位的平等。前者是指在「生產資料公有制」的條件下，工人有按照各人能力不同而勞動平等的權利。此外在這種公有制下，由於

他們又是企業主，所以縱使職位不同，分工有異，但仍享有平等的勞動地位。第三所稱「按勞分配的平等權」，即是以勞動的大小來決定分配，多勞動多所得，少勞動少所得，不勞動則不得食。故簡而言之，社會主義民主下的平等，並不是等同於將一切包括土地與財產加以平分的「均分主義」，它是以「各盡所能，按勞分配」為經濟平等的基本準則。

綜合前面的說明，吾人基本上可發現，社會主義民主，基本上仍是一種政治階級鬥爭（Political Class Struggles）的模式（林萬億，1994：84）。它雖然採用了「民主」的字樣，卻與西方的民主理念多所不同外，仍給以資本主義「資產階級民主」之標籤而大加批判。同時又認為「社會主義民主」，只是邁向共產主義社會中「初級階段的民主」（王子杰，1990：168-172）。但在舉世社會共產國家逐漸凋零之際，所謂高級階段的民主又為何？可能又是一「烏托邦式的意識形態」（Utopian Ideology）了。而且事實上，依據過去東歐、蘇聯及中國大陸的慘痛經驗，也已證明社會主義民主或無產階級民主之虛偽與恐怖的本質。（周陽山，1990：107-108）

三、民主人權與公民社會 ▌▌▌▌➡

經研究發現，各國憲法中有關人民權利與義務之規定，事實上就是在指涉人民與國家機器的關係。換而言之，人民對國家所負擔的義務，即係國家所享有之權利；人民對國家所享有之權利，亦係國家對人民所應承擔之義務。然何謂「公民社會」（Civil Society）？依據當代政治思想家Charles Taylor 的觀點，它是一種由下而上且不受國家支配與督導的社會生態。換而言之，公民社會內的各個部門包括非政府組織（NGOs），雖然不盡然都僅是在追求高尚的價值，或僅是在謀求公共的利益（Public Interests），至少仍有幾項值得關切的意涵：（陳忠信，2000：21-22；Jeremy Pope, 2000）

其一是公民社會乃是獨立於國家權力支配的自由結社及組織，有其自律性及自主性；

其二是公民社會有其公共領域的公共性格；

其三是公民社會的公共意志或其批判的公共性，可有效的動員影響國家政策的方向。

惟就國家（State）與公民社會（Civil Society）的理論而言，兩者具有雙元的自主性（Dual Autonomy），彼此在相對的自主中，不可完全的篡奪對方的權益，因為所期待者乃為一合理而共同的行動。（Baogan He, 1997: 5-7）因此相對於人民的權利而言，國家機關的權力應受一定程度的限制，以免侵害到公民源自於國家以外的權益如個人的宗教信仰、隱私權等（P. Birkinshaw, 1993: 33-37），但為確保國家有能力維護人民必要的權利，人民亦有義務在一定程度上尊重「國家的自主性」（State Autonomy），因此公民社會與民主政治之間，自然就有其相互的依存關係。（顧忠華，1998：19-48；http://en.wikipedia.org/wiki/Civil_society#_note-5）換而言之，公民社會中的非營利組織（NPOs）、非政府組織（NGOs）或所謂的「第三部門」（The Third Sector），國家應與其保持必要的尊重，以建立建設性的運作關係。（王紹光，1999：5-17；何增科，2000：2-3）

如依據我國憲法第 23 條之規定，人民之各項自由權利，除為 1.防止妨礙他人自由；2.避免緊急危難；3.維持社會秩序；4.增進公共利益所必要者外，不得以法律限制之。換而言之，在以上四種情況下，人民應尊重政府依法限制人民之自由權利。但在「人民主權」的概念下，政府若不是依法才有所作為，我國憲法第 24 條即有明文規範：「凡公務人員違法侵害人民之自由或權利者，除依法律受懲戒外，應負刑事及民事責任。被害人民就其所受損害，並得依法律向國家請求賠償。」

由此顯見，不只是國家機關的「自律性」，人民的安全與自由，方能受到應有的尊重，而憲法強制性的規範國家機關之權限，公民社會中的人權，也才更會受到具體的保障（豬口孝，1992：49-55）。換而言之，理想的民主公民社會，即只有國家、社會彼此能在相對的自主性中完成「適當

圖 3-4　國家與社會關係

的平衡」（Optional Balance），才是較理想的狀態（如圖 3-4 所示）。（Joel S. Migdal, 1988: 3-41, 259-277）換而言之，即使有國家的強制力（Power to Coerce），也必須僅止於是「對正當期望的干預」（The Interference with Legitimate Expectations）。（Friedrich A Von Hayek, 1960）

　　依據學者的研究顯示，民主社會的公民確定是一民族國家（Nation-state）之成員，對國家有其一定程度之主動的權利與被動的義務，如平等的表達，其權利與義務是保持一定限度內的平衡，且公民權利則是已載入法律，而且是供所有公民均可普遍行使的權利。（Tomas Janoski 著，柯雄譯，2000：11-13）換而言之，公民社會面對國家，雖有其一定程度的獨立性，但亦有其對國家的制衡性、共生性、參與性與合作互補性。（何增科，2000：6-8）同時對於發展中的國家而言，公民社會的建構，無論對於政治的「民主化」（Democratization）或「民主鞏固」（Democratic Consolidation）均會產生積極的作用。（Philippe C. Schmitter, 1997: 382-413）因為在威權（Authoritarianism）或極權（Totalitarianism）的國家，公民社會的基礎相當薄弱，其統領結構（Commander Structure）的權威不但是不受限制的，公安警察隨時皆可對人民進行脅迫（Intimidation），人民團體也常為政府所滲透與監控，人民基本上無實質的個人權利（Individual Rights）可言。（Roy C. Macridis, 1986: 14-15）再者，以人權的角度而言，以表 3-1 可知，公民社會是與人權有相當緊密的關係，反而以國家為中心（State-center）的社會，基本上是違反人權的。

表 3-1 國家為中心社會與公民社會之比較

國家 State-center	公民社會 Civil Society
・一元化	・多元化
・尊敬權威	・互相尊重
・主流意見	・接受和容忍異見
・順從權威	・挑戰權威
・由上而下	・由下而上
・不平等	・平等
・教條化	・批判思考
・自生自滅	・互助
・壓制、壓抑	・鼓勵、開放
・權力在國	・權力在民
・人是附屬	・人是主體

參考資料 ||||▶

Austin Ranny 著，陳想容譯，1967，**眾人的管理**（*The Governing of Men*），
台北：台灣商務印書館。

Anthony Arblaster 著，胡建平譯，1992，**民主制**（*Democracy*），台北：桂
冠公司。

王德祿、蔣世和編，**人權宣言**，香港：中國圖書刊行社。

陳忠信，2000，「台灣社會傳統與現代因素的競賽：公民社會出現了
嗎？」，時報文教基金會，**邁向公與義的社會：對** *21* **世紀台灣永續經
營的主張（下）**台北：時報文教基金會。

Tomas Janoski 著，柯雄譯，2000，**公民與文明社會**，遼寧教育出版社。

周陽山，1990，**自由與權威**，台北：三民書局。

周道濟，1983，**基本人權在美國**，台北：台灣商務印書館。

林萬億，1994，**福利國家─歷史比較的分析**，台北：巨流圖書公司。

許治雄，2000，「未成年人之人權」，**月旦法學教室**⑴**公法學編**
1995-1999，台北：元照出版。

葉保強，1991，**人權的理念與實踐**，香港：天地圖書公司。

王利明，2005，**人格權法研究**，中國人民大學出版。

文司慧、葉保強，1990，**民主基礎問答**，香港：青文書屋。

馮卓然，1992，「關於人權研究幾個問題的思考」，馮卓然，谷春德主編，
　　人權論文集，北京：首都師範大學出版社。

范燕宇，1992，「人權理論的歷史發展」，馮卓然，谷春德主編，**人權論
　　文集**，北京：首都師範大學出版社。

顧忠華，1998，「民主社會中的個人與社群」，載於殷海光基金會主編，
　　市民社會與民主的反思，台北：桂冠圖書公司。

豬口孝著，劉黎兒譯，1992，**國家與社會**，台北：時報出版社。

馮卓然，1992，「談談研究人權問題的意義」，馮卓然，谷春德主編，**人
　　權論文集**，北京首都師範大學出版社。

王紹光，1999，**多元與統一：第三部門國際比較研究**，浙江人民出版社。

何增科，2000，**公民社會與第三部門**（*Civil Society and Third Sector*），社
　　會科學文獻出版社。

李步云，2000，「人權的普遍性和特殊性」，王家福、劉海年、李林 合
　　編，**人權與 *21* 世紀**，北京：中國法制出版社。

王正萍，1992，「馬克斯主義的人權理論與實踐」，馮卓然，谷春德主編，
　　人權論文集，北京首都師範大學出版社。

董正平，1992，「兩種人權的經濟根源」，馮卓然，谷春德主編，**人權論
　　文集**，北京首都師範大學出版社。

何增科，2000，**公民社會與第三部門**（*Civil Society and Third Sector*），社
　　會科學文獻出版社。

董云虎，1992，「資產階級天賦人權觀剖析」，馮卓然，谷春德主編，**人
　　權論文集**，北京首都師範大學出版社。

李似珍等，1991，**人權論**，福建人民出版社。

李聲祿、侯成亞，2000，**毛澤東人權思想與實踐研究**，成都：四川人民出版社。

李似珍，葉立媗，1991，**人權論**，福建人民出版社。

顧長永，1992，「協商式政體：南非政治改革之路」，**問題與研究**，第三十一卷第二期。

施治生、沈永興，1988，**民主的歷史演進**，台北：創造出版社。

范明英，吳偉，1991，**中國社會主義民主政治論綱**，北京：中共中央黨校出版社。

石雲霞，1988，**兩種民主制度和政治體制改革**，武漢出版社。

王子杰，1990，**民主論**，廣西人民出版社。

王貴秀，1994，**論民主和民主集中制**，北京：中國社會科學出版社。

Clare Ovey & Robin White 原著，何志鵬等譯，2006， **歐洲人權法**（*The European Convention on Human Rights*）：原判例，北京大學。

Michael Freeden 著，孫嘉明、袁建華譯，1998，**權利**（*Rights*）台北：桂冠圖書公司。

Herbert M. Levine 著，王業立等譯，1999，**政治學中爭辯的議題**（*Political Issues Debated:An Introduction to Politics*），台北：韋伯文化事業出版社。

John Thorley 著，王瓊淑譯，1999，**雅典的民主**（*Athenian Democracy*），台北：麥田出版。

Arat, Zehra F., 1991, *Democracy and Human Rights in Developing Countries*, Boulder & London : Lynne Rienner Publishers.

Beetham, David & K. Boyle, 1995, *Introducing Democracy*, Polity Press.

Jeremy Pope, 2000, *Confronting Corruption :The Elements of A National Integrity System*, TI Source Book.

Macridis, Roy C., 1986, *Modern Political Regimes :Patterns and Institutions,* Canada: Little, Brown & Company.

Migdal, Joel S., 1988, *Strong Societies and Weak States: State- Society Relations and State Capability in the Third World,* New Jersey: Princeton University Press.

Baradat, Leon P., 1984, *Political Ideologies: Their Origins and Impact,* New Jersey: Prentice-Hall, Inc.

He, Baogan, 1997, *The Democratic Implications of Civil Society in China,* New York: St. Martin's Press, Inc.

Berman, L., B. A. Murphy & O. A. Woshinsky,1996, *Approaching Democracy,* New Jersey: Prentice-Hall, Inc.

Brownlie, Ian, 1997, *Baic Documents on Human Rights,* New York: Oxford University Press.

Buchanan, James M., 1986, *Liberty Market, and State,* Harvester Press.

Cohen, Carl, 1971, *Democracy,* University of Georgia Press.

Dahl, Robert A., 1971, *Polyarchy: Participation and Opposition,* New Haven: Yale University Press.

Donnelly, Jack, 1989, *Universal Human Rights in Theory and Practice,* Cornell University Press.

Donnelly, Jack, 1985, *The Concept of Human Rights,* New York: St. Martin's Press.

Donnelly, Jack, 1993, *International Human Rights,* Oxford : Westview Press.

Encyclopedia of Marxism,2002,"Civil Rights,Human Rights"

http://www.marxists.org/glossary/terms/r/i.htm

Feinberg, Joel, 1973, *Social Philosophy-Foundations of Philosophy Series,* N. J.: Englewood Cliffs.

Feinberg, Joel, 1970,"The Nature and Value of Rights," *Journal of Value Inquiry*, Vol.4.

Held, David, 1987, *Models of Democracy*, Polity Press.

Janda, K., Jeffrey M. Berry & Jerry Goldman, 1992, *The Challenge of Democracy: Government in America*, Boston: Houghton Mifflin Company.

Hirst, Paul, 1994, *Associative Democracy: New Forms of Economic and Social Governance*, Polity Press.,

Lijphart, Arend, 1969, "Consociational Democracy" *World Politics*, No. 21, January.

Lindsay, A. D., 1929, *The Essentials of Democracy*, Philadelphia: University of Pennsylvania Press.

McLean, Iain, 1996, *Oxford Concise Dictionary of Politics*, New York: Oxford University Press.

Macpherson, C. B.,1966, *The Real World of Democracy*, Oxford: Clarendon Press.

Friedrich A. Von Hayek, 1960, *The Constitution of Liberty*, The University of Chicago.

Murakami, Y., 1968, *Logic and Social Choice*, New York: Dover Publications.

Pennock, J. Roland, 1979, *Democratic Political Theory*, New Jersey: Princeton University Press.

Schumpeter, Joseph A., 1976, *Capitalism, Socialism and Democracy*, London: George Allen & Unwin Ltd..

Sabine, George, 1961, *A History of Political Theory*, Taipei Edition.

Salvadori, M., 1957, *Liberal Democracy,* Garden City: Doubleday & Co..

Soysal, Y. N., 1994, *Limits of Citizenship: Migrants and Postnational Membership in Europe*, Chicago & London: The University of Chicago.

Weber, Marx, 1978, *Economy and Society*, Vol. 2, Berkeley: University of California Press.

Wellman, Carl, 1978, "A New Conception of Human Rights," E. Kamenka & A. E. S. Tay, *Human Rights*, London.

Vienna Declaration and Programme Action, 1993

http://www.unhchr.ch/html/menu5/wchr.htm

第四章
民主與人權的邏輯運作

依據學者的研究顯示，民主並不是單一變項（Variable）所構成，它是具有邏輯關係（Logical Relationship）的多元變項所共同組成，如圖 4-1 所示，任何單一變項，並不能單獨代表民主，它仍然必須與其他相關的變項形成一定的邏輯結構，才有其民主的意義。因此民主的人民治理（Rule of the People），有其「自限民主的邏輯」（The Logic of Self-limiting Democracy）。（Michael Saward, 1994: 6-7）

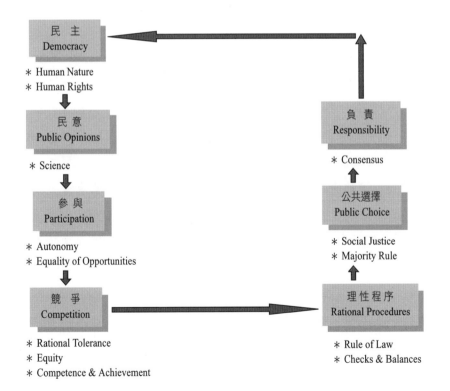

圖 4-1　民主的邏輯系統

　　換而言之，如學者 G. Sartori 所說的，民主不是只有多數決與參與，它仍有一群相互關係的特質，如平等、自由、共識、競爭、憲法之治……等等。（Sartori, G., 1987: 184），因此，無論如何，民主是有其內在的邏輯，民主教育不只是知識理念的傳授，也必須要關切其民主的推理與運作能力之養成，才算是真正善盡民主教育的責任。

一、人性與人權的尊重與實踐 ▌▌▌▌▶

　　依據學者的研究顯示，人權（Human Rights）與民主之間，是有一建設性的互動關係（Constructive Interaction）。（H. J. McClosky, 1976: 15）而且它們有一共同的基礎，就是都從對人性尊嚴的尊重出發。換而言之，基於「人的尊嚴」，民主是以體現人權為目的，侵犯人權就等於否定人的尊嚴，否定民主的存在。（Jack Donnelly, 1985: 35）

㈠人性的尊重

　　「人性」，顧名思義，即是人之所以為人的基本屬性（Attributes）。但中西方自古以來，對人性卻有諸多不同的討論。其中較受到關注的有：1.「自然人性論」者，即認為人性乃人與生俱來的天性（Original Nature），是指未經社會化前的本來慣性，即人的生物性（The Biological Nature of Man）（李樹清，1985：23）。2.「人性習慣論」者，即是後天適應環境所養成人類共通的習性，此頗近似中國墨子「染於參蒼者蒼，染於黃者黃」之論。3.「人性本善論」者，即生來稟性就善良，有惡行者乃後天環境所造成。如王陽明曰：「性無不善，故知無不良。良知即是未發之中，即是廓然大公，寂然不動之本體。人人之所同具者也。」（王陽明：傳習錄）。4.「人性本惡論」者，即人生來稟性就惡，凡事不但傾向損人利己，而且喜以害人為樂，如 N. Machiavelli（1469-1526）以人性本惡，虛偽多變，以德報怨殊不可得，故為達政治目的可不顧及人道，亦不必顧及自然法或上帝法，一切唯手段至上。（逯扶東，1965：198-200, Lawrence C. Wanlass, 1970: 143-146；劉軍寧，1992：188-210）5.「人性善惡兼有論」

者，即以為人性兼具善惡之性，性相近，習相遠而已。故揚雄有曰：「人之性也善惡混，修其善者為善人，修其惡者為惡人。」（姜國柱、朱葵菊，1988：456-459）

綜合以上人性論各種不同的說法，吾人仔細分析後，不難發現，對於人性的限制是有驚人的廣泛空間。（C. Wright Mills, 1997: 10）但就客觀的角度而言，如 Max Weber 之說明，人性是深受人類歷史與經驗影響之結果，而非有任何「預定的本質」（Predetermined Essence）。（G. Marshall, 1994: 227）換而言之，吾人雖然無有足夠的證據，去評論人性本善或本惡的「先驗」，然若民主的確是源於人性的尊重，或是比較上最尊重人性，則至少對人類與生俱來的「生理」與「心理」的「天性」，以及後天因適應環境而產生的「共通習性」（Common Propensity），將應是民主社會必須給予最高的關切。尤其是如 Abraham H. Maslow 對人類所提，包括生理動機（Physiological Motives）、心理動機（Psychological Motives）及社會動機（Social Motives）的「需求層級」（Need Hierarchy），如圖 4-2 所示，基於對人性的尊重，就不應該故意予以不合理的壓制。（Fred Luthans, 1989: 240-241）

㈡人權的實踐

「人性」者為何，概念上較為模糊，各家說詞也不盡精準，爭議必然也就難以避免了。但人權確是人性具體化的表現，同時是較人性更具運作性的概念（Operational Concept）。故有言曰：「若沒有人權的尊重，民主就毫無基礎可言。」

不過，值得關切者，即人權在理念上，民主與極權專制國家是有不同的詮釋。站在全球化跨國家的邏輯（Transnational Logic）言，人權超越國家主權已是民主國家之共識。（Richard A. Falk, 1989: 35-39）但如圖 4-3 所示，共黨國家仍以為人權是從屬於國家主權之內，內容由政府來決定與執行，因此只要批評到該國的人權問題，其外交部發言人總會極其憤怒的說，

圖4-2　Abraham H. Maslow 的需要層級

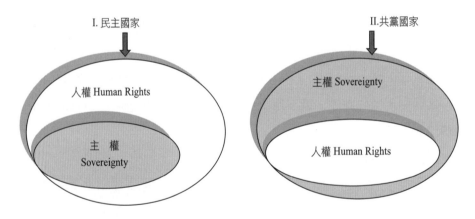

圖4-3　民主與共黨國家主權與人權的關係

這是「粗暴干涉我國之內政！」（參見葉保強，1991：164-170）故發展至今，人權民主事實上已是 21 世紀被持續關切的「國際議程」（International Agenda）。（大前研一著，李宛蓉譯，1996：2-8; Richard A. Falk, 1989: 30-33）

二、民意與科學精神 ⅢⅢ➡

在民主政治的運作中，由於對人權與人性的尊重，大眾民意的表達，便自然成為民主的基礎。同時，依據憲政民主的理念，政府或政治精英是有義務「傾聽」及回應「人民的聲音」（The Voice of the People），進而成為一「有意義的對話」（Meaningful Conversation）。（L. Berman & Bruce A. Murphy, 1996: 298; Robert W. Bennett, 1999: 481-484）

承如學者 Austin Ranney 嘗言，民意是指意見形成的某一個程序，並可成為「民主信念」（Democratic Belief）重要的體現。（Austin Ranney 著，陳想容譯, 1967: 197）而此亦如學者所指出的，民意是「政治過程」（Political Process）中極重要的基礎，它不但會影響政府的政策，同時也會影響政府在人民心中的正當性（Larry Berman & Bruce A. Murphy, 1996：325）。由此，假如像共產極權或納粹法西斯的威權統治，社會布滿了祕密公安如「黑衫隊」（SS）、「國家安全志願隊」（MVSM）、「特務警察」（KGB），隨時隨地就進行恐怖逮捕或屠殺，人民沒有說話的自由，也沒有不說話的自由，民意自然也會失去其存在的作用。

惟如學者 V. O. Key 所說：「要很精準（Precision）的來談民意，就像是要直接了解聖靈（Holy Ghost）一樣的工作。」（Kenneth S. Sherrill & David J. Vogler, 1982: 189）換而言之，對民主而言，民意的真實性仍然更為重要，民主社會的建立，假如政府與人民均有科學的精神，即：其一，誠實不說謊，堅守事實；其二，嚴謹的邏輯推理，不作弔詭或矛盾性的推論；其三，科學的倫理精神，即嚴守對科學的道德義務。如此，反應出來的民意，才有其真正民主推論的價值與意義。故名學者 Robert A. Dahl 在論及民主與科學的關係時，更明確的指出，民意的追求是以其為公共的善（Public Good），而最好的方法就是科學，因為科學畢竟包含有客觀經驗的理性與真確性的真理（Validated Truths）。（Robert A. Dahl, 1989: 65-70）

三、自主與機會均等之參與 ⬛⬛⬛⬛⬛▶

　　對於民主而言，參與不僅溝通了公民對政府的願望與需求，同時人民也學習到了所謂「公民道德」或「責任感」。但參與的首要條件之一就是「自主性的參與」（Participation with Autonomy）。蓋依據民主理論學家的研究，民主就是一種自決（Self-determining）與自治（Self-governance），沒有人可以被迫反對自己的意志（Will），人的基本義務就是自主及拒絕被統治的良知（Conscience）。因此在國家假設的權威（The Putative Authority of the State）與個人自主（The Autonomy of the Individual）之間的衝突，始終將會是無解的。（Robert A. Dahl, 1989）

　　其次，就民主的參與而言，個人的自主性雖已被肯定，但卻受到諸多不合理的因素所影響，而苦無機會如被打壓等等，則此種止於態度上的自主，事實上也會使參與成為一烏托邦（Utopia）。因此，學者Robert A. Dahl在論及此民主的相關問題時，乃被肯定服膺民主理則的人，均不應被排除在民主規律之外。換而言之，在民主共識下，人人應有平等的機會受規範。（Robert A. Dahl, 1989: 120）

　　然所謂「機會之平等」（Equality of Opportunities），即是指在立足點平等的情況下，每個人均有自我實現之機會。故學者Robert E. Lane在研究平等的動機（Equality Motive）中，如圖4-4所示，即明確指出平等與正義是相互依存的，即平等必須以正義為原則，並同時講求公平（Fairness）、基本需要（Basic Needs）及對等（Parity）的動機，其價值上的意義才會有所提升。換而言之，平等機會的落實，必須在尊重基本人格尊嚴相同的基礎上，不忽略能力差異的比例平等之公平原則，同時也尊重彼此地位立足點上之對等，如此，所謂的社會正義方有確實扎根的可能。（Robert E. Lane, 1979: 6-25）

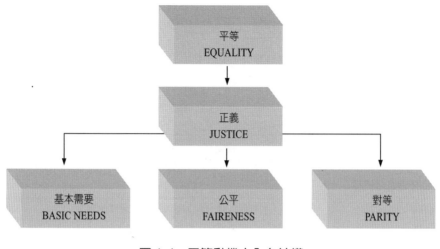

圖 4-4　平等動機之內在結構

四、包容性的競爭

在參與的民主中，由於必須同時滿足「機會均等」與「人權尊重」的原則，再加上社會資源的限制，使得「競爭」成為民主之必然。因此名學者無論 S. M. Lipset、Joseph A. Schumpter 或 Robert A. Dahl，均不否認民主雖然不排除合作的共識，但其過程卻是一種公開競爭的體系（A System of Public Contestation）。（S. M. Lipset, 1981: 27; Joseph. A. Schumpter, 1987; Robert A. Dahl, 1971）

但為確保「競爭結果」的「正當性」（Legitimacy），學者發現有幾項指標是其重要的前提：其一是「最大的包容性」（Maximal Inclusiveness）或「最小的排它性」（Minimal Exclusion）；其二是「必要的公平」（Necessary Equity）；其三則是「能力與成就的競爭」。換而言之，民主本身就是一「容忍的體系」（A Tolerant System），而且也是其必要的特質。（W. J. Stankiewicz, 1980: 74）其競爭並不是為達目的不擇手段的鬥爭，它是必須在儘可能的包容中以能力需求取向（Need For Achievement）進行合理的競爭。

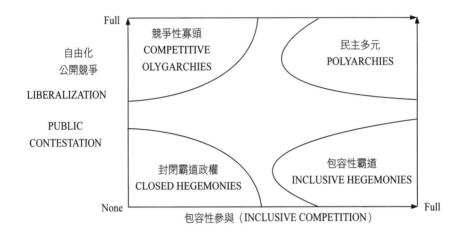

圖4-5　Robert A. Dahl 趨向民主多元政治的發展

　　惟在此競爭的過程中，民主乃是一種如Robert A. Dahl所稱，是包容性參與（Inclusive Participation）與公開競爭（Public Contestation）所相結合的「多元民主政治」（Polyarchies），而非如圖4-5所示的「封閉性霸道」（Closed Hegemonies）、「競爭性的寡頭」（Competitive Oligarchies）及「包容性的霸道」（Inclusive Hegemonies）。（Robert A. Dahl, 1971: 4-6; 1973: 3）換而言之，缺乏寬容的「排他性競爭」（Exclusionary Competition），或曰是不公開的黑箱作業，均不是民主社會所能接受的競爭模式。更何況民主的社會必也是開放的社會，政府亦屬競爭性的政權，其權力當不能過度集中，以至人民喪失自治的能力與機會。（J. R. Pennock, 1979: 218-219）

　　當然，基於民主的邏輯推理，民主的競爭除關注「理性的寬容」、「公平」、「能力與成就」的前提外，民主的競爭仍必須是：1.必須以「人權」的尊重為基礎；2.注重「科學」的精神，不說謊，推理嚴謹；3.接受「理性的競爭」，人人「機會均等」；4.尊重競爭者當事人「理性的自主」，無有任何脅迫之情事。

五、制度化的理性程序

依據學者研究指出，制度（Institution）乃是將價值或規範，轉變成習慣性社會行為的模式，它也是規範個人與團體間，一種有組織的互動（Organized Interaction）。（Milton J. Esman, 1964: 141; Arnold Rose, 1958: 40）因此，民主社會大量參與性的競爭，若不能引導進入制度化的理性程序中運作，「參與的爆炸」（Explosion of Participation）及「排他性的競爭」（Exclusionary Competition）所引發的衝突，勢必很容易使社會陷入一種高度不確定、不穩定，甚或「脫序」（Disorder）的狀態。誠如學者 Samuel P. Huntungton 在動態的研究中所提出的，如圖 4-6 所示，「政治不安定」（Political Instability）是與「政治參與」成正比，與「政治制度化」則成反比，（Samuel P. Huntington, 1971: 314）即在表明相同的意義。

然以民主的角度而言，制度化的理性程序（Rational Procedure）仍必須關切兩項主體變項，其一是分權（Separation of Powers）與制衡（Checks and Balances）；其二則是法治（Rule of Law）的運作。其中分權與制衡中的分權，主要是指制度建立（Institution-building）中，權力應分屬不同且獨立的單位，不應由一個人或一個部門完全掌控，以避免有獨裁濫權的機會。其次就制衡的原理而言，如圖 4-7 所示，成熟的制衡仍有兩項前提是相當值得掌握的：其一是體系外（Outsider System）的制衡；其二是對稱性（Symmetry）的制衡。前者「體系外制衡」，主要是提升其「客觀性」（Objectivity），避免有「官官相護」或「恩庇依侍關係」（Patron-Client）

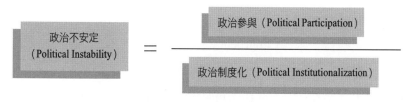

圖 4-6　政治參與、政治制度化與政治不安定關係

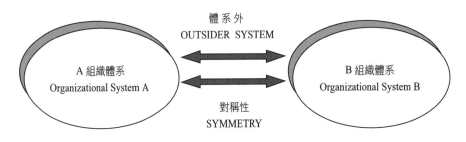

圖 4-7　制衡基本原理

之嫌；後者對稱性制衡，主要則是增強其制衡的壓力與效果。因為究實而言，有了分權性的制衡之後，權力的運作至少會由「必要的惡」（Necessary Evil）轉變成「最少的惡」（The least Evil）。（彭堅汶，1993：242-243）

　　再就憲政民主的角度而言，過程通常是比結果來的重要，因此，法治便與民主緊密的結合在一起，而且也成為民主的最基本條件之一。（Zanilo Zolo, 1992: 99）然在法治的理念下，法治就是排拒人治的法治（Rule of Law and not of Man），民主所要求者乃「法治而非人治的政府」（Government of Laws and not of Men）（李鴻禧，1990：570）。而民主之法治運作，至少以下諸項是其核心主體：（羅豪才、吳頡英，1997：16；法治斌、董保城，1999：33；沈宗靈，1994：100）

1. 憲法至上，國家根據憲法行使權力；
2. 相同的情況，同等的對待（Be Treated Equally）；
3. 法律之前，公民權（Civil Rights）受到平等的保障；
4. 罪刑法定主義（Principle of A Legally Prescribed Punishment for A Specific Crime）；
5. 立法與執行一致（Congruency）；
6. 依法審判，司法獨立（Judicial Independence）；
7. 法律不朝令夕改（Not Be Constantly Change）；
8. 法律有預見性但不朔及既往（Prospective But Not Retrospective）；

9. 法律不自相矛盾（Not Be Contradictory），它是有其邏輯系統的；

10. 法律是通俗易懂（Intelligible），且有遵行的可能（Compliance with the Rules must be Possible）。

可是，就共產國家的「法制」（Rule by Law）來看，就發現與民主的法治不同，其所強調者是以「人治」為核心。法律不是人民或其代表所製定，而是政府為了「統治的需要」與「管理的需要」而訂定，其內容當由政府來決定，其人權也由黨國（Party-state）或統治者的喜怒來衡量，因此人民道道地地已成為所謂的「被統治者」。

由此，仍必須關切者，即法治國（"Rule of Law" State）制度化及制度建立，是必須在以人權為基礎的前提上進行。當然，在此制度化的過程中，尤不可沒有民意的基礎，同時在民意的彙集與參與中，也不要忽略了參與者「機會的均等」，及其「理性的自主」。因為，畢竟民主的意見參與，也是必須在包容性的、公平的競爭中做最有智慧的選擇，以建立深為民意所肯定的制度。換而言之，制度建立是唯有遵行民主的法治原則或理念，民主制度才有其正當性。（Jed Rubenfeld, 1998: 4-5, 205-211）

六、公共的選擇

在理性程序中完成必要的競爭後，所謂「公共的選擇」（Public Choice），便成為民主行為體現的關鍵的階段。換而言之，此刻的選擇必須以公共的理性（Public Rationality），來取代個人「感性」（Affectivity）的偏好，進而完成一具有總體性與前瞻性的分析及判斷。而此亦如學者 D. C. Mueller 在《公共選擇》（*Public Choice*）一書中所說明的，「公共選擇」是一種「非市場性的決定」（Nonmarket Decision-making），個人必須冷靜的思考公共的未來。（D. C. Mueller, 1979: 1-2）否則即如選舉中的政客，永遠是為眼前的選票與權力不擇手段，所關切的只是如何為自己製造最大的「邊際利益」（Marginal Profits），而非是如何去進行一場「完美無

缺的競爭」。（Lain Mclean, 1987: 29）

　　尤其是就民主的選擇而言，如圖 4-8 所示，面對「公共的事務」（Public Affairs），就應該以「公共的理性」（Public Rationality）來處理，不得以個人的感性（Affectivity）與私利（Self-interest）為取向。而面對公共的理性，則又應以「公共的人格」（Public Personality）來思考公共的事務，並完成理性的「公共選擇」（Public Choice），以成就公共的利益。當然，此處所稱之理性與一般經濟上，所謂成本效益中「理性的自利」（Rational to be Self-interested）不同，它的選擇是「為總體的善」（Collective Good for All），是屬「非自私自利的理性」（Altruistic Rationality），或曰是一種「公理的選擇」（Axiomatic Choice）。（Robert Abrams, 1981: 226-230, 282）

　　而面對公共的理性，則又應以「公共的人格」來思考公共的事務，並完成理性的「公共選擇」，以成就公共的利益。古今中外的一些政治腐化（Political Corruption），其中包括貪污、賄賂、賄選、綁標、圍標……等等情事，基本上就是以個人的私利為出發點所造成，完全不考慮或不重視專業的理性，即欠缺公共的人格。

　　然公共選擇所關注的基本前提有二，其一是必須符合社會正義的公共目標與價值，即讓社會上的每一個人，皆能公平的得到其所應該得到的。其二則是多數決必須在合乎社會正義的理性程序中體現，目的就是「最大多數人的最大幸福」。當然，多數決並非絕無風險，若缺乏前述之前提如「程序的公平」（Procedural Fairness）或「程序的平等」（Procedural Equality），則它極可能演變成「多數的專制」（Tyranny of Majority）或「多數的暴力」（Violence of Majority），民主的理念自然就難以具體落實。（Peter Jones, 1992: 216-217; Charles Beitz, 1992: 224-226; Arend Lijphart, 1997: 149-152）但以下幾項原則，卻是值得我們關切的，至少它對於我們由形式正義（Formal Justice）趨向實質正義（Substantive Justice）會有相當程度的幫助：

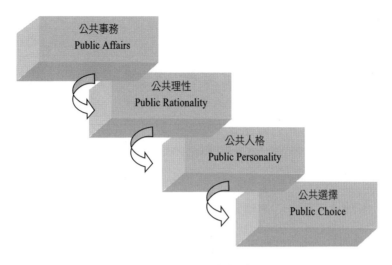

圖4-8　民主選擇的態度理則

1. 背離人性與人權的公共選擇是不合乎社會正義的基本要求。
2. 立足點平等的公共選擇，須體現最少受惠者的最大利益（The Greatest Benefit of the Least Advantaged）。
3. 絕大多數的參與者必須具備基本理性的選擇與判斷力。
4. 權利義務相同者，才能以平等的地位完成多數決的決策投票。
5. 公共選擇的過程，必須合乎社會正義的理性程序。

以上如第四點，同單位內權利義務不相同的成員，如家庭父母子女之間，小孩就不宜以多數決來要求父母依其所願，否則子女數若超過二個以上者，父母終將成為永遠的少數（Permanent Minority）。（如圖4-9, I）不同單位內權利義務不相同的成員，亦不宜以多數決來決定他單位的事務。（如圖4-9, II）第五點則如選舉違反罷免法的賄選做票等，即使高票當選，不但當選無效，而且也會被移送法辦。由此可見，多數決是不可能以單獨的變項稱之為即是民主的運作，它必須有整體的邏輯思考。

除以上公共選擇中「社會正義」與「多數決」的前提條件外，基於民

主的邏輯推理，以下諸原則仍然是值得關切的運作，其一是民主的公共選擇，當有必要且科學性的民意（Public Opinions）基礎；任何違反人性且不誠實的民意，其選擇也是無民主的意義。其二是民主的公共選擇，是必須尊重參與者「理性的自主」（Rational Autonomy），同時要兼顧公平的機會均等，否定任何形式的脅迫及不平等的參與。其三是民主的公共選擇，是寬容的接受能力及意見的競爭，一切是公開且公平的。其四是民主的「公共選擇」，必須嚴守「程序的正義」（Procedural Justice），其中包括法治與制衡的系統，而且是必須精確的被執行。

【I】相同單位之家庭成員

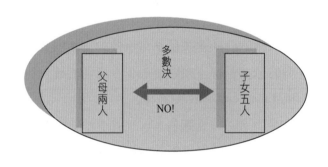

【II】不同單位之成員

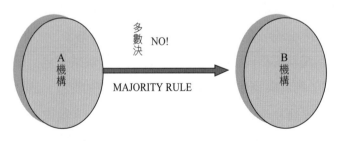

圖 4-9　權利義務不均等的多數決限制

七、負責的共識 ▮▮▮▮▶

依據民主的理念與邏輯，學者基本上皆肯定「沒有選擇，就沒有負責」（No Choice, No Responsibility）的原則，但當個體完成「自主性的選擇」（Autonomous Choice）之後，其結果當然要由當事人負起「完全的責任」。因為「自由意志」（Free Will）的自主性，個人可以決定放棄或喪失，但責任是個人選擇能力的體現，自然無法放棄其行動的責任。（Robert A. Dahl, 1999: 42-43）因此，假如吾人認為民主已是一「公平的妥協」（Fair Compromise），為個人「自主性的決定」（Decision with Autonomy）負責，也是民主的必要公平。（Peter Singer, 1992: 193-197）

然所謂「責任」（Responsibility）者為何？依據學者的解釋，它即是一種履行角色規範所必須承擔的「期待性義務」（Expected Obligation）。同時就民主的行為而言，如圖 4-10 所示，負責可因事務性質之差異，而分別承擔「政治責任」（Political Responsibility）、「行政責任」（Administrative Responsibility）、「法律責任」（Legal Responsibility）與「負道義上的責任」（Moral Responsibility）。蓋民主政治為責任政治，且尊重個人自主，自然所有人均應為其行為負完全責任。

惟一般所謂負責的民主政府，依上項邏輯推論，其責任的承擔，仍有以下諸原則必須關注：其一是不負責任的政府就不是民主的政府；其二是漠視人權的政府，不能稱之為民主政府；其三是負責的政府是有民意基礎，且是向人民負責的政府；其四是負責必須以事實為根據，虛假的表示，不構成負責的前提條件；其五是脅迫或非自由意志的參與，無須承擔結果的責任；其六是負責的政府是接受公平競爭的政府；其七是負責的政府也是尊重法治且接受監督的政府；其八是負責的政府是主持正義的政府，而不是與民爭利的政府。

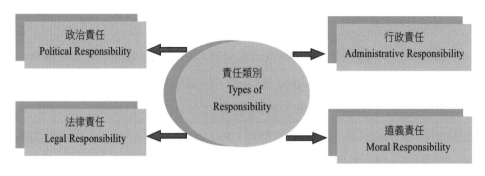

圖 4-10　負責的基本類別

參考資料 ▐▐▐▐▶

薩孟武，1981，「民主政治的本質」，薩孟武、曾繁康與鄒文海等編，**民主論叢**，台北：國民大會憲政研討會。

逯扶東，1965，**西洋政治思想史**，台北：三民書局。

李鴻禧，1990，「戰後台海兩岸推展法治之比較」，載其著**違憲審查論**，台北：台大法律系法學叢書編輯委員會。

法治斌、董保城，1999 **中華民國憲法**，台北：國立空中大學。

沈宗靈，1994，**法理學**，台北：五南出版公司。

李樹青，1985，**人性與社會—人文社會學論叢**，台北：台灣商務印書館。

黃坤錦，1995，**美國大學的通識教育**，台北：師大書苑。

劉軍寧，1992，**權力現象**，台北：台灣商務印書館

彭堅汶，1996，「威權政體轉型中國小民主教育環境之探討」，陳文俊主編，**台灣的民主化：回顧、檢討、展望**，高雄：中山大學政治研究所。

姜國柱、朱葵菊，1988，**論人、人性**，河北：海洋出版社。

Francis Fukuyama 著，張惠美譯，2000，**跨越斷層—人性與社會重建**（*The Great Disruption: Human Nature and The Reconstitution of Social Order*），台北：時報公司。

Robert A. Dahl 著，李柏光、林猛譯，1999，**論民主**（*On Democracy*），聯經。

Carl Schmitt 著，蕭高彥譯，1987，「論憲法制定權」，**憲政思潮**，第八十期，台北：憲政思潮雜誌社。

Austin Ranney 著，陳想容譯，1967，**眾人的管理**（*The Governing of Men*），台北：台灣商務印書館

Samuel Koenig 著，朱岑樓譯，**社會學**（*Sociology: An Introduction to the Science of Society*），台北：協志出版公司。

崔書琴，1957，**國際法（上冊）（下冊）**，台北：台灣商務印書館。

丘宏達，1996，**現代國際法參考文件**，台北：三民書局。

楊日旭，1989，**美國憲政與民主自由**，台北：黎明公司。

Morgenthau, Hans J. 著，張自學譯，1990，**國際政治學**（*Politics Among Nations*），台北：幼獅出版社。

大前研一著，李宛蓉譯，1996，**民族國家的終結**（*The End of the Nation-state*），台北：立緒文化公司。

Lijphart, Arend, 1997, "Back to Democratic Basics: Who Really Practices Majority Rule?" in Axel Hadenius(ed.), *Democracy's Victory and Crisis*, Cambridge University Press.

Abrams, Robert, 1981, "Rationality and Collective-choice Theory," inSamuel L. Long(ed.) *The Handbook of Political Behavior 2,* New York: Plenum Press.

Almond,G. A. & Sidney Verba,1980, *The Civic Culture Revisited*, Canada: Little, Brown and Company.

Barnes, Samuel H. & Max Kaase, 1979, *Political Action: Mass Participation in Five Western Democracies*, Beverly Hills, Calif: Sage.

Beetham, David "Key Principles and Indices for a Democratic Audit" in David Beetham(ed.), *Defining and Measuring Democracy*, London: Sage Publications.

Beitz, Charles, 1992, "Procedural Equality in Democratic Theory," in John Arthur (ed.), *Democracy: Theory and Practice*, California: Wadsworth Publishing Company.

Brownlie, Ian, 1994, *Basic Documents on Human Rights*, Oxford University Press.

Berman, Larry & B. A. Murphy, 1996, *Approaching Democracy*, New Jersey: Prentice Hall.

Brennan, G. & L. Lomasky, 1993, *Democracy and Decision*, Cambridge University Press.

Brownlie，Ian, 1992, *Basic Documents on Human Rights*, Oxford: Clarendon Press.

Burns, James M. & Thomas E. Cronin, *Government By The People*, New Jersey: Prentice-Hall.

Cohen, Carl, 1992, "The Justification of Democracy," in John Arthur(ed.), *Democracy: Theory and Practice*, California: Wadsworth Publishing Company.

Conant, James B., 1949, *Education in a Divided Society*, Cambridge: Harvard University Press.

Dahl, Robert A.,1971, *Polyarchy: Participation and Opposition*, New Haven & London: Yale Univerversity Press.

Dahl, Robert A., 1999, *On Democracy*, Yale University Press.

Dahl, Robert A., 1989, *Democracy and Its Critics*, New Haven & London: Yale University Press.

Dahl, Robert A., 1973, "Introduction," in Robert A. Dahl(ed.), *Regimes and Oppositions*, New Haven & London: Yale University Press.

Davidson, Scott, 1995, *Human Rights,* Buckingham: Open University Press.

Davis, K. & John W. Newstrom, *Human Behavior at Work: Organizational Behavior*, New York: McGraw-Hill Company.

Dessler, Gary, 1981, *Human Behavior: Improving Performance at Work*, Reston, Virginia: Reston Publishing Company, Inc.

Dicey, A. V., 1959, *Introduction to the Study of the Constitution*, London: Macmillan.

Dillon, James T., 1994, *Using Discussion in Classrooms*, Buckingham: Open University Press.

Donnelly, Jack, 1985, *The Concept of Human Rights*, New York: St. Martin's Press.

Dore, Ronald, 1996, "Citizenship and Employment in an Age of High Technology," inM. & Anthony M. Rees(eds.), *Citizenship Today*, London: UCL Press.

Dunne, T., 1997, "Realism" in J. Baylis & S. Smith (eds.), *The Globalization of World Politics*, Oxford University Press.

Dyke, Jon M. Van, 1989, "Prospects for the Development of Intergovernmental Human Rights Bodies in Asia and the Pacific," in E. L. Lutz, H. Hannum & K. J. Burke(eds.), *New Directions in Human Rights*, Philadelphia: University of Pennsylvania Press.

Eisenstadt, S. N., 1967, "Transformation of Social, Political and Cultural Orders in Mod-ernization," in R. Cohen & J. Middleton(ed.), *Comparative Political System*, University of Texas Press.

Esman, Milton, 1964,"Institution-building in National Development," in G. Hambridge(ed.), *Dynamics of Development*, Frederick A. Praeger, Publishers.

Falk, Richard A., 1989, "Theoretical Foundations of Human Rights," in Richard P. Claude & Burns H. Weston(eds.), *Human Rights in the World Community:*

Issues and Action Philadelphia: University of Pennsylvania Press.

Fisher, Louis, 1988, *The Politics of Shared Power: Congress and the Executive*, Washington D.C.: Congressional Quarterly Inc. .

Gettell, R. G., 1965, *Political Science*, University of California.

Harvard Committee, 1945, *General Education in a Free Society*, Cambridge:Harvard University Press.

Hayek, Friedrich A., 1992, " Majority Rule," in John Arthur(ed.), *Democracy: Theory And Practice*, California :Wadsworth Publishing Company.

Howard, Craig C., 1991, *Theory of General Education*, New York: St. Martin's Press.

Hutchins, R. M., 1936, *The Higher Learning in America*, New Haven: Yale University.

Huntington,Samuel P.,1971," The Change to Change:Modernization,Development,and Politics," *in Comparative Politics*, April.

Hannum, H.,"The Limits of Sovereignty and Majority Rule: Minorities, Indigenous Peoples, and the Right to Autonomy," in E. L. Lutz, H. Hannum & K. J. Burke (eds.), *New Directions in Human Rights*, Philadelphia: University of Pennsylvania Press.

Harris, Fred R., 1980, *America's Democracy:The Ideal and the Reality*, Illinois: Scott, Foresman and Company.

Humana, Chares, 1992, *World Human Rights Guide*, Oxford University Press.

Janda, K., Jeffrey M. Berry & Jerry Goldman, 1992, *The Challenge of Democracy:Government in America*, Boston: Houghton Mifflin Company.

Jennings, M. Kent & Richard G. Niemi, *The Political Characterof Adolescence*, New Jersey: Princeton University Press.

Jouvenel, B. D., 1957, *Sovereignty: An Inquiry into the Political Good*,Cambridge University Press.

Jones, Peter, 1992, Political Equality and Majority Rule," in John Arthur(ed.), *Democracy: Theory and Practice*, California: Wadsworth Publishing Company.

Kegley, Charles W. & E. R. Wittkopf, 1981, *World Politics: Trend and Transformation*, New York: St. Martin's Press.

Lakoff, S., 1996, *Democracy: History, Theory, Practice*, Boulder: Westview Press.

Lane, Robert E., 1979," Motives for Liberty, Equality, Fraternity: The Effects of Market and State," *Political Psychology*, Vol.1, No.2, Winter.

Langton, Kennth P. & M. K. Jenning," Political Socialization and the High School Civics Curriculum in the United States," in Jack Dennis (ed.), *Socialization to Politics*, John Wiley and Sons,Inc.

Linz, Juan J., 1975," Totalitarian and Authoritarian Regimes," in Fred I. Greenstein & Nelson W. Polsby(eds.), *Macropolitical Theory*, Addison-wesley Publishing Company.

Lipset, S. M., 1981, *Political Man: The Social Bases of Politics*, Baltimore: Johns Hopkins University Press.

Lowi, Theodore J., 1976, *American Government:Incomplete Conquest*, Illinois: The Dryden Press.

Luthans, Fred, 1989, *Organizational Behavior*, New York: McGraw-Hill Book Company..

Macridis, Roy C., 1986, *Modern Political Regime:Patterns and Institutions*, Canada: Little, Brown and Company.

Marshall, G., 1994, *Oxford Concise Dictionary of Sociology*, New York: Oxford University Press.

McGrath, Earl J.,1948 , *Toward General Education*, New York: Mcmillan.

McClosky, H. J., 1976, " Human Needs, Rights and Political Values," *American Philosophical Quarterly*,Vol.13.

Mclean, Lain, 1987, *Public Choice*, Oxford: Basil Blackwell Inc..

Mills, C. Wright, 1997, "The Sociological Imagination and the Promise of Sociology," in Anthony Giddens (ed.), *Sociology: Introductory Readings*, Cambridge: Polity Press.

Mithaug, Dennis E., 1996, *Equal Opportunity Theory*, New Delhi: Sage Publications.

Monshipouri, M., 1995, *Democratization, Liberalization & Human Rights in the Third World*, London: Lynne Rienner Publishers.

Mueller, D. C., 1979, *Public Choice*, Cambridge University Press.

Nie, Norman H. & Sidney Verba, 1975, " Political Participation," in Fred I. Greenstein & Nelson W. Polsby (eds.), *Nongovernmental Politics*, Addisonwesley Publishing Company.

Nye, Joseph S., 1997, *Understanding International Conflicts: An Introduction to Theory and History*, Harvard University.

O'Connor, Karen & Larry J. Sabato, 1995, *American Government:Roots and Reform*, Boston: Allyn and Bacon.

Parry, G., G. Moyser & N. Day, 1992, *Political Participation and Democracy in Britain*, Cambridge: Cambridge University Press.

Pateman, Carole, 1992,"A Participatory Theory of Democracy," in John Arthur (ed.), *Democracy: Theory and Practice*, California: Wadsworth Publishing Company.

Pennock, J.Roland, 1979, *Democratic Political Theory, Princeton* University Press.

Rose, Arnold, 1958, "The Comparative Study of Institution," in A. Rose(ed.), *The Institutions of Advanced Societies*, Minnesomda University Press.

Rubenfeld, Jed, 1998, "Lgitimacy and Interpretation," in Larry Alexander(ed.), *Constitutionalism: Philosophical Foundations*, Cambridge University Press.

Sartori, G, 1987, *The Theory of Democracy Revisited*, Chatham, NJ.: Chatham House.

Saward, Michael, 1994, "Democratic Theory and Indices of Democratization," in David Beetham (ed.), *Defining and Measuring Democracy*, Sage Publications.

Schumpter, Joseph A., 1987, *Capitalism,Socialism, and Democracy*, London: Unwin Hyman.

Sherrill, Kenneth S. & David J. Vogler, *Power, Policy, and Participation*, New York: Harper & Row, Publishers.

Sizer, Theodore, 1976, *The Characteristics of Good Citizenship*, NAASP Bulletin, May.

Singer, Peter, 1992, "Democracy as Fair Compromise," in John Arthur (ed.), *Democracy: Theory and Practice*, California: Wadsworth Publishing Company.

Steenbergen, B. van, 1994, "The Condition of Citizenship: An Introduction"in B. V. Steenbergen (ed.), *The Condition of Citizenship*, Sage Publications.

Stankiewicz, W. J., 1980, *Approach to Democracy*, Edward Arnold Ltd.

Strom, K., 1992, "Democracy as Political Competition" inGary Marks & Larry Diamond (eds.), *Reexamining Democracy*, New Delhi: Sage Publicationns.

Wanlass,Lawrence,1970, *Gettell's History of Political Thought*,Taipei Edition.

Warren, Helen B., 1982, "Recent Thems in General Education," *The Journal of*

Gen-Eral Education, Vol.34, No.3.

Weale, Albert, 1999, *Democracy*, New York: St. Martin's Press Inc.

Wilson, James Q. & John J. Dilulio, 1995, *American Government*, Lexington: D. C. Heath & Company.

Wise, D. & Milton C. Cummings, 1977, *Democracy Under Pressure*, New York: Harcourt Brace Jovanovich,Inc.

Wolff, Robert P., 1970, *In Defense of Anarchism*, New York: Harper Colophon Books.

Zolo, Danilo, 1992, *Democracy and Complexity: A Realist Approach*, Polity Press.

第五章
兒童人權

　　雖然常言道，兒童是國家未來的「主人翁」，也是國家未來的「希望」。但最令人痛心者，乃有許多兒童人權問題的發生，往往就是源自於兒童的親生父母，或是該國的社會與政府。如依據聯合國兒童文教基金會（UNICEF）的報告即指出，全世界每年有數百萬兒童，面臨沒有基本人權的困境，其中最嚴重的前六項處境，有必要優先予以嚴重的關切（Priority Attention）者有：(1)沒有最起碼的照顧（Primary Caregivers）；(2)被迫成為奴工（Forced and Bonded Labor）；(3)任意被買賣（Be Trafficked）；(4)被性剝削（Sexually Exploited）；(5)被當娃娃兵（Child Soldier）送上戰場；(6)遭受暴力侵犯成為受虐兒童（Abused Child）。（http://www.unicef.org）因此在關心成年人人權的同時，實不可輕易或故意忽略兒童的人權。否則對兒童人權的漠視，事實上也就等於是對國家與人類未來的漠視。

一、兒童人權的重視

　　以西方歷史的角度來了解，至少到 16 世紀時，在刻版印象上，兒童仍然是家庭中，價值最小也最沒有能力的成員。到 17、18 世紀時，兒童似乎有被意識到，可能是國家社會明日成功的寫真，但仍然沒有真正賦予兒童個人充分的權利。關於兒童人權的理念最早見諸於文件的，乃是 1641 年美國「麻薩諸塞州自由法體系」（Massachusetts Body of Liberties），其中有規定，假如父母剛愎自用與無理的（Wilfully and Unreasonably）為子女選擇配偶，或過分嚴厲的懲罰小孩，兒童有權因此向政府提出申訴並要求改正。（The Massachusetts Body of Liberties, 1641）

　　兒童人權受到重視，是到 19 世紀初期，由於「拯救兒童」運動的興

起，才漸有起色。但當時用嚴厲的處罰以防止兒童犯錯，仍然是被認可的；童工一天工作只要不超過 18 小時，也被默許。這也就是說此時的社會，至多也才開始重視兒童有被保護的必要，但並不認為兒童應該可以擁有什麼權利。因此今日所認為的兒童人權的概念與作為，還是要到 20 世紀才發生真正的變化。1946 年設立的「聯合國國際兒童緊急基金」（United Nations International Children's Emergency Fund, UNICEF），主要的目的在救助二次世界大戰期間受難的兒童。1953 年則改名為「聯合國兒童基金」（United Nations Children's Fund），主要是在協助第三世界數百萬的兒童，以對抗營養不良、飢餓、疾病（HIV/AIDS）、文盲與落後等問題。依據統計，至 2007 年止，UNICEF 所協助的兒童已超過 150 個國家（http://www.unicef. org/media/media_topics.html），所提供兒童的救助包括健康與營養（Health and Nutrition）、水與衛生（Good Water and Sanitation）、教育品質（Quality Basic Education）及使兒童免於暴力、剝削與 AIDS 之威脅。該組織完全是非政治的由個人、企業、基金會與政府之自願貢獻所建立。其努力的具體原因有六：（http://www.unicef.org/why/why_sayyes.html）：

其一是在任何情況、時間與地方，所有的兒童均有相同的權利去開發其潛能。

其二是世界已為兒童建立發展的目標如聯合國兒童宣言。

其三是兒童已發聲殷切期待建立適合兒童健康成長的世界。

其四是減低貧窮須從兒童開始。（Poverty Rreduction begins with Children）

其五是須承諾與滿足兒童的基本願望。

其六是兒童不可死於可以預防的原因。（Children should not be dying from preventable causes）

　　不過，嘗有英國婦女 Eglantyne Jebb 在 1919 年成立拯救兒童組織，關切兒童的健康與福利，在提出第一份國際兒童宣言後，並於 1923 年發表如下的 5 點兒童人權宣言（Five-point Declaration of the Rights of Children）：

1. 必須提供兒童正常發展所需之物質上與精神上的各種需要。
2. 必須提供食物給飢餓的兒童，並提供生病的兒童必要的治療。身心發展遲緩的兒童，要獲得適當的援助。對不良行為的兒童要給予改過自新的機會。孤兒和流浪兒亦應獲得居住的場所，並得到適當的援助。
3. 遇到危難時兒童應優先獲得救濟。
4. 兒童有獨立維持生計的地位，因此要避免受到任何形式的壓榨。
5. 兒童必須獲得適當的培育，使其才能能夠對全體人類有所貢獻。

　　此外，Eglantyne Jebb 對於兒童的基本權利（Basic Rights），仍特別強調必須超越任何種族、國籍及教條的限制，並確立在緊急救援中「兒童必須第一」（Children must come first）的原則。1924 年隨即被「國際聯盟」（League of Nations）所接受，進而乃成為「日內瓦兒童人權宣言」，及爾後「聯合國兒童人權宣言」的重要來源。英國政府在 1991 年 12 月也批准了該項文件。（The Evolution of Children's Rights, 2002; Eglantyne Jebb, Founder of Save the Children, 2002; RPN24 September 1997, 2002）

　　再者，如法國的 Jean Valles 和美國的 Kate D. Wiggin，皆是兒童權利的提倡者，極力主張以「說理的模式」來取代「鞭打的模式」。1919 年波蘭的學者 Janusz Korczak 在其著作《如何愛孩子》中說：「一個人如果不能把孩子視為一獨立完整的個體，讓他們享有父母同樣人的基本權利時，就不能說他是真正愛這個孩子。」（韓若梅，1996）這種觀念的提出，事實上對日後「兒童人權」觀念的建立，也是有著相當深遠的影響。但依據 UNICEF 一項調查顯示，認為成年人願意採信年輕人意見者只有 39.5%，不願

採信（44.3%）及從不採信者（16.2%）竟高達 60.6%，這也證明成年人對兒童的尊重是相當不足的。（Do adults take young people's opinions into consideration in your community? http://www.unicef.org/voy/explore/rights/explore_pollresults.php）

不過值得注意者，即依據時代人權發展的經驗顯示，至 21 世紀以後，對兒童的體罰（Corporal Punishment）已開始被嚴重的批判，甚至在教育人權上也被稱是違法的行為。尤其是 1979 年瑞典率先在所有的法律上禁止對兒童的體罰後，各國也在不同的時間立法禁止，如 Norway（1987）、Finland（1983）、Austria（1989）、Cyprus（1994）、Denmark（1997）、Latvia（1998）、Croatia（1999）、Germany（2000）、Israel（2000）、Bulgaria（2000）、Iceland（2003）、Romania（2004）、Ukraine（2004）、Hungary（2005）、Greece（2006）、New Zealand（2007）、Netherlands（2007）。同時，依據 2012 年全球「終止對兒童合法暴力」（Ending legalist violence against children）的報告，世界上已有 33 個國家立法禁止包括在家庭中對兒童所有的暴力行為。單以禁止學校暴力而言，全球則已有 117 個國家立法禁止。（http://www.endcorporalpunishment.org/pages/pdfs/reports/GlobalReport2012.pdf）而台灣教育部是在 2006 年 12 月公告學校不可體罰學生，成為全世界第 109 個宣佈學校依法必須終止體罰的國家。（http://www.endcorporalpunishment.org/pages/frame.html, http://www.religioustolerance.org/spanking.htm, http://news.bbc.co.uk/2/hi/asia-pacific/6215949.stm）至於全球立法禁止對兒童暴力的情形，由圖 5-1 可知尚有很大努力的空間。

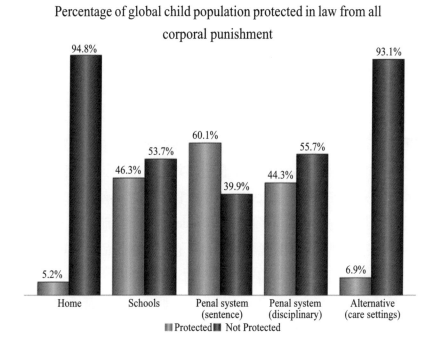

圖 5-1　全球立法保障兒童免於暴力人數的百分比

資料來源：http://www.endcorporalpunishment.org/pages/pdfs/reports/GlobalReport2012.pdf

二、兒童人權之內涵

　　兒童人權是為何？依據國際兒童人權相關宣言或公約的規定，即是指未滿 18 歲者，除享有成為一個人所必要的基本權利外，亦應享有與其未成年地位相關而必須給予必要保護的權利。其中就包括以下諸項重要的內涵：

　　其一，兒童是「獨立的生命體」，換而言之，兒童並非是父母或政府的私有財產，也不只是一個被生出來的人而已。他有「成為一個人」（To Be A Person）所必須要有的「生命尊嚴」（Dignity of Life）。基於人的尊嚴，兒童是不可以「被交換」、「被買賣」，甚至是「被迫賣淫」。另外一方面，更不可因為他只是一「小小的生命」，進而「有意無意」或「故意」的否定及降低其生命存在的價值。

其二，兒童在生命誕生之前，是毫無「作選擇」（Make Choice）及「理性自主」（Rational Autonomy）的權利與機會，其中包括父母、出生地、族群，甚至於國家的選擇。因此無論如何，全世界必須務實的去省思兒童生命之出生原委，進而才能清楚的去思考，什麼是人類不可迴避的職責。換而言之，由此推論的過程，吾人方能較可了解，兒童不論身在何處，其間是不應有「任何形式的歧視」，也不應有被「不道德的對待」，尤其是生命誕生的起始處－父母，更須直接擔負起其倫理上的義務。

其三，兒童雖然是一獨立的生命體，但就生存與發展的能力而言，仍然是有其「生命的依賴性」（Life Dependency）。換而言之，兒童不論是生理、心理不成熟，知識經驗技能方面，也是最缺乏的，故可謂是「自我保護能力」最脆弱的一群，沒有成年人的「養育」與「教育」，他們將隨時隨地是會處在生存的危機之中。況且，他們也不是有選擇的來到這個世界、這個國家、這個家庭，甚至是這個父母，因此聯合國何以會如此重視世界兒童人權，而且要全面推廣至世界各地區與國家，在此亦可得到部分的解答。

因此，歸結而言，兒童人權的重視乃是「天經地義」之事，因為世界上又有那一個人是未曾當過兒童的？換而言之，除了人的基本權利外，兒童受保護的權利（Rights to be Protected）及其發展的權利（Rights to Development），均是兒童人權不可或缺的核心內涵。

三、世界兒童人權的重要規範 ▌▌▌▌➡

兒童人權既為普世的價值，其實踐的規範，自然成為全球所關注的焦點。但由於世界有許多國家，仍堅持人權的「相對性」，致使兒童人權的目標，亦產生落實上的差距。惟依據兒童人權相關的資料顯示，認同普遍性者仍居多數，尤其是在聯合國積極的努力之下，各國簽署及批准的狀況，仍往正面及樂觀的方向在發展。惟發展過程中較值得關注的重要文件（Documents）包括有：「兒童權利宣言」、「兒童權利公約」、「武裝衝

突中兒童權利公約任擇議定書」、「關於兒童買賣、賣淫、色情中兒童權利公約任擇議定書」、「在緊急狀態及武裝衝突中婦女與兒童保護宣言」、「關於兒童保護與兒童福利，特別是國內及國際寄養與收養辦法的社會與法律原則宣言」。其中更有代表性且較重要文件的重點內容，且分述如下。

　　兒童權利宣言（Declaration on the Rights of the Child），是聯合國大會1959 年 11 月 12 日第 1386（XIV）號決議宣布。1989 年 11 月 20 日聯合國44 屆大會第 25 號決議通過「兒童權利公約」（Convention on the Rights of the Child），並於 1990 年 9 月 2 日生效。到 1995 年 6 月，簽約國即達 176 國，到 1997 年為止，簽約國更達 188 國。不過，此宣言從草擬到大會的通過，事實上也是經歷一複雜的過程。兒童權利公約共 54 條。公約將「兒童」界定為「18 歲以下的任何人」。公約強調，各國應確保其管轄範圍內的每一兒童，均享受公約所載的權利，不因兒童或其父母或法定監護人的種族、膚色、性別、語言、宗教、政治或其他見解、國籍或社會出身、財產、傷殘、出生或其他身份等，而有任何差別。至於聯合國世界人權宣言為兒童權利宣言具體引介者，可有如下的對照：

1. 提供適當的醫療、保健服務。（第 25 條）
2. 提供滿意的整體教育的機會。（第 26 條）
3. 保護其不受虐待、遺棄和壓榨等傷害。（第 4、5、7 條）
4. 對傷殘者給予特別的照顧和協助。（第 25 條）
5. 遇到危難時有特別緊急處理的模式。（第 25 條）

　　此外，聯合國在此宣言中，嘗號召全世界各國政府，在確認文中諸項權力後，乃列舉十原則，並期許各國能根據下列原則，以能逐步採取相關立法和其他措施：（Declaration on the Right of the Child, 1959）

　　原則一：兒童應享有本宣言中所列舉的一切權利。每位兒童毫無任何
　　　　　　例外（without any exception）均享有這些權利，不因其本人

　　或家族的種族、膚色、性別、語言、宗教、政見或其他意見、國籍或社會成分（Social Original）、財產、出身或其他身分而受到差別對待或歧視。

原則二：兒童應受到特別保護（Special Protection），並應通過法律和其他方法而獲得各種機會與便利，使其能在健康而正常的狀態和自由與尊嚴的條件下，得到身體、心智、道德、精神和社會等方面的發展。在為此目的而制訂法律時，應以兒童的最大利益（the Best Interests）為首要考慮。

原則三：兒童應有權自其出生之日起即獲得姓名（Name）和國籍（Nationality）。

原則四：兒童應享受社會安全（Social Security）的各種利益，應有能夠健康地成長和發展的權利。為此，對兒童及其母親應給予特別的照料和保護，包括產前和產後的適當照料（Pre-natal and Post-natal）。兒童應有權得到足夠的營養（nutrition）、住宅（housing）、娛樂（recreation）和醫療服務（medical services）。

原則五：身心或所處社會地位不正常的兒童，應根據其特殊情況的需要給予特別的治療（Special Treatment）、教育和照料。

原則六：為了兒童人格能全面而協調地發展，需要得到慈愛和了解，應當盡可能地在其父母的照料（care）和負責下（under the responsibility），無論如何要在慈愛和精神上與物質上有保障的氣氛下成長。尚在幼年的兒童除非情況特殊，不應與其母親分離。社會和公眾事務當局應有責任對無家可歸和難以維生的兒童給予特殊照顧。採取國家支付（Payment of State）或其他援助的辦法，使家庭人口眾多的兒童得以維持生活乃是恰當的。

原則七：兒童有受教育之權，其所受之教育至少在初級階段應是免費
　　　　的（Free）和義務性的（Compulsory）。兒童所受的教育應
　　　　能增進其一般文化知識，並使其能在機會平等（Equal Oppor-
　　　　tunity）的基礎上，發展其各種才能、個人判斷力和道德的與
　　　　社會的責任感，而成為社會有用的一分子（A Useful Member
　　　　of Society）。

　　　　兒童的最大利益，應成為對兒童的教育和指導，負有責任的
　　　　人的指導原則（Guiding Principle）；兒童的父母首先負有責
　　　　任。

　　　　兒童應有遊戲和娛樂的充分機會（Full Opportunity），應使
　　　　遊戲和娛樂達到與教育相同的目的；社會和政府當局應盡力
　　　　設法使兒童得享此種權利。

原則八：兒童在一切情況下（In All Circumstances）均應屬於首先受
　　　　到保護和救濟（Protection and Relief）之列。

原則九：兒童應被保護不受一切形式的忽視（All Forms of Neglect）、
　　　　虐待（Cruelty）和剝削（Exploitation）。兒童不應成為任何
　　　　形式的買賣對象。

　　　　兒童在達到最低限度的適當年齡（appropriate minimum age）
　　　　以前不應受僱用。絕對不應致使或允許兒童從事可能損害其
　　　　健康或教育、或者妨礙其身體、心智或品德的發展的工作。

原則十：兒童應受到保護使其不致沾染可能養成種族、宗教和任何其
　　　　他方面歧視態度的習慣。應以諒解（Understanding）、寬容
　　　　（Tolerance）、各國人民友好（Friendship）、和平（Peace）
　　　　以及四海之內皆兄弟（Universal Brotherhood）的精神教育兒
　　　　童，並應使他們充分意識到他們的精力和才能應該奉獻於為
　　　　人類服務。

關於「兒童保護、福利、寄養與收養原則宣言」，本宣言是聯合國大會 1986 年 12 月 3 日第 41/85 號決議通過。回顧大會 1959 年 11 月 20 日第 1386 號決議宣布的「兒童權利宣言」，重申該原則 6 所規定的焦點，即在可能的情形下，兒童應由父母照料並由其負責的環境中成長。無論如何，也應在慈愛、道德與物質均屬安全的氣氛中成長。此外，該公約並關切由於暴力（Violence）、內部動亂（Internal Disturbance）、武裝衝突、自然災害（Natural Disaster）、經濟危機或社會問題等，使大量兒童被拋棄或成為孤兒的現象。同時，尤應銘記在所有寄養和收養的程序中，首要考慮著應是使兒童得到最大的利益，故宣布「有關國內或國際寄養或收養兒童的的普遍原則」（1986），其中分「家庭和兒童的一般福利」、「寄養安排」及「收養」三大部分，現且分列如下：

1. 家庭和兒童的一般福利（General Family and Child Welfare）：

   (1)每個國家均應給予家庭和兒童福利高度優先地位（High Priority）。

   (2)兒童福利要靠良好的家庭福利（Family Welfare）。

   (3)兒童的第一優先（The First Priority）是由他或她的親生父母照料。

   (4)如果兒童缺乏親生父母照料或這種照料並不適當，就應考慮由其父母的親屬、另一替代性寄養或收養家庭或必要時由一適當的機構照料。

   (5)在親生父母以外安排兒童的照料時，一切事項應以爭取兒童的最大利益，特別是他或她得到慈愛的必要（Need for Affection），並享有安全和不斷照料的權利，列為首要考慮（Paramount Consideration）。

   (6)負責寄養安排（Foster Placement）或收養程序（Adoption Procedures）的人員，應具備專業或其他適當的訓練。

(7)各國政府應確定其國家兒童福利業務（Child Welfare Services）是否充分，並考慮適當的行動。

(8)兒童在任何時候都應有姓名、國籍和法定代理人（Legal Representative）。兒童不應由於寄養安排、收養或任何替代制度而被剝奪他或她的姓名、國籍或法定代理人，但兒童因上述安排取得新姓名、國籍或法定代理人時不在此限。

(9)被寄養或收養的兒童，了解他或她的背景的需要，應得到負責照料兒童的人員的承認，但這樣做有違兒童的最大利益時不在此限。

2. 寄養安排（Foster Placement）：

(1)兒童的寄養安排應由法律規定（Regulated by Law）。

(2)由寄養家庭照料（Foster Placement Care）雖屬暫時性質，必要時仍可持續至成年，但不應妨礙提前送還兒童的親生父母或為人收養。

(3)對於由寄養家庭（Foster Family）照料的一切事項，均應由將來的寄養父母（Prospective Foster Parents），以及在適當情況下，兒童本人和他或她的親生父母適當參與。主管當局機構負責監督，以確保該兒童的福利。

3. 收養（Adoption）：

(1)收養的主要目的，是為無法由他或她的親生父母照料的兒童，提供永久的家庭（Permanent Family）。

(2)在考慮可能的收養安排（Adoption Placement）時，負責作此安排的人，應為兒童選擇最適當的環境（the Most Appropriate Environment）。

(3)根據情況，應對兒童的親生父母、將來的收養父母及兒童本人，給予足夠的時間（Sufficient Time）和充分的諮輔（Adequate Counselling），以便盡早為該兒童的前途作出決定。

(4)收養前，應由兒童福利機構或單位，觀察待收養兒童與將來的收養父母之間的關係。立法應確保在法律上承認該兒童為收養家庭的一個成員，並享有成員的一切應享權利（All the Rights Pertinent Thereto）。

(5)如果兒童不能安置於寄養或收養家庭，或不能以任何適當的方式在原籍國加以照料，可考慮以跨國收養（Intercountry Adoption）的方法，作為提供該兒童收養家庭的一個替代辦法。

(6)各國政府應確立政策（Policy）、立法（Legislation）和有效監督（Effective Supervision），以保護跨國收養的兒童。如屬可能，跨國收養，只能在國家已確立這種措施的情況下，才可予以進行。

(7)在必要情形下，應確立政策和法律，以禁止誘拐（Abduction）和非法安置兒童（Illicit Placement of Children）的任何其他行為。

(8)跨國收養，通常應通過主管當局或機構進行安置，其適用的保障和標準，應相當於國內收養上的現行保障和標準。所涉人員，絕不能從這種安置工作中，得到不當的財政利益（Improper Financial Gain）。

(9)在由代理人為將來的收養父母進行的跨國收養中，應採取特別的防範措施（Special Precautions），以便具有保護兒童的法律和社會利益。

(10)須經事先確定，兒童依法可自由接受收養（Legally Free for Adoption），並已具備為完成收養手續所需有關當局同意的任何有關證件，才可考慮跨國收養。同時，也必須確定兒童不但將能遷移（Migrate），並且能與將來的收養父母團聚，且可取得他們的國籍。

(11)在跨國收養中，通常應確保收養在所涉每一國家的法律效力（Legal Validity）。

(12)當兒童的國籍有別於其未來收養父母時，應十分重視兒童在未來收養父母國家，成為其國民的法律。在這方面，也應適當考慮到兒童的文化和宗教背景與利益。

「在緊急狀態及武裝衝突中兒童保護宣言」（1974），是聯合國大會在 1974 年 12 月 14 日第 3318 號決議通過，主要的目的在於世界上許多國家與地區，特別是遭受壓制（Suppression）、侵略（Aggression）、殖民主義（Colonialism）、種族主義（Racism）及外國統治征服的地區，兒童與婦女經常在武裝衝突的緊急危難中，生命及其人身尊嚴會受到嚴重的傷害，因此國際社會有必要給予他們特別的保護。至於宣言的重點，可分成以下數點：

其一是強烈禁止與譴責，對平民中的兒童婦女，進行攻擊與轟炸。

其二是軍事行動中，強烈禁止與譴責，對毫無自衛能力的兒童與婦女，不人道的使用化學與細菌性的武器（Chemical and Bacteriological Weapons）。

其三是各國有義務充分遵守 1925 年、1949 年日內瓦相關尊重人權的規範，尤其是在武裝衝突中應對兒童婦女生命予以重要的保障。

其四是在所有捲入武裝衝突的地區，應竭盡所能避免兒童婦女受到戰爭的蹂躪（Ravages of War），尤其是應採取必要的步驟，禁止對兒童與婦女的迫害（Persecution）、酷刑（Torture）、懲罰性措施（Punitive Measures）、屈辱性對待（Degrading Treatment）、集體射殺（Mass Shooting）、摧毀住家（Destruction of Dwellings），甚至集體或個別的性強暴。

其五是應尊重人權的有關公約與宣言，武裝衝突雙方均不得剝奪兒童婦女避難所（Shelter）、食物、醫藥援助（Medical Aid）及其他不容剝奪的權利（Inalienable Rights）。

四、世界兒童人權概況與問題 ▌▌▌➤

相對於過去，儘管兒童權利已有顯著的進步與成就，但由於各個國家發展的程度參差不齊，因此，雖然有些國家已將兒童權利納入立法，但其運作功能，仍然有不少的瓶頸與困難。就如同 2002 年 5 月 8 日，分別有來自於 Bolivia 的兒童代表 Azurduy Arrieta（13 歲）與 Monaco 的 Audrey Che-ynut（17 歲），他們在聯合國大會兒童論壇（the Children's Forum）中，以「建立一適合我們的世界」（A World Fit for Us）為題發表演說，會後聯合國兒童基金會（UNICEF）並發表該主題的報告，報告中明確指出：（A World Fit For Children, 2002）

1. 每年有 1,000 多萬的兒童死亡，其中大部分是可以避免的。
2. 有 1 億兒童失學（out of school），其中有 60%是女童。
3. 有 1 億 5,000 萬兒童是處於營養不良（Malnutrition）的狀態。
4. 兒童感染 HIV/AID 正迅速災難性蔓延（Catastrophic Speed），威脅其生命。
5. 貧窮、排斥（Exclusion）與歧視持續存在，社會服務投資不足。
6. 國家過度的債務負擔、軍費支出、武裝衝突、恐怖主義及無法有效運用資源，使兒童福利與消滅貧窮工作嚴重受阻。
7. 千百萬的兒童持續因下列的因素而多災多難：危險而剝削性的勞動、買賣兒童及其他形式的虐待、忽視、剝削與暴力。

再者，就單單影響兒童生存權的問題而言，以長期具有種族歧視的南非而言，依據統計發現，90 年代南非嬰兒的死亡率，白種人最低為 7.3‰，印第安人為 9.9‰，其他有色人種為 36.3‰，非洲人則高達 54.3‰。（UNDP, 2004: 67）至於營養不良，甚至導致體重不足的問題而言，依據聯合國兒童基金會（UNICEF）的統計，1990/1997 年 0-4 歲兒童體重不足的百分比，非洲、東南亞與南亞地區是較為嚴重，概況如表 5-1 所示。

表 5-1　1990/1997 年全球各地區 0-4 歲兒童體重不足概況

地區	非洲地區	加勒比海地區	中美洲地區	南美洲地區	東亞地區	東南亞地區	南亞地區	中亞地區	西亞地區
男嬰	29%*	12%	16%	8%	15%	38%*	41%*	15%	14%
女嬰	27%*	12%	15%	7%	15%	36%*	42%*	11%	14%

*超過 25% 以上。

　　此外，兒童在成長的過程中，仍然面臨其他一些與人權有關的事務，如依據相關調查資料顯示，有些開發中地區的政府，為了避免兒童的偏差行為，正進行要加重少年判決的懲戒制度，甚至有些兒童時常被警察毆打及任意的被拘留，並且在毫無人道的情況下，會強迫兒童和其他大人拘禁在一起。在孤兒院和其他機構，仍有許多被遺棄的可憐兒童，他們無法獲得良好的教育（Good Schooling）及適當的保健。他們通常也都遭受過肉體上的摧殘。

　　例如在伊拉克（Iraq），依據 UNICEF 的調查發現，因為國家政治的動亂與不安，2005 年已有 600,000 兒童，因為各種不同的原因中輟失學，已引起聯合國 UNESCO 嚴重的關切，並試圖尋求各種方法解決。（http://www.unicef.org/media/media_33185.html）

　　再者，相當讓人擔憂的是兒童的健康問題。因為依據統計發現，到 2002 年底，全球已有 42,000,000 罹患 HIV/AIDS，其中包括有 3,000,000 是年齡低於 15 歲的兒童。而且 2002 年因 AIDS 死亡之兒童，即超過 610,000 人，2005 年亦達 570,000 人，同時 90% 是發生在 Sub-Saharan Africa.顯見至今世界兒童健康問題仍是極為嚴重。（http://www.unicef.org/media/media_9473.html; http://www.unicef.org/aids/index_30325.html）

　　更可悲的，全球持續的軍事衝突，不斷在縮減及破壞幾百萬個兒童們的生命，直至 2004 年有 30 萬的兒童從軍，600 萬的兒童因戰爭在戰場上受傷及終身殘廢，甚至有許多的兒童被殺或被強迫去殺害別人。除了以上情

景資料的說明外，著名的人權調查組織與機構，每年亦有深入的調查報告，其中仍受到關切的主要兒童人權問題，可分述如後。

㈠兒童軍人

依據聯合國相關人權宣言及公約的界定，所謂「兒童軍人」（Child Soldiers）即是指未滿 18 歲而從事武裝軍事行動之戰士。依據日益增加的「國際共識」（International Consensus），徵用兒童當軍人，乃是沒有良心的，而且必須即刻終止一切形式的徵用行動，即使是兒童自願參與的，也必須嚴格加以管制。尤其是徵用未滿 15 歲的兒童，依據國際法乃是一種戰爭罪（War Crime）。但依據調查發現，接受兒童參加武裝部隊，如圖 5-2 所示，非洲及亞洲是最為盛行的地區，且年齡群是在 15-18 歲。國際特赦組織（AI）2002 年的調查統計卻發現，世界上幾乎每一洲有超過 30 個不同的國家，共有30萬低於18歲的兒童參與各地區的武裝衝突。（Child Soldiers, 2002）尤其值得關切的，如長期經歷武裝衝突的非洲「剛果民主共和

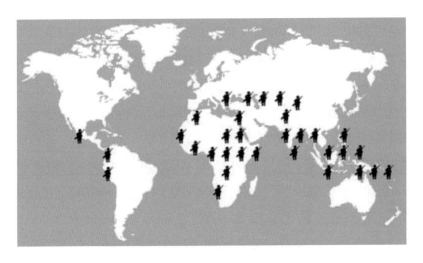

圖 5-2　世界兒童軍人分布概況

說明：此圖只顯示兒童參與武裝衝突的態勢，並不表示各國徵用兒童軍人的情形。
資料來源：http://www.child-soldiers.org/report2001/map.html

國」（the Democratic Republic of the Congo, DRC），就有很多的兒童被迫參與軍事行動，結果由於兒童的經驗不足、魯莽行動、缺乏訓練，甚者亦有許多兒童被指揮官虐待、酷刑及射殺身亡，因此導致極高災難性傷亡。惟依據 2007 年的調察，全世界使用娃娃兵最嚴重的地區仍然是非洲，包括的國家有 Burundi、Cote d'Ivoire、Democratic Republic of Congo、Rwanda、Somalia、Sudan 與 Uganda 等。其它較值得關切的國家有如亞洲地區的 Afghanistan、India、Indonesia、Laos、Sri Lanka 與 Philippines；中東的 Iran、Iraq 與 Yemen；拉丁美洲的 Colombia。（http://www.child-soldiers.org/childsoldiers/questions-and-answers）

2001 年國際 NGOs 聯合的調查也發現，剛果民主共和國徵募的新兵，有 15-30%年齡是低於 18 歲，其中有一定的數額竟然也有是低於 12 歲者。（Stop the Recruitment and of Illtreatment Child Soldiers, 2002）到了 2007 年，依據 AI 的調查，DRC 不顧國際 NGOs 的譴責，仍然不改善的持續強迫使用娃娃兵，使她們始終處於高度危險的狀態。譬如依據 HRW 的報導，瓜地馬拉軍隊中有一位 14 歲的童軍 Emilio 就痛苦的指出：「軍中就是一場噩夢，我們遭受殘酷的對待，也經常沒有理由的被打，使我們處在恐怖的狀態。……我們被迫學習如何與敵人作戰，但我們卻不知道為什麼要打戰。」（The Voices of Child Soldiers, 2002）甚至如烏干達，不但有小女孩從軍，亦經常發生其受官兵性侵害的案件，不聽命則被酷刑或性虐待，慘狀尤甚於男童軍。

事實上，不管是自願或強迫的徵用未滿 18 歲之兒童從軍，除了違反聯合國世界人權宣言、兒童權利宣言與公約外，更直接牴觸聯合國「武裝衝突中兒童權利公約任擇議定書」，也嚴重違反國際人道法律的基本原則（Fundamental Principles）。惟依據一般的國際法，亦有設定 15 歲為從軍的最低年齡，因此有不算少的國家，也將入伍年齡提前至 15-18 歲中間。

表 5-2　最近武裝衝突中有兒童軍參與戰鬥的國家

軍隊屬性	國家名稱
G	Eritrea、Ethiopia、Chad
O	Peru、Russian Federation、Turkey、Nepal、Pakistan、Philippines、Solomon Islands、Sri Lanka Tajikistan、Papua New Guinea、Uzbekistan、Lebanon
G,O	Burundi、Republic of Congo、Dem. Rep. of the Congo、Rwanda、Angola、Iran、Iraq、Israel and Occupied Territories Myanmar、Uganda
P,O	Colombia、Mexico、Colombia、Mexico Yugoslavia（former Rep. of）Algeria、India、Indonesia、East Timor
G,P,O	Sierra Leone、Sudan
All Groups	Somalia、Afghanistan

說明：G 代表政府的武裝軍隊（Government Armed Forces），O 代表反對的武裝團體（Armed Opposition Groups），P 代表如愛爾蘭的準軍隊（Paramilitaries）。

資料來源：http://www.child-soldiers.org/report2001/map.htm

　　同時，依據調查發現，在目前或最近正在進行中的武裝衝突而言，兒童軍人參與戰鬥的狀況，以國家來區分，如表 5-2 所示，政府軍與反對武裝團體（G, O）內，皆有兒童軍人者最多；所有武裝團體皆有兒童軍人者，有 Somalia 及 Afghanistan 兩個國家；只有政府部隊（G）有兒童軍人者，有 Eritrea、Ethiopia、Chad 等三個國家；只有反對武裝團體（O）有兒童軍人者，有 Peru、Russian Federation、Turkey、Nepal、Pakistan……等 12 個國家；準武裝團體及反對武裝團體（P, O）皆有兒童軍人者，有 Colombia、Mexico、……等 9 個國家。

　　至於何以反對未滿 18 歲之兒童從軍，主要的原因不外是：第一，在絕大多數的國家，18 歲通常會被賦予公民權或投票權，並肯定其擔負法律與道德責任的義務（Legal and Moral Responsibility Incumbent）。第二，18 歲以上的年齡，也被肯定在心理的成熟度（Psychological Maturity）上，已可以自由的作出參與軍事的決定。第三，服役很容易傷害兒童的健康與安全，例如軍事訓練中的炸彈投射與身體耐力（Physical Endurance）的計畫，均

可能導致兒童的死傷。第四，軍事權力的鬥爭，經常會產生兒童軍人受責難性的欺侮、騷擾、虐待，甚或是綁架。第五，兒童入伍，絕大多數均無尊重兒童真正的自由意志，兒童本身也有其難以克服的困境，如很多是孤兒、流浪的街頭兒童、離家出走的兒童、破碎家庭的兒童，或是因為貧窮、很少受教育而成為社會的邊緣人等因素，使其不得不為就業及經濟的原因而無奈的選擇從軍。第六，年滿 18 歲以上，無論心智或經驗已比較可以理解軍事戰爭的原委，比較不會有不知為何而戰的困擾。（Why Prohibit Military Recruitment under 18?, 2002; The Use of Children as Soldiers, 2002）

基於對兒童人權的保護，聯合國乃多次舉行兒童軍人的國際研討會，以尋求最佳解決的途徑，會後並發表宣言，以明確表示 UN 企圖終止使用童兵的決心，重要的宣言有如表 5-3 所示。其他如 1998 年美國國會及歐洲議會均先後通過對濫用兒童軍人的譴責，並和前述的會議宣言一樣，也提出許多建議及解決的途徑，重點則有：（Statements and Resolutions, 2002; Child Soldiers: Solutions to the Problem, 2002）

1. 強烈要求所有國家儘速批准兒童權利中禁止兒童介入武裝衝突的各項公約任擇議定書。

2. 通告各國所有武裝部隊中止徵召及解散 18 歲以下之兒童軍人。

表 5-3　終止使用童兵的重要宣言

宣言發表時間	重要宣言名稱
2001 年 4 月 8-10 日	Amman Declaration on The Use of Children as Soldiers
2000 年 5 月 18 日	Kathmandu Declaration on the Use of Children as Soldiers
1999 年 4 月 22 日	Maputo Declaration on the Use of Children as Soldiers
1999 年 7 月 8 日	Montevideo Declaration on the Use of Children as Soldiers
1999 年 10 月 20 日	Berlin Declaration on the Use of Children as Soldiers

資料來源：Statements and Resolutions, 2002.
　　　　　http://www.hrw.org/campaign/amman-declaration.htm

3. 通告所有國家檢查國家立法保護兒童措施，是否有達到或依據國際標準。

4. 強化國際人權機制，尤其是兒童委員會、國際法庭監控各國使用童軍的罪刑。

5. 確實全面且強制的執行各國出生登記註冊（Birth Registration），以防止兒童被武裝團體濫用為兒童軍人。

6. 增強各國兒童人權教育，以提高因為歧視而徵用兒童軍人的警覺度。

7. 強化家庭保護兒童的責任與機制。

8. 呼籲各國政府、國際組織、NGOs 能提供更多的資源，以增強兒童軍人的監控與制裁的工作。

9. 各國應立法保護兒童軍人的濫用，並依法起訴違反此一規範的團體或個人。

10. 依據國際人道法，運用各種機制包括食物、安全的支持，以避免兒童因為貧困、無家可歸、缺少教育或身陷武裝衝突區而被利用為參戰的工具。

(二)街頭兒童

所謂的「街頭兒童」（Street Children），就是指未成年卻流浪街頭成為無家可歸的兒童，或無人照顧、輔導與保護的兒童。依據統計，全球約有 1 億到 1 億 5000 萬，而且人數尚在增之中。這些兒童可分成兩大類，其中之一是屬於「全時間的街頭兒童」（Full Time Street Children），他們與家庭已失去聯絡，有的居住於廢棄的空屋，有的居住於橋下、公園，有的日夜均流浪於街頭及走廊，甚至將街頭視為他們的家。另外一種是屬於「部分時間的街頭兒童」（Part Time Street Children），他們雖然有家可住，卻彷如學校的中輟生（School Dropouts），在街頭打工或成為兒童性工作者（Children Sex Workers）。（Who is a Street Child, 2002; Living in the Streets,

2002）但無論如何，就如同聯合國UNICEF在2001年度報告中所指稱的，假如兒童不是在學校而是在街頭，事實上就是等於對兒童權利的侵犯。（2001 UNICEF Annual Report, 2002）惟總體而言，國際人權所關切街頭兒童的問題，主要是她們的社會、經濟與健康的問題，其中包括貧窮、缺乏教育、AIDS疾病、雛妓及受虐等。（http://hrw.org/children/street.htm）

　　在瓜地馬拉市（Guatemala City）就有約4000位街頭兒童，多數年齡是在7-14歲，而且是因為經濟或內戰的原因，而來自於貧窮及都市邊緣的地區。宏都拉斯（Honduras）在過去2年半的時間，已有320位街頭兒童被射殺身亡。只有26%的加害人被確認，其中一半居然是警察所為。依據Dr. Elise Roy的調查研究，加拿大街頭兒童有46%注射毒品，而且仍在持續增加中，但第一次注射的年齡卻在下降中，而且他們強烈的與自殺（Suicide）、沮喪（Depression）、HIV及肝病（Hepatitis）有密切的關係。其中自殺與藥物過量（Drug Overdose），乃是街頭兒童兩項最主要的死亡原因。（Elise Roy, 2000）

　　街頭兒童的形成，依據研究，貧窮（Poverty）是已開發及開發中國家共同的原因，其次則是歸結於心理的虐待（Psychological Abuse），至於純粹為了刺激或冒險而選擇流浪街頭生活者，事實上也只有10%以下的比率。（Casa Alianza Guatemala, 2002; World Health Organization, 2002）當然，無論如何，每個案例均有其不同的背景因素，如有的是因為家庭貧窮，為了家庭生計，只好被迫或自願到街頭工作；有的兒童是因為本身就是孤兒，無依無靠，只好走上街頭尋找生計；有的兒童是受不了家庭的「身體的虐待」（Physical Abuse），或是不被接受的懷孕因素，只好離家出走在街上自謀生路；有的則是兒童因各種原因被父母趕出家門（Rejection），被迫浪跡街頭；有的則是因為戰亂的因素，與家人失去聯絡，只好流落街頭維生；有的則是因父母離異或核心家庭（Nuclear Family）的崩潰，只得在街頭為生存而奮戰（Fight to Survive）；有的則是因為殘障，被父母放棄置於

街頭；有的則是因為父母要求的家務過多，兒童為擺脫工作，只好離家尋求自由。

惟對街頭兒童最直接的影響及幫助，仍必須培養專業且負責的街頭教育家（Street Educator），而且有效的街頭教育家，至少必須具備以下諸項條件及特點：（Working With Street Children, 2002）

其一是須具備相當的知識（Knowledge）、技能（Skills）與態度（Attitudes），其中包括健康、疾病預防（Disease Prevention）、法律、兒童人權、溝通、觀察及傾聽的技巧；

其二是必須能充分了解街頭兒童的處境與需求，並懂得如何在經驗中學習（Learning from Experience）；

其三是個人必須有統整成熟的人格，也深具責任感、耐心（Patience）及同情心（Sympathy）；

其四是富於創造的與機智的（Creative and Resourceful）思考及反應能力；

其五是必須能肯定街頭兒童基本或特殊的潛能，並能在參與的輔導中，讓他們有機會開發技能及建立自信。

換而言之，面對街頭兒童的回應，至少必須做到：(1)能給予安全及支持性的環境（A Safe and Supportive Environment）；(2)能提供他們成長可能的資訊；(3)培養他們基本謀生或發展的技能；(4)能隨時提供必要的諮商；(5)能設法增進他們健康的服務。

㈢兒童勞工

所謂「兒童勞工」（Child Labor）通常是指年齡在 18 歲以下，被僱用去從事有害兒童身體、精神、道德、社會或情緒發展（Emotional Development）的工作，但若只從事非以上現象的經濟活動之工作，通常也不視為是上述定義下所謂的「童工」。根據 ILO 公約第 138 及 182 條，「童工」。依統計，全球約有 2 億 1 千 8 百萬，其中 1 億 2 千 6 百萬是在從事危險的

工作。（http://www.ilo.org/ipecinfo/product/viewProduct.do;? productId=2299）
可分為三類：(1) 11 歲或以下從事任何經濟活動的兒童；(2) 12 至 14 歲從事
適量「輕量工作」（Light Work）以外的經濟活動的兒童；(3) 18 歲以下從
事任何「危險工作」（Hazardous work）與「最惡劣形式的工作」（The
Worst Form of Work）的兒童（OECD，2003）。依據國際勞工組織（Inter-
national Labour Organization, ILO）182、138 號公約的說明，童工最壞的類
型是包括兒童販賣（Child Trafficking）、兒童奴工（Child Slavery）、兒童
賣淫與色情（Child Prostitution and Pornography）、縱用兒童犯罪（Children
Used for Crime）或從事高危險工作（Hazardous Works）。換而言之，假如
是從事非危險性的工作及一週小於 43 小時的工作，是被排除的對象。但其
間按 ILO 前兩號公約的說明，5-11 歲是完全被禁止的，12-14 歲只能從事
一週低於 14 小時輕度的工作（Light Work）， 15-17 歲只要是從事「非危
險性的工作」（Non-hazardous Work），尚可被接受，如表 5-4 所示。

　　惟依據調查研究顯示，全世界 5-14 歲兒童中，有 2 億 5,000 萬為了生
存投入經濟市場，32%是在非洲地區，7%是在拉丁美洲。（Worst Forms of

表 5-4　童工全球界定的標準

年齡群 Age Groups	工作的形態 Forms of Work			
	童工最惡劣形態 Work Worst Forms of Child Labour		非危險性工作 Non-Hazardous	
	輕度工作 Light Work	常態工作 Regular W.	危險性工作 Hazardous W.	絕對惡劣形態 Uncoditional Worst
	<14hrs/week ≥14hrs/week	危險工作	童工買賣、非法活動	<43hrs/week + ≥43hrs/week、被迫童工、童妓
5-11 歲	×× ×	×× ×	×× ×	×× ×
12-14 歲	○	×× ×	×× ×	×× ×
15-17 歲	○	○	×× ×	×× ×

資料來源：參見 ILO, 2002, Every Child Counts: New Global Estimates on Child Labour, p.33

Child Labour Data, 2002）以 2000 年為例，亞洲太平洋地區就有 1 億 2,730 萬，中東與北非則有 1,340 萬，拉丁美洲與加勒比海亦有 1,740 萬。惟就全國勞工中 10-14 歲的童工，Kenya 比例就高達 41.3%（350 萬），Senegal 為 31.4%，Bangladesh 為 30.1%，Nigeria 為 25.8%，Turkey 為 24%，Pakistan 為 17.7%，Brazil 為 16.1%，India 為 14.4%，China 為 11.6%，Egypt 為 11.2%，Mexico 為 6.7%，Argentina 為 4.5%，Portugal 為 1.8%，Italy 為 0.4%。又如到 2002 年，巴西的童傭就有 23 萬，90%的工作時間，一星期為 36-43 小時。葉門有 42%的兒童加入地方的勞動市場，39%的童工每天工作 11-17 小時。以美國而言，仍有 550 萬 12-17 歲的兒童參與勞動工作，而此數據尚未包括非法僱用的童工。到 2007 年，依據 ILO 的調查發現前述情況，仍未獲得顯著的改善，如全球童工仍超過 2 億，且身心均受到相當程度的傷害。

此外，尚有處在最糟形態下的童工（Worst Forms of Child Labor），如被迫勞動的童工（Forced Child Labor），行動自由通常均受到嚴格的限制，稍有違反規定，身心即會受到暴力雙重的虐待，同時這種對童工的控制，雇主通常也能技巧的迴避政府的監督。依據調查統計發現，以 2000 年為例，被迫或被囚禁的童工（Children in Forced & Bonded Labor），全球就有 570 萬，占所有處在危險工作中童工的 3.34%，僅亞洲太平洋地區就有 550 萬，占被迫或被囚禁的童工 96.49%，非洲地區有 21 萬，拉丁美洲及加勒比海則只有 3 千，顯然亞洲地區在被迫或被囚禁的童工方面是相當的嚴重。

對於童工的國際規範，除了聯合國兒童權利公約（UNRC）外，尚有國際勞工組織（ILO）所通過的 138、182 公約及 190、146 建議書。惟與童工人權有關的重要文書尚有如：

1. 兒童生存保護和發展世界宣言（1990.9.30）；
2. 關於僱用最低年齡公約（1973.7.26）；
3. 關於僱用最低年齡建議書（1973.6.23）；

4. 關於未成年人保護的管轄權與法律適用的公約；

5. 關於廢止強迫勞動公約（1957.6.5）；

6. 關於就業與職業歧視公約（1958.6.25）；

7. 禁奴公約（1926.9.25）；

8. 禁止販賣人口與取締意圖營利使人賣淫公約（1949.12.2）。

不過，對於童工的保護，雖然有國際組織通過以上重要的文件，事實上，已經批准且認真執行者，仍然不如預期的好。譬如到 2002 年 8 月 19 日已批准 ILO182 號公約者，有 129 個國家；已批准 ILO138 號公約者，有 117 個國家；同時批准兒童權利公約及其兩項任擇議定書（Optional Protocols）者，到 2000 年 11 月 20 日卻只有 61 個國家。（Ratification Report on the UN Convention on the Rights of the Child and its two Optional Protocols）

國際勞工組織（ILO）對勞工及其工作環境是有嚴格的準則與規範。也期望簽定 ILO 公約的國家，有責任遵守或執行兒童保護的義務，依據調查統計發現(1)截至 2005 年 10 月，全球 196 個國家當中，有 168 國簽定遵守國際勞工組織公約 29 條禁止用「強迫童工」；(2)全球有 141 國已依國際勞工組織公約第 138 條，制訂最低合法工作年齡為 15 歲；(3) 156 國已簽定國際勞工組織公約第 182 條，確保兒童免受最壞待遇（The Worst Form of Work），包括人口販賣、強迫／抵押勞動（Forced/Bonded Labour）、充軍、賣淫／從事色情事業和從事非法活動。（http://www.cyberschool.oxfam.org.hk/print_articles.php? id=89&page=all）

總體而言，「童工」基本上乃是兒童被剝削及被侵害最核心的問題，他們也可以說是社會不健全下最大的犧牲者。因此依據相關的公約，至少下列的途徑，政府是必須有所行動的：第一、政府必須快速終止童工最惡劣的工作環境及形態。第二、所有 18 歲以下童工而又處在最惡劣的工作環境者，政府必須給予最優先的保護。第三、所謂終止最惡劣的工作形態包括：沒有童奴、沒有兒童買賣、沒有兒童被強迫勞動、沒有童妓、沒有利

用兒童犯罪、沒有足以傷害兒童身心的工作。第四、政府必須儘速與雇主
溝通，並確認什麼工作對兒童是有害的。第五、政府必須設法增強全民、
家庭及童工的教育，以激發全社會的覺醒而一起拯救童工。

參考資料 ▌▌▌▌▌▌▌▌➡

Clare Ovey & Robin White 原著，何志鵬等譯，2006， **歐洲人權法**（*The European Convention on Human Rights*）：**原判例**，北京大學。

許純敏，1992，社會變遷中兒童福利理念及措施的探討，台大社會研究所
　　碩士論文。

韓若梅，1996，「兒童人權的起源與發展」，**人與人權**，春季號。

Juli Mertus, Nancy Flowers and Mallika Dutt 原著，台大婦女研究室編譯，
　　2004，**婦女人權學習手冊──在地行動與全球聯結**（*Local Action, Global Change: Learning About the Human Rights of Women and Girls*），台北：
　　心理出版社。

ILO, 2002, *IPEC Action Against Child Labor 2000-2001: Progress and Future Priorities*, Geneva: ILO.

Elise Roy, 2000, "North America" Paper Presentation in International Coference on *Street Children and Drug Abuse: Social and Health Cosequences*, Cosponsored by WHO, National Institute on Drug Abuse, September 17-19, California.

UNDP, 2004, *Human Development Report 2004-Cultural Liberty in Today's Diverse World,* New York: UNDP.

World Health Organization, 2002, *Working With Street Children*, Geneva: WHO Casa Alianza Guatemala.

中國兒童信息中心，2002，「救助保護流浪兒童讓所有兒童都健康」

http://www.cinfo.org.cn/dcbg/zonghe/dcbg_15.htm

Kenya has 3.5M Children Workers-UNICEF, 2001

http://www.globalmarch.org/clns/clns-15-12-2001.html

ILO, 2002, Every Child Counts: New Global Estimates on Child Labor, Geneva:
　　ILO

Ratification Report on the UN Convention on the Rights of the Child and its two
　　Optional Protocols, 2002

http://www.globalmarch.org/worstformsreport/ratification/uncrc.html

Worst Forms of Child Labor Data, 2002

http://www.globalmarch.org/worstformsreport/global.html

2001 UNICEF Annual Report, 2002

http://www.unicef.org/pubsgen/ar01/

http://www.casa-alianza.org/EN/about/offices/guatemala/children.shtml

Living in the Streets, 2002

http://www.casa-alianza.org/EN/street-children/

Who is a Street Child,2002

http://www.geocities.com/educprojectug/

Child Soldiers :Solutions to the Problem, 2002

http://www.childsoldier.net/alpha3.html

Statements and Resolution

http://www.hrw.org/campaign/amman-declaration.htm

The Voices of Child Soldiers, 2002

http://www.hrw.org/campaigns/voices.htm

The Use of Children as Soldiers, 2002

http://www.child-soldiers.org/

Child Soldiers Global Report 2001, 2002/8/19

 http://www.child-soldiers.org/report2001/map.htm

Why Prohibit Military Recruitment under 18 ?, 2002

http://www.child-soldiers.org/

Stop the Recruitment and Illtreatment of Child Soldiers, 2002

http://www.amnastyusa.org/stoptorture/children/drc.html

Child Soldiers, 2002

http://www.amnestyusa.org/children/soldiers/about.html

A World Fit For Children, 2002/8/18

http://www.unicef.org/specialsession/

Declaration on Social and Legal Principles relating to the Protection and Welfare
of Children with Special Reference to Foster Placement and Adoption Nati-
onally and Internationally, 1986

http://www.unhchr.ch/html/menu3/b/27.htm

Convention on the Rights of the Child, 1990

http://wwwl.umn.edu/humanrts/instree/k2crc.htm

Declaration on the Right of the Child, 1959

http://wwwl.umn.edu/humanrts/instree/kldrc.htm

The Evolution of Children's Rights, 2002

http://www.casa-alianza.org/EN/newstuff/crc/evolution.shtml

Eglantyne Jebb，Founder of Save the Children, 2002

http://www.oneworld.org/scf/functions/aboutus/history3.html

The Massachusetts Body of Liberties, 1641

http://www.constitution.org/bcp/mabodlib.htm

RPN24 September 1997, 2002

http://www.fmreview.org/rpn241.htm

Declaration on the Protection of Women and Children in Emergency and Armed
Conflict, 1974

http://wwwl.umn.edu/humanrts/instree/e3dpwcea.htm

第六章
老人人權

　　「生、老、病、死」通常是代表人類生命，「從有到無」的必經過程，所謂「人口的老化」，自然也是人類社會無法迴避的問題。再者，即使醫療衛生與營養是如何的加速改善，進而延長了人類的壽命，但各種資訊皆可證明，人無論如何資賦優異，終將還是要在生理的老化中結束生命。

　　然而由於各國「先天不足」與「後天失調」的因素，尤其是發展條件的差異，致使老人的對待與福利，有相當明顯的落差。甚者更可能威脅到他們的人權問題，譬如生理方面的老人虐待（Older Person Abuse），人格尊嚴的「年齡歧視」（Age Discrimination）等等，在在均使老人陷入沒有尊嚴、沒有希望與沒有未來的困境。

一、老人的概念說明

　　依據老年學（Gerontology）的研究，所謂的「老人」（Older People），通常是指生理年齡超過一定歲數者稱之。惟由於各國醫療衛生差異的影響，有些國家是以達 65 歲以上者為老人，有些國家則是以達 60 歲以上者即稱為老人。故亦有許多相對的概念出現，如所謂「年輕的老人」（Young Old）者，意指年齡在 65 歲至 74 歲的人而言。老老人（old old）則指年齡在 75 歲以上的人。最老的老人（Oldest Old）指年齡在 85 歲以上的人。

　　人口年齡結構的老化，依早期聯合國的標準，一國 65 歲以上老年人口比例超過 7%時，即算是進入了高齡化社會的「老化人口」（Aging Population），已屬於老人國了。事實上這是世界上所有國家，在醫學與護理技術進步之後，如圖 6-1 所示，共通的必然趨勢。如歐洲的英國、德國和瑞典，

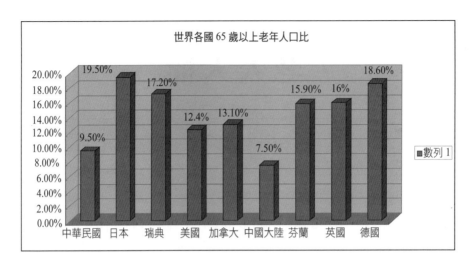

圖 6-1　世界各國 65 歲以上老年人口比

目前 65 歲以上的老人人口都已超過 15% 以上，老化讓這些國家擔心失去朝
氣活力，整個人口結構的改變也吞食了原本運作良好的社會福利制度。又
根據美國人口普查局（Census Bureau）的估計發現，2002 年 65 歲以上的
老年人口占 11.9%，但至 2004 年的統計，美國 65 歲以上的老年人口已為
3629 萬 4 千人，占總人口的 12.4%。（U.S. Census Bureau, 2005）依據統計
資料顯示，至 2010 年，全球 65 歲以上人口占 7.6%，其中先進國家是
15.9%，發展中國家（Developing Nations）為 5.8%，未開發國家（Underde-
veloped Nations）則為 3.2%。充分顯示已開發國家的老人是受到較好的照
顧而壽命較長。（鄭功成，2002：514）

　　又依據統計資料顯示，1997 年全球有 78 萬 6 千人自殺，即每 10 萬人
平均就有 10.7 人會自殺，其中以個別國家來了解，美國為 12.3 人，加拿大
為 11.3 人。（http://www.st-matthew.on.ca/bulletin/jeremy/suicide.html#ab-
out）此外，公元 2000 年全球自殺者有 81 萬 5,000 左右，而且會隨著年齡
的增長而升高。如 75 歲以上自殺者，是 15-24 歲的 3 倍。又以 1995 年為
例，圖 6-2 亦顯示年齡與自殺是有正相關的發展，且男性是高於女性，尤

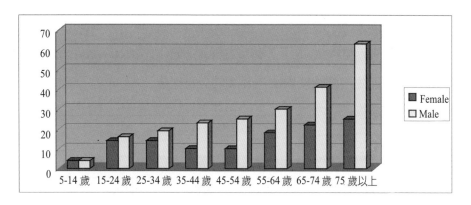

圖 6-2 1995 年全球自殺率的年齡與性別

資料來源：WHO, 2002, World Report on Violence and Health, Geneva, PP.20-21

其是 65 歲以上的老人最為明顯。（WHO, 2002）至今 2005 年，依據 WHO 的估計，全球自殺者更高達 87 萬 3,000 人，而且成長最快者為老人。（http://www.who.int/mental_health/en/）

至於我國的概況，依據台灣內政部的統計也發現，1990 年 65 歲以上老年人口比為 6.22%，人口數為 126 萬 8,631 人。但到 2005 年 11 月底止，我國老年人口亦達 221 萬 1,549 人，占總人口比即達 9.72%，成長 3.5 個百分點。詳細內容如表 6-1 為民國 79-94 年台灣地區 65 歲以上老年人口變遷概況。（內政部，2005）2008 年底，台灣 65 歲以上老年人 240 萬 2000 人，占總人口比即達 10.4%，老化指數達 61.5%。2009 年，老年人 241 萬 9564 人，占總人口比即達 10.49%。惟我國自 82 年起邁入高齡化社會以來，65 歲以上老人所占比率持續攀升，101 年底已達 11.2 %，老化指數為 76.2 %，近 10 年間已增加 32.0 個百分點。101 年老化指數雖仍較加拿大、歐洲各國及日本等為低，但較美國、紐西蘭、澳洲及其他亞洲國家為高。換言之，台灣 65 歲以上老年人至今每年均是呈逐漸上升現象。

二、老人共通的特點 ▏▏▏▏➡

　　依據老人學的研究發現，人類隨著年齡的增長，經過 60-65 歲之後，即會在各方面產生不同程度與不同速度的老化現象（Aging）。其中最明顯的有以下三個層面的表現：

表 6-1　民國 79-94 年台灣地區 65 歲以上老年人口變遷概況

年底別	總人口數	65 歲以上	成長數	成長比%	占人口%
79 年底	20,401,305	1,268,631	67,310	5.6	6.22
80 年底	20,605,831	1,345,429	76,798	6.05	6.53
81 年底	20,802,622	1,416,133	70,704	5.26	6.81
82 年底	20,995,416	1,490,801	74,668	5.27	7.10
83 年底	21,177,874	1,562,356	71,555	4.80	7.38
84 年底	21,357,431	1,631,054	68,698	4.40	7.64
85 年底	21,525,433	1,691,608	60,554	3.71	7.86
86 年底	21,742,815	1,752,056	60,448	3.57	8.06
87 年底	21,928,591	1,810,231	58,175	3.32	8.26
88 年底	22,092,387	1,865,472	55,241	3.05	8.44
89 年底	22,276,672	1,921,308	55,836	2.99	8.62
90 年底	22,405,568	1,973,357	52,049	2.71	8.81
91 年底	22,520,776	2,031,300	57,943	2.94	9.02
92 年底	22,604,550	2,087,734	56,434	2.78	9.24
93 年底	22,689,122	2,150,475	62,741	3.01	9.48
94 年 1 月	22,696,349	2,158,562	8,087	0.38	9.51
94 年 2 月	22,701,627	2,165,845	7,283	0.34	9.54
94 年 3 月	22,703,295	2,169,709	3,864	0.18	9.56
94 年 4 月	22,708,280	2,173,386	3,677	0.17	9.57
94 年 5 月	22,715,030	2,176,608	3,222	0.15	9.58
94 年 6 月	22,722,559	2,180,230	3,622	0.17	9.60
94 年 7 月	22,730,819	2,184,313	4,083	0.19	9.61

年底別	總人口數	65 歲以上	成長數	成長比%	占人口%
94 年 8 月	22,738,559	2,188,578	4,265	0.20	9.62
94 年 9 月	22,744,839	2,195,661	7,083	0.32	9.65
94 年 10 月	22,752,547	2,203,242	7,581	0.35	9.68
94 年 11 月	22,761,464	2,211,549	8,307	0.38	9.72

其一是生理的老化（Physical Aging）：即身體由稚幼成長到發育成熟後，隨著年齡的增長，生理器官與功能就會逐漸有退化的情事產生，「體態的衰老」如皮膚皺紋的加廣變深。「器官功能」的衰退，實質上如體力、視力明顯的減退，而此即是古人所謂的「髮蒼蒼、視茫茫、齒牙動搖」等老化的現象。再則是由於免疫力日漸的消退，造成身體抵抗力大不如前，因此只要稍不注意，各種疾病就會接觸到來。尤其是各種的慢性病如高血壓、動脈硬化、糖尿病、肝癌、腎臟病、腦中風、惡性腫瘤、攝護腺肥大、骨質疏鬆、老年癡呆（Senile Dementia）等疾病，即開始逐漸侵蝕老年人的身體，使許多老人終日在病痛的折磨中沒有尊嚴的死去。

其二是社會的老化（Social Aging）：即是指老年人年事已高，就應看破一切名利及權力的追逐，進而轉向「含飴弄孫」的「天倫之樂」。因此老年人就被制約於「退隱山林」的行為模式，從此不再過問政治社會等公共事務，甚至於連經濟的生產也被相當程度的勸阻。換而言之，社會的老化即在積極的改變他們過去整個進取與奮鬥的意志，一切被鼓勵於回歸真正退休的狀態，最多能做的只是消極性經驗的傳承而已。

其三則是心理的老化（Psychological Aging）：即是指老年人已歷經社會多元的挑戰，豐富的人生閱歷，不管是成功或失敗，均已成為歷史。尤其是面對眼前的病痛與即將到來的死亡，使他在心理上不再衝動，所謂旺盛的「企圖心智」（Aggressive Mentality），也逐漸歸於平淡或不安。換而言之，心理的老化固然有其個別差異（Individual Differences）存在，但前述生理與社會的老化，所造成的「不再重要」之恐懼感與憤怒，卻有使當

事人由希望到失望，甚至惡化到絕望的情況發生，其中所衍生的孤獨感、憂鬱症、猜疑心，甚或保守自閉、喋喋不休等人格狀態，亦是使其加速老化中潛在不可忽視的催化劑。

由上可知，面對個人老化與社會快速的變遷，他們勢必要面臨各種衝擊與挑戰，其中最明顯的就是現代「文明病」、「文明生活」與「角色變更」等有形與無形的壓力。

三、老人的人權危機

老人人權（The Elder Human Rights）的主旨，依據學者的研究，乃在成就他（她）們生存與發展的尊嚴與希望，而此亦是使他（她）們不會因為年齡與老化的因素，而受到「差別性的對待」或「歧視」。然由於種種因素的影響，老人的許多人權問題經常受到嚴重的漠視，尤其是如生存權（Rights to Life）、健康權（Rights to Health）與經濟權（Rights to Economy）等，更是普遍受到威脅。現且就許多重要人權上的經驗調查數據，給予必要的解析與說明。

㈠老人虐待

依據學者的概念說明，所謂的「虐待」（Abuse）是指對一個人的健康或福祉造成傷害或即將傷害的行為，其中包括生理方面的身體暴力侵害、心理與精神方面的威脅、辱罵、恐嚇、詛咒、隔離或非語言行為，以致造成其心理及情緒上的痛苦或恐慌。換而言之，老人虐待（Elder Abuse）乃是指對老人不人道的對待（Maltreatment）與故意的疏忽（Intentional Neglect），亦即是人權上對老人「做了不應該做的事」，或者是疏忽了老人人權上必須且應該做，卻故意不做的事，進而使老人「免於恐懼」（Free From Fear）的自由權都無法受到完整的保障。（http://www.angelfire.com/ar/LRfuzz1/elderabuse.htm）

依據美國「國家老人受虐中心」（National Center on Elder Abusence, NCEA）的統計發現，美國的老人受虐相當嚴重，由圖 6-3 可知，1986 年

為 11 萬 7 千件，到 1996 年就升高到 29 萬 3 千件，達 150%的成長。若以性別來區分，其中 67.3%是女性，32.4%是男性。但學者 Lithwick and Beaulieu 研究受虐老人，結果發現施暴者 65%卻是男性。（http://www.elderabusecenter.org/pdf/basics/fact3.pdf）以加州為例，每年幾近有 225,000 個老人受虐的個案，而且有三分之二是家人所為，同時大部分也默默承受痛苦而不欲人知。（http://bioethicsnews.com/2007/03/07/assisted-suicide-and-elder-abuse-crisis-in-california/）

再者，若以更精準數據來了解，依據美國「國家老人受虐預防委員會」（National Committee For The Prevention of Elder Abuse）的統計發現，以如圖 6-4「冰山理論」（Iceberg Theory）的角度而言，單單 1996 年的調查與估算，在文明的美國，老人受虐案例，有具體報導的案例為 70,942 件，未被報導的推估為 378,982 件，兩者合計就近達 45 萬件，而未確認者更是無法估計。（The National Elder Abuse Incident Study, NEAIS, http://www.aoa.gov/eldfam/Elder_Rights/Elder_Abuse/ABuseReport_Full.pdf）

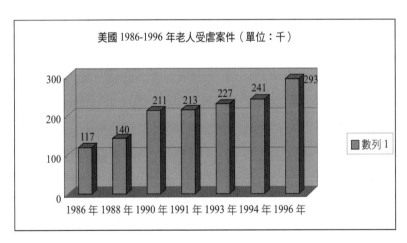

圖 6-3　美國老人受虐案件

資料來源：NCEA, "Reporting of Elder Abuse in Domestic Settings"
http://www.elderabusecenter.org/pdf/basics/fact1.pdf

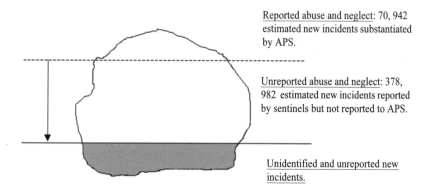

Figure ES-1.Iceberg theory showing NEAIS identified unreported abuse and neglect, excluding selfneglect

圖 6-4 冰山理論

　　至於國內的老人虐待的情形，依據內政部家庭暴力防治委員會統計，台灣地區 91 年受理老人受虐者有 1262 件，92 年度發生的老人虐待情形，則有 1339 件。再者，依據中國人權協會老人人權的年度調查發現，如圖 6-5，無論「精英組」（即由經驗豐富的政府官員、專家學者、實務工作者、及民意代表進行郵寄問卷調查），或是「社區組」（由社區內老人家進行問卷調查）評分，均未有超過 70 分者，尤其是精英組竟然也均未超過 55 分者。惟若進一步探究老人受虐的基本尊嚴問題，如「老年人能有尊嚴，免於被利用及虐待」、「受虐老人能受政府及法律之充分保護」、「老年人能被公平對待，不因其年齡、性別、種族、身心障礙而受歧視」、「老年人不因其有無經濟上之貢獻而受到差別待遇」，結果如圖 6-6 可知，評估更是低分，不但「精英組」、「社區組」同樣均未有超過 70 分者，精英組也均未有超過 55 分者，尤其是 87、89 兩年竟然低於 50 分。由此，充分顯示國內老人人權及其受虐問題，尚有相當大的改善空間。

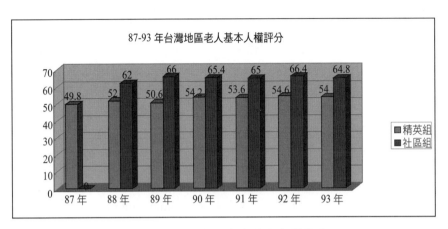

圖 6-5　台灣地區老人基本人權評分

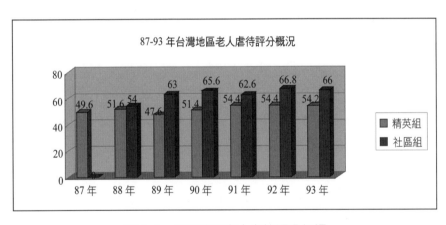

圖 6-6　台灣地區老人虐待評分概況

㈡老人自殺

　　依據學者的研究顯示，自殺乃是人類社會千古存在的問題，也是一種
「無言的抗議」，故卡謬稱之為人類社會「唯一嚴重的哲學問題」。（張
瓊方，1997）自殺（Suicide）一詞由 Sui（自身）與 Cidaere（分割）所組
成，意指是殺害自己的行為。從歷史的角度來探討，無論古今中外，自殺
乃是人類社會普遍存在的現象。善者如哲學家蘇格拉底（Socrates,

469-399BC）與愛國詩人屈原；惡者如希特勒（Adolf Hitler, 1889-1945）與商紂王；有傑出成就者如諾貝爾獎得主川端康成等，均是以自殺終結其生命。依據學者的研究，自殺行為有許多的不同的分類指標，如以「是否完成」來探討，可分「意念性自殺」（Ideation）、「未遂自殺」（Parasuicide, Attempted Suicide）與「完全成功自殺」。以自殺的速度來考量，可分為立刻實踐的「急性自殺」與逐漸遂行的「慢性自殺」。以心理動機來區隔者，又可分「利他性自殺」（Altruistic Suicide）、「利己性自殺」（Egoistic Suicide）、「迷亂性自殺」（Anomic Suicide）與「宿命性自殺」（Fatalistic Suicide）。以人數或範圍大小來分類，則有個人以死明志的「個體性自殺」（Individual Suicide）與為宗教殉道的「集體自殺」（Collective Suicide）。

據估計，全世界每年約有 50 萬人死於自殺，惟根據行政院民國 92 年的統計，當年台灣地區自殺人數為 3,195 人，較上年增加 142 人，增加率為 4.65%。

65 歲以上老人自殺者，占當年自殺人數的 23.75%，較上年增加 6.9%。又從民國 93 年的統計，老人自殺身亡者，是占當年老人死亡主要原因的第 12 位，人數為 768 人（總計 88291 人），百分比為 0.87%，其中男性 0.95%（N=488）是高於女性 0.76%（N=280）。老人自殺及自傷身亡則提高到 36.2%。再者，以台灣歷年自殺及自傷死亡年齡來分析，結果亦發現如圖 6-7 所示，最近 10 年（民國 83-93 年），65 歲以上老人占有率平均為 35.7%。（行政院衛生署重要統計資訊，http://www.doh.gov.tw/statistic/data/死因摘要/93 年/93.htm）

依據民國 78 年做的「老人狀況調查」，台灣貧窮的老人占老年人口的 57%，從空間的分配上也可以看出現代老人的地位低落。在窮困、寂寞、沒有自尊，再加上年老體衰、疾病纏身，老人家自然覺得人生乏味，亟思解脫。尤其是老年婦女的自殺率更是可觀，因為依據相關資料顯示，台灣

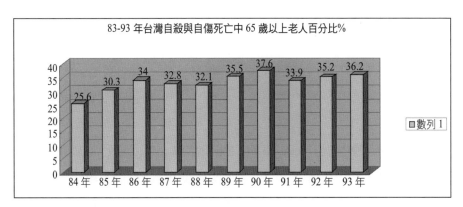

圖 6-7　台灣自殺與自傷死亡中 65 歲以上老人百分比

老年婦女自殺率是女性總自殺率的 3.2 倍，新加坡的 4.2 倍，日本的 2.4 倍；比老人福利較健全的美國高 1.2 倍，也比英國、瑞典、澳洲等的 1.5 倍都高出許多。

　　惟無論人類在省思的過程中，如何以「人身本為目的」而法定其為「有罪」，或同樣以「人身本為目的」而認定其「無罪」，但至少自殺已造成判決無事實上運作的意義。因此，吾人所要嚴重關切者是：他（她）們為什麼會自殺？社會或他人是否曾對其運用許多「非人道的對待」（Inhuman Treatment），致使其「生不如死」？再者，仍有不少自殺者更以極端殘忍的手段，如自焚、切腹、跳崖、自刎等「必死」的方法，來宣示或抗議社會或人世間的「不公」與「不義」，凡此種種即是吾人必須深切反省之焦點重心。

　　故以老人的自殺原因而言，依據學者的研究顯示，事實上與一般的自殺原因相去不遠，只是老年人自殺比較容易聚焦於兩點，其一是因生理老化所帶來病痛的折磨；其二則是因年老而被迫即將辭世的生命恐懼感與社會疏離感。惟站在人權與社會保障（Social Protection）的角度而言，以下諸面向的省思，當有嚴肅以對的必要：

　　首先就生理的老化而言，有三項重點必須闡明，其一它乃是宇宙生命

必然的過程，也是最自然不過的現象。既然如此，當以「平常心」坦然對待即可。其二是老化乃屬科學的的事實，本身無須有善惡或道德的價值判斷。其三是人生自古誰無死？每個人終將有這麼一天的到來，故單就死亡而言，老人無須有任何的「恐懼感」，而且也無任何的意義與好處，因為再恐懼也不可能改變死亡的事實。老年人最重要者，乃是要盡可能照顧好自己的健康。依據內政部民國 91 年，對 65 歲以上老人福利需求調查發現，需求度較高之老人福利措施，乃以老人免費健康檢查占 62.39%居首，其次為中低收入老人生活津貼占 57.07%，再次為中低收入老人重病住院看護補助費占 35.33%。（http://www.moi.gov.tw/stat/）

第二就社會倫理而言，老人都曾經年輕過，退休前的歲月，無論對家庭及社會，均有不同程度的努力與貢獻。退休後社會及家庭均當以「感恩」的心回饋，以體現社會倫理與道德的「核心價值」（Core Value）。換而言之，假如對終歲勞動後的老年人，社會竟出現歧視性的「差別對待」或不聞不問性的遺棄，則即是一種事實上的「社會不道德」。譬如在老人的照顧方面，依據中國人權協會歷年的調查，如圖 6-8 發現，平均分數只達 58.5分，至少顯示對老人照顧面的社會倫理，仍有相當多可以改善的空間。

第三就家庭倫理而言，如圖 6-9 所示，我國文化的價值系統是以儒家思想為主流，儒家思想的重心乃在家庭倫理，而家庭倫理之核心價值為孝道，而孝道之中心則為祭祖而慎終追遠。因此老人如何在兒孫孝養中安享天倫之樂，乃成為我國民間堅信不移的家庭信念與理想。同時，若從「社會正義」（Social Justice）的角度來理解，子女生命源於父母是為「生育」，其成就更有賴父母終歲中無怨無悔的「養育」與「教育」。因此當子女長大成人之際，父母也逐漸步入「風燭殘年」，子女自當有奉養之責，以回報父母教養恩澤，如此也正合乎「社會正義」中的「家庭正義」（Family Justice），即讓家庭的每一個人終究能得到其應該得到的對待，而此亦為學者所稱之「對的正義」（Corrective Justice）。

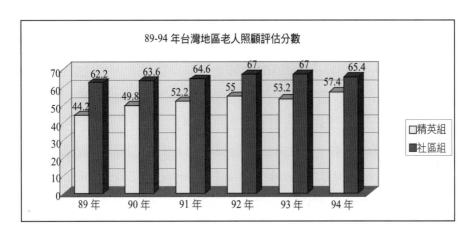

圖 6-8 台灣地區老人照顧評估分數

資料來源：http://www.cahr.org.tw/doc/2005 年老人人權指標報告.doc

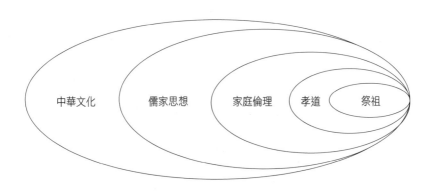

圖 6-9 中華文化價值系統

四、老人人權之管理

　　由於世界人口的老化速度急速增加，全球的老人問題受到重視。目前，據悉每 12 個人中就有一個 65 歲以上的老人，但到了 2050 年，估計每 5 個人中就有一個 65 歲以上的老人。因此，聯合國大會於 1991 年通過「聯合國老人綱領」（UN Principles for Older Persons），在 1992 年通過的「老化

宣言」中，除希望政府與非政府組織、學院、私人企業，都能在社會的相關活動上相互合作，以確保老年人得以獲得適當的需求滿足外，並指定1999年，為國際老人年（圖6-10即UN國際老人年的標誌）；並且訂定10月1日為國際老人日。此一宣言目的在敦促國際社會要加速各界與國家的合作，並擴及於發展社區、媒體、民營企業部門與年輕世代，以創造一個「不分年齡、人人共享的社會」。此外，為更關切老人受虐的問題，屬國際NGOs的 INPEA（International Network for the Prevention of Elder Abuse），為促使世界更加省思此一議題的重要性，乃將2006年6月15日訂為「世界老人虐待覺醒日」（World Elder Abuse Awareness Day），期望以持續的研究與教育活動，能逐漸消滅人類社會老人受虐的恥辱。

聯合國大會在1991年通過的「聯合國老人綱領」，提出了「獨立」（Independence）、「參與」（Participation）、「照顧」（Care）、「自我實現」（Self-Fulfillment）與「尊嚴」（Dignity）等五個要點，其主體內容分列如次：

圖 6-10　UN 國際老人年標誌

說明：聯合國公布的國際老人年標幟，旋轉的同心線條表現出「活力」、「多樣性」、「相互扶持」與「活動與進展」。「活力」是指以健康的生活形態，來增進老年人心理與精神的能力；「多樣性」是指老人能從生活中取得豐富、多樣的經驗；「相互扶持」是指重視各世代間的互相關懷及交流；「活動與進展」則是聯合國推行的各項行動計畫，以促進老人參與社會、認知到他們的需求。

㈠獨立

老年人的「獨立」就是指其「理性自主」（Rational Autonomy）應受到基本的尊重，社會亦應提供其達到理性自主的條件，具體的內容為：

1. 應有權獲得充足的食物、水、住屋、衣服、健康照顧（Health Care）、家庭及社區的支持（Community Support）、自助。

2. 應有權不因年齡的障礙（No Barriers based on Age）而影響其追求工作的機會。

3. 應有權因工作能力減退時，能夠參與決定退休的時間與步驟。

4. 應有權獲得適當的教育及訓練。

5. 應有權居住在安全且適合個人的環境中。

6. 應有權盡可能的長居家中（Reside at Home）。

㈡參與

老人的「參與」主要在於說明一件核心問題，即老人不但不應「離群索居」，而且應該持續與社會保持必要的互動關係，甚至於對社會有所心智上的貢獻與影響，具體的內容為：

1. 老人有權主動持續融合在社會中，並能參與直接會影響他們福利的政策制定與執行（Policy Formulation and Implementation）。

2. 老人有權與年輕人共同分享其知識、技能、價值與人生經驗（Life Experiences）

3. 老人有權尋找機會來服務社區（Service to Community）與擔任適合自己興趣及能力之志工（Volunteers）。

4. 老人有權組織老人的社團（Associations）或運動（Movement）之推動。

㈢照顧

老年人的「照顧」，主要在說明其年歲已高，身體機能也會隨之退化，

自然社會在其身心靈的照顧上必須日益增強，以維持其尊嚴性的生存，具體的內容為：

1. 老人有權獲得來自家庭的支持與照顧。
2. 老人有權獲得健康照顧，以維持身體、心理及情緒的水準，並預防疾病的發生。
3. 老人有權獲得社會與法律的服務，以增強其自治、保護與照顧。
4. 老人有權在人性及尊嚴的環境中，適當利用機構提供的服務。
5. 老人在任何居住、照顧與治療的處所，應能享有人權和基本自由，包含了對老人尊嚴、信仰、需求、隱私及決定其照顧與生活品質權利的尊重。

㈣自我實現

老年人畢竟也年輕過，亦有其人生的理想與抱負，因此社會應盡可能協助其有自我實現的可能，具體的內容為：

1. 老人有權適當追求其潛能充分發展（Full Development of their Potential）的機會。
2. 老人有權獲得教育、文化、宗教、娛樂的社會資源。

㈤尊嚴

老年人對社會皆有過不同程度的貢獻，故不論其身體健康狀態如何，國家社會均應盡可能維持其生命的尊嚴，具體的內容為：

1. 老人有權在尊嚴和安全感中生活，免於身心的剝削與虐待。
2. 老人有權不拘年齡、性別、種族、失能與否而能公平的被對待，而且有其經濟貢獻上獨立的價值。
3. 老人有權在健康照顧上能有自主性的決定，其中包括尊嚴性的死亡（Die with Dignity）等情事。

歸結以上的說明，老人人權至少包括下列幾項相關的議題：

⑴應有權利享受基本的生活水準，包括足夠的食物、居所和衣著。

⑵應有權利享受社會安全、救助和保護。

⑶應有免受歧視的自由，不因年齡或任何其他身分，在就業、居住、醫療保健和社會服務中被歧視。

⑷應有權利享受最高品質的醫療保健。

⑸應有權利受到尊重。

⑹應有權利不受忽視或任何肢體和精神的虐待。

⑺應有權利積極參與社會上所有的政治、經濟、社會和文化的活動。

⑻應有權利有效和全面參與關於本身福祉的決定。

五、經驗反應

㈠台灣地區的老人人權評估

就中國人權協會 89 年至 101 年的調查，與聯合國老人綱領互相對照，由表 6-2 可知，評估項目除獨立與基本人權外，「參與」、「照顧」、「自我實現」與「尊嚴」等項目是相同的。評估結果若換算成百分數，由圖表可發現，到 94 年除老人自我實現未達及格 60 分外，其他各項評估尚稱可以，但普遍均在及格邊緣。同時更值得關切的，即至 96 年後，除該年的參與項有及格外，其他均不及格，尤其是 97-101 年可說全部是處在不及格的狀態。故無論如何，台灣地區老人人權的發展，仍有相當大可以改善的空間。吾人的努力即是未來的保障，不但要達到老人滿意的程度，更應在國際化中，能夠令老人們驚訝於政府與民間的用心。

㈡老人難題

老人由於前述因素的影響，其人權問題當有一妥善而周詳的規劃，否則任何的疏忽，均可能造成老人的傷痛或傷亡。如就老人失蹤的問題而言，依據統計，中國大陸北京每年失蹤老人就超過 3,000 人，故協尋老人的制度、教育與技術系統，就必須有嚴謹的準備因應，進而能滿足「有效率」、

表 6-2　89-101 年台灣地區老人各項人權評估

	89 年	90 年	91 年	92 年	93 年	94 年	96 年	97 年	98 年	99 年	100 年
基本人權	58.4	60.8	59.4	60.6	59.4	60.2	51.8	46.8	49.0	47.2	52.4
參　與	57	59.8	60.8	61	60	60	61	51.8	56.8	53.0	54.4
照　顧	53.4	56.8	58.4	61	60	61.4	55	54.2	53.6	53.8	58.8
自我實現	54.8	55.8	57	59.8	58.4	58.2	50.2	50.0	46.4	44.8	57.4
尊　嚴	55.4	58.6	59	61.2	60.2	61.4	55	51.4	52.6	52.8	58.4
總　評	55.6	58.4	59	60.8	59.4	60.2	54.6	50.8	51.8	51.6	56.3

資料來源：整理自王雲東，2005 年台灣老人人權指標調查報告，中國人權協會；2010-2012 年台灣老人人
　　　　　權指標調查報告，中國人權協會。

「有效能」與「有效果」的目標，而且也才能使市民老人有驚訝性的滿足
與感動。以台灣地區老人的失蹤協尋情況，依據內政部的統計資料，在 90
年 10 月至 93 年 12 月間，失蹤通報協尋比例是以失智老人（46.6%）占多
數，其次為精神病患者（22.7%）及智障者（16.3%）。其失蹤人口尋獲
率，比例上以「失智老人」（53.4%）占多數，依次為精神病患（17.2%）
與「智障者」（15.2%）。具體通報人數為 326 人，尋獲 204 人，平均總尋
獲率為 62.58%，顯見績效仍不理想。

　　再者，依據美國的調查顯示，對於無法治癒病患施行安樂死（Eutha-
nasia）是否適當的問題，如圖 6-11 所示，結果年齡愈低者認為適當者愈
多。換而言之，年齡愈高者認為愈不適當，與年輕者的想法差異頗大。
（Richard A. Posner, 1995）也許這項調查的結果，不必然反應年輕人對老
年人的不友善，但如何尊重老年人對生命的期待，卻是人權上必要的堅持。
在歐洲地區，荷蘭是世界第一個准許安樂死的國家。荷蘭國會在 2001 年通
過安樂死及醫師助死法案，讓安樂死正式合法化，但其中病患必須自願且
持續地表達安樂死的請求，則是此法運作一切的前提。

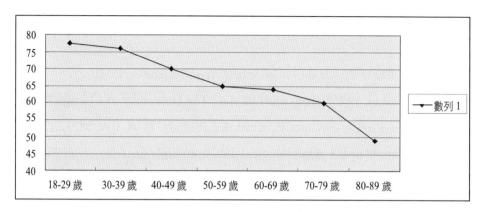

圖 6-11　無法治癒病患安樂死是否適當？

說明：圖中曲線代表支持適當者。
資料來源：Richard A. Posner, 1995, Aging and Old Age, The University of Chicago Press.

　　總而言之，站在人權的角度來思考，誠如亞理斯多德（Aristotle）所言，老年人雖然都已經「走過他們的黃金歲月」，同時皆有「長的過去」與「短的未來」，但其由「生命經驗」所累積具體的「固定智力」（Crystallized Intelligence），相當程度尊重的結果，卻仍然是社會進步與穩定的力量。（Richard A. Posner, 1995）換而言之，如何讓老年人在生命結束前，亦能有尊嚴的享受其生存的意義，卻是政府與民間必須持續省思的課題。

參考資料 ⅠⅠⅠⅠ➡

蔡文輝，2003，**老年社會學**，台北：五南圖書出版公司。

張瓊方，1997，「無言的抗議？從自殺看台灣」**光華雜誌**，3月。

鄭功成，2002，**中國社會保障制度變遷與評估**，中國人民大學出版社。

周建卿，1983，**老人福利**，台北商務印書館。

白秀雄，**老人福利**，台北：三民書局。

江亮演，1983，**老人福利與實務**，台北：宏光。

蕭新煌、陳寬政、張麗雲，1983，**我國老人福利之研究**，台北：研考會。

WHO, 2002, *World Report on Violence and Health*, Geneva, PP.20-21

Richard A. Posner, 1995, *Aging and Old Age*, The University of Chicago Press.

Kivela , S. L., Kongas-Saviaro, P., Kesti, E., Pahkala, K. & Ijas, M. L. (1992). "Abuse in old age: Epidemiological data from Finland. *Journal of Elder Abuse & Neglect, 4*(3), 1-18.

Lachs M.S., et al. (1998). The mortality of elder mistreatment. *Journal of the American Medical Association, 280,* 428-432.

Aitken , L. & Griffin, G. (1996). *Gender issues in elder abuse*, Thousand Oaks, CA: Sage Publications.

Pillemer, K. A., & Wolf, R.S. (Eds.). (1986). *Elder abuse: Conflict in the family*, Dover, MA: Auburn House (Westport, Greenwood Publishing).

Reis, M. & Nahmiash , D. (1995). *When seniors are abused*, North York Ontario: Captus Press.

Slater, P. & Eastman, M. (Eds.) . (1999). *Elder abuse: critical issues in policy and practice*, London: Age Concern.

Steinmetz, S.K. (1988). *Duty bound: Elder abuse and family care*, Newbury Park, CA: Sage Publications.

Tatara , T. (1999). *Understanding elder abuse in minority populations*,. Philadelphia: Taylor & Francis.

Wolf, R.S., & Pillemer, K.A. (1989). *Helping elderly victims: The reality of elder abuse*. New York: Columbia University Press.

行政院衛生署重要統計資訊

http://www.doh.gov.tw/statistic/data/死因摘要/93 年/93.htm

US Census Bureau

http://www.census.gov/statab/www/pop.html

NCEA ,"Reporting of Elder Abuse in Domestic Settings"

http://www.elderabusecenter.org/pdf/basics/fact1.pdf

http://www.angelfire.com/ar/LRfuzz1/elderabuse.htm

http://www.st-matthew.on.ca/bulletin/jeremy/suicide.html#about

http://www.elderabusecenter.org/pdf/basics/fact1.pdf

http://www.who.int/mental_health/en/

What is Elder Abuse?

http://www.preventelderabuse.org/elderabuse/elderabuse.html

http://www.angelfire.com/ar/LRfuzz1/elderabuse.htm

The National Elder Abuse Incident Study

http://www.aoa.gov/eldfam/Elder_Rights/Elder_Abuse/ABuseReport_Full.pdf

附件 ⅢⅢⅢ➡

老人人權相關網站

中國人權協會

http://www.cahr.org.tw/

台灣人權促進會

http://www.tahr.org.tw/site/

張佛泉人權研究中心

http://www.scu.edu.tw/hr/

中華民國老人福利推動聯盟

http://www.enable.org.tw/serPart2/oldpeople.asp

國際特赦組織台灣分會

http://www.aitaiwan.org.tw/old/index-e.html

http://sowf.moi.gov.tw/04/new04.asp

National Center on Elder Abuse, NCEA

http://www.elderabusecenter.org/default.cfm

Administration on Aging

http://www.aoa.gov/index.asp

AARP

http://www.aarp.org/

Action on Elder Abuse, AEA

http://www.elderabuse.org.uk/

Age Concern

http://www.ace.org.uk/

The National Council on the Aging, NCOA

http://www.ncoa.org/index.cfm

Pension Rights Center, PRC

http://www.pensionrights.org/

American Association of Homes and Services for the Aging, AAHSA

http://www2.aahsa.org/

第七章
性別歧視與婦女人權

男女平等是指人民不因性別之差異，而在法律上有不平等之待遇。就以人權的變遷與發展而言，有學者嘗指出四代人權，公民與政治權利是屬第一代人權（The First Generation of Human Rights）；經濟、社會與文化是屬第二代人權（The Second Generation of Human Rights）；團體發展權及自決權（Right to Self-determination）是屬第三代人權；婦女權（Women's Rights）則是屬第四代人權（The Fourth Generation of Human Rights）（Radhika Coomaraswamy, 1999: 178），充分顯示婦女過去身體、心理及精神所受到不平等的痛苦與傷害，已經開始受到嚴重的關切。

一、性別歧視及婦女人權的意義

㈠性別歧視的概念界定

「性別歧視」（Sexual Discrimination）即是基於性別而來的歧視，而通常所指的就是對婦女的歧視（Discrimination against Women）。依據聯合國「消除一切形式對婦女歧視公約」（Convention on the Elimination of All Forms of Discrimination against Women, CEDAW）的界定，所謂「婦女歧視」即是指基於性別而進行的任何區別（Distinction）、排斥（Exclusion）或限制（Restriction），其影響或目的均足以妨礙，或否認在兩性平等基礎上的種種認知（Cognition）、享有（Enjoyment）與行使（Exercise），其中包括婚姻地位（Marital Status）的不尊重，或政治、經濟、社會、文化、公民，或其他領域的人權與自由問題。由此顯見，婦女歧視即是基於性別而對女性進行「故意的漠視」（Purposely Despite）與「差別的對待」（Discrepant Treatment），其中當然就包括種種侮辱性的限制與排斥。（http://www.scu.edu.tw/hr/document_imgs/documents/cedaw.htm）

147

㈡婦女人權的意義

婦女人權的探討，顧名思義就是以人權的理念來探究婦女應有的權益。其中最受關切，同時也是人類長久以來的質疑是：「只有男人才有人權嗎？」。事實上，就所謂的「兩性平權」的角度而言，男女兩性均有其人性的尊嚴（Human Dignity）和價值（Value），無有階層化（Stratification）的意義，理由也許有不同層面的探討，但至少以下諸項是有省思再三的必要：

其一是男女兩性在出生之前，基本上並無自由「選擇性別」的權利與機會，誕生之後，自然不應以性別為權利差別之根據。概以民主的角度言，為源於自由意志的決定負責，乃天經地義或無庸置疑，但為非自主性的天生後果負責，乃毫無道理或理則可言。

其二是依據生理學家的研究調查顯示，男女兩性除了因「身體結構」上的差異而有「生理功能」上的不同外，基本能力如聰明、智慧等並無顯著之差距，自然種種源於生理的不同而產生的「性別歧視」，委實是人類社會不合理的現象。

其三是兩性生理或身體結構功能之差異，係「天生」且「不可改變」者，若以「不可改變」之「事實判斷」，而去等同於是非善惡的「價值判斷」，基本上就觸犯了方法論（Methodology）上思維邏輯的謬誤。

依據中國大陸全國男女採取節育措施的問題而言，由表 7-1 可知，由於傳統「重男輕女」及「男尊女卑」的封建思想影響，由男性主動採取節育及避孕行動者，均未及 15%，使用避孕套男性竟低於 4%。由女方主動採取節育或宮內節育行動者，卻均高達 40%左右。充分顯示中國傳統的性別歧視，仍然有相當大的改善空間。

表 7-1　1992-1995 年中國男女採取節育措施的狀況

年分	男性節育	女性節育	宮內節育（女）	避孕套（男）
1992	12%	39.6%	39.1%	3.88%
1993	11.5%	40.5%	40.1%	3.62%
1994	10.9%	40.2%	40.6%	3.76%
1995	9.56%	39.1%	37.7%	3.40%

資料來源：蔣永萍，2003，世紀之交的中國婦女社會地位，當代中國出版社，P.550。

二、國際重要婦女人權組織與公約

(一)聯合國婦女組織

婦女人權是舉世長期關切的議題，同時也不容易在短時間獲得圓滿的解決，如聯合國憲章中就有對男女地位平等之規定，但 1945 年簽署時，51 個創始會員國中，只有 30 個國家之女性在選舉中享有投票權，且在大多數國家，婦女不得擔任公職。因此 1947 年聯合國乃率先成立婦女地位委員會（Commission on the Status of Women），主動開始展開各項積極之行動，以促使各國能重視婦女之權利。1976 年又成立「婦女發展基金會」（United Nations Development Fund for Women, UNIFEM），為婦女的就業及兩性平等貢獻心力。其重要的活動策略為：1.降低婦女之貧困（Reducing Feminized Poverty）；2.終止對婦女之暴力（Ending Violence Against Women）；3.縮小婦幼 HIV/AIDS 的蔓延（Reversing the Spread of among Women and Girls）；4.實現戰爭與和平時民主治理的兩性平等（Achieving Gender Equality in Democratic Governance in times of Peace as well as War）。（UNIFEM, http ://www.unifem.org/about/）2000 年發表「聯合國千年宣言」，亦強調「沒有性別平等，就沒有進步」（No Progress without Gender Equality）。其他重要的活動有如表 7-2 所示：（龍寶麒，1995：261-262；董云虎、劉武萍，1991；1993; Ian Brownlie, 1992）

表 7-2　聯合國參與推動婦女平等人權重要活動

時間	重要項目
1953 年	通過「男女工人同工同酬公約」（Equal Remuneration Convention）
1954 年	通過「婦女政治權利公約」（Convention on the Political Rights for Women）
1957 年	通過「已婚婦女國籍公約」（Convention on the Nationality of Married Women）
1960 年	通過「反對教育歧視公約」（Convention against Discrimination in Education）
1961 年	通過「婚姻同意、結婚最低年齡和婚姻登記公約」（Convention on the Consent to Marriage and Registration of Marriages）
1967 年	通過「消除歧視婦女宣言」（Declaration on the Elimination against Women）
1974 年	通過「緊急及武裝衝突中婦女兒童保護宣言」（Declaration on the Protection of Women and Children in Emergency and Armed Conflict
1975 年	宣布「1976-1985 年為聯合國婦女十年」（United Nations Decade for Woemen,1976-1985）
1980 年	通過「十年行動綱領」（Programme of Action for the Decade）
1980 年	再度通過「消除對婦女一切形式歧視公約」（Convention on the Elimination of All Forms of Discrimination against Women）
1985 年	召開聯合國婦女十年成就的回顧與評估世界會議，並通過「那諾比提高婦女地位前瞻性策略」（Nairobi Forward-looking Strategies for the Advancement of Women）
1993 年	通過「消除婦女暴力宣言」（Declaration on the Elimination of Violence Against Women）
1994 年	聯大訂為「國際家庭年」（International Year of the Family）
1995 年	聯大在北京召開第四屆「世界婦女會議」（World Conference on the Status of Women）
2000 年	發表「千年發展目標」（The Millennium Development Goals）
2005 年	聯合國婦女地位委員會第 49 屆會議（The 49th session of the Commission on the Status of Women）

㈡國際終止童妓組織

不過，尚有一國際 NGO 相當值得關切者，即是 1990 年 5 月在泰國清邁召開國際研討會時，發現在亞洲地區有非常多的婦女、兒童，已成為「性觀光」的犧牲品，因而成立亞洲終止童妓國際組織（The International Campaign to End Child Prostitution in Asian Tourism, ECPAT）。爾後又發現兒童遭受商業性剝削，已不再只是亞洲地區的問題，故該組織乃在 1997 年，將工作拓展至五大洲，並更名為終止童妓、兒童色情與買賣國際組織（End

Child Prostitution, Child Pornography & Trafficking of Children for Sexual Purposes），但仍簡稱為ECPAT，主要是以保護兒童並終止全球「兒童商業性剝削」為目標（Commercial Sexual Exploitation of Children, CSEC）。目前該組織已有 76 個國家會員分布在 70 個國家，而且成員正逐年增加中。此外聯合國兒童基金會（UNICEF）、國際刑警組織（INTERPOL）等團體也相繼成為顧問。台灣終止童妓協會，於 1991 年即已加入國際終止童妓組織，並於 1994 年 3 月 31 日正式立案，結合國內關心婦女、兒童權利人士與團體，共同開始展開提升兒童人權與預防兒童從娼的各項工作。（http://www.ecpat.net/eng/Ecpat_inter/annual_report/background.asp;　http://www.ecpat.org.tw/index1.htm）

三、國際婦女人權問題

(一)第三世界婦女人權問題

依據 UNESCO 2000-2004 年的統計發現，全球 8 億的文盲中，三分之二是婦女；15-24 歲全球的年輕文盲為 1 億 3,700 萬，其中女性亦占了 63%。以各地區來比較，譬如表 7-3 所示，南亞（Southern Asia）的文盲婦女竟高居世界第一。同時值得關切者，即那些開發中或未開發地區的婦女，經濟活動往往只限於從事無保障和報酬低的工作，在非正規經濟中其工作的人數也顯得特別的多。同時，依據相關的統計資料發現，女性構成全球人口的二分之一，工作時數亦幾達三分之二，但平均薪資僅有男性的50%-80%，故其所得到的財富，乃是「世界收入」（World Income）的 1/10及低於「世界財產」（World Property）的百分之一。

表 7-3　1990-2000 世界各區域性別不對等在識字率上的比較

Region	1990			2000/ 04		
	Literacy rate 15-24		Literacy gen-der parity in-dix, ages 15-24	Literacy rate 15-24		Literacy gen-der parity in-dix, ages 15-24
	Women	Men		Women	Men	
Developed regions	99.6	99.7	1.00	99.7	99.7	1.00
CIS, Europe	99.8	99.8	1.00	99.8	99.8	1.00
CIS, Asia	97.7	97.7	1.00	98.8	98.8	1.00
Developing regions	75.8	85.8	0.88	80.7	89.0	0.91
Northern Africa	55.8	76.3	0.73	72.5	84.1	0.86
Sub-Saharan Africa	59.8	74.9	0.80	69.3	79.0	0.88
Latin America and the Carib-bean	92.7	92.7	1.00	95.9	95.2	1.01
Eastern Asia	93.3	97.6	0.96	98.6	99.2	0.99
Southern Asia	51.0	71.1	0.72	62.8	81.6	0.77
South-Eastern Asia	93.1	95.5	0.97	95.1	96.4	0.99
Western Asia	71.5	88.2	0.81	80.3	90.7	0.89
Oceania	68.0	78.5	0.87	78.1	84.4	0.93

資料來源：United Nations Statistics Division, "World and regional trends", Millennium Indicators Database http:// Millenniumindicators.um.org（Accessed June 2005）based on data provided by UNESCO.

　　此外，聯合國亦明確指出，從家庭內部到最高政府領域，在影響其生活的決策中，有平等的發言權是婦女權力關鍵的組成部分。同時依據統計發現，儘管自 1990 年以來，如表 7-4 所示，婦女在全國議會中擔任議員的人數一直在穩步增加，但在全世界的議員中，女議員仍然只占 16%，尤其在開發中或低度開發國家，除東亞（Eastern Asia）、拉丁美洲與加勒比海（Latin America & Caribbean）地區外，國會女性席次均偏低，尤其是西亞（Western Asia）與大洋洲（Oceania）更低於 5% 之下。（http://unstats.un.org/unsd/mi/goals_2005/goal_3.pdf）

表 7-4　1990-2005 世界各區域國會婦女席次率上的比較

Regions	1990	1997	2005
World	12.4	11.4	15.9
Developed regions	15.4	15.6	20.9
Commonwealth of Independent States	—	6.2	10.5
Commonwealth of Independent States, Asia	—	7.0	11.5
Commonwealth of Independent States, Europe	—	5.4	10.5
Developing regions	10.4	10.1	14.3
Northem Africa	2.6	1.8	8.5
Sub-Saharan Africa	7.2	9.0	14.2
Latin America and the Caribbean	11.9	12.4	19.0
Eastem Asia	20.2	19.3	19.4
Southem Asia	5.7	5.9	8.3
South-Eastem Asia	10.4	10.8	15.5
Westem Asia	4.6	3.0	5.0
Oceania	1.2	1.6	3.0
Least developed countries	7.3	7.3	12.7
Landlocked developing countries	14.0	6.6	13.2
Small island developing states	14.4	11.0	17.3

資料來源：United Nations Statistics Division, "World and regional trends", Millennium Indicators Database, http:// Millenniumindicators.um.org（Accessed June 2005）based on data provided by the Inter-Parliamentary Union.

　　又以全世界人口最多的民主國家——印度為例，儘管政府對婦女教育極為重視，但女性的文盲比率始終居高不下。以 1971 年而言，15-25 歲婦女文盲率為 68%，25 歲以上婦女文盲率更高達 87%。人口數從 50 年代的 1 億 5,800 萬，增加到 70 年代的 2 億 1,500 萬，其中年齡 15-35 歲的 1 億 2,300 萬婦女，竟然都沒有受過正規和系統的教育。（胡傳榮，2002）顯見東方的文明古國，婦女仍然無法脫離文盲的魔障。

㈡婦女性暴力

「性暴力」通常是指在沒有「性共識」或「同意」的狀態下，以武力脅迫對方性的順從，進而造成「生理的」、「性的」與「心理的」種種的傷害。其中隨性暴力的強、弱與表現方式之差異，乃有不同的稱謂，重要者有如「性虐待」（Sexual Abuse）、「強姦」（Rape）、「性侵犯」（Sexual Assault）、「性騷擾」（Sexual Harassment）、「性奴隸」（Sexual Slavery）等等。

如以英美先進民主國家為例，事實證明仍然無法免除對婦女的暴力。蓋依據全美的性暴力統計資料發現，「毆打」已是造成美國婦女受傷最大的原因，但每年因為被毆打而到醫院急診室者，平均就超過 100 萬人次，比車禍、遇劫、強暴就醫婦女總數還高。（Julie Mertus 等原著，林慈郁譯，2004：90）再者，依據英國「婦女救援聯盟」（Women's Aid Federation）的統計報告顯示，在與男人的關係中，25%的婦女有經歷暴力的經驗；每 100 對婚姻中，至少有 5 對曾發生家庭暴力；在送警處理的暴力犯罪中，25%是屬男性對女性的暴力案例，同時性暴力已躍居全國第二位。

至於其他的國家，依據國際NGO人權觀察組織的報告，全球「家庭暴力」的問題，至今仍未獲得很好的改善。因此，婦女在法律之前不但被剝奪了「平等的權益」，且更加深了她們在社會上的「從屬地位」。男人用家庭暴力壓制婦女的「自主權」和「自尊」。有些國家對「家庭暴力」不防止也不起訴，把婦女當作「二等公民」（Second-Class Citizens）看待，這等於是明確地告訴婦女，廣大社會根本不關心她們正處於「受虐的狀態」。巴基斯坦（Pakistan）、南非（South Africa）、約旦（Jordan）、俄國（Russia）、烏茲別克斯坦（Uzbekistan）和祕魯（Peru），儘管這些國家有著各自不同的文化，但他們卻有一個共同的特點，即是在處理家庭暴力的紀錄上，簡直惡劣到駭人的地步。如在巴基斯坦，各級「刑法系統」的官員們認為，家庭暴力不屬於刑庭處理的範圍。如在南非，警察和法庭

認為，「被虐婦女」的問題，沒有像其他人身侵犯的控訴來得那麼嚴重。如在約旦，當家族認為婦女的行為不端時，就可以對她們施行「道義死刑」，雖然在立法方面有進行了一些改革，但罪犯在法庭上得到的處治仍十分寬容。如在俄國和烏茲別克斯坦，警察對家庭暴力的控告嗤之以鼻，他們折磨報告惡行的婦女，企圖阻止她們的控告。如在祕魯，法律對遭受婚內強姦及被配偶跟蹤和偷襲的婦女，仍不提供保護。執法人員、檢察官和法官常常採取歧視的態度，認為家庭暴力是「私事」，法律也管不了。（http://www.hrw.org/chinese/woman1.html）

㈢色情買賣

「性色情買賣」通常是指，將婦女強迫或自願置於市場上，進行性交易的商業行徑。本質上而言，此作為的目的，除了經濟的利益外，本身就是企圖使人成為「性奴隸」，是不折不扣的「性剝削」。同時在此過程中，該婦女若不順從，國內外經驗顯示，她們極可能會面臨嚴酷「性暴力」的對待，甚者亦可能會被注射「毒品」而任其擺布與掌控。

依據聯合國的統計，每年全世界約有 400 萬婦女，因為暴力脅迫而被置於色情買賣的市場。依據美國國務院的統計資料發現，每年跨國性色情買賣，至少不低於 70 萬人。就地區性而言，如東南亞（Southern-East Asia）地區，即是屬問題嚴重的地區。以 2000 年為例，中國公安警察半年期間，就逮捕 12 萬婦女被輸入大陸境內賣淫。再則，依據國際人權監察團體 2003 年的年度報告指出，在印度的「性產業」，估計約有 80 萬「性工作者」的高度需求。至於歐洲地區，據非正式的統計資料顯示，亦有 10 萬到 50 萬不等的婦女，在性剝削的色情買賣市場上流動。從歐盟的統計顯示，包括婦幼是為 12 萬人。又依據 2001 年聯合國與國際勞工組織（ILO）的統計，有組織的犯罪集團每年由東歐輸入 Britain、France、Switzerland 與 Netherlands 的婦幼人口亦有 6,000 人之多。（Caldwell et al., 1997; Wijersand Lap-Chew 1997; European Women's Lobby, 1999; European Union, 2001;

Choudhury, 2002）

不過，就台灣的色情及人口買賣而言，仍然是受到嚴重關切的地區。蓋依據美國國務院（Department of State）2005 年「人口買賣報告」（Traficking in Persons）指出，台灣的人口買賣主要是來自中國大陸、泰國（Thailand）、高棉（Cambodia）與越南（Vietnam）等地區，特點則有 1. 強迫「性交易」與「性剝削」的目的；2.以提供就業的欺騙或婚姻媒介方法引誘到台灣；3.台灣婦女也有因性剝削的目的被買賣至日本。對於以上的情況，台灣政府雖然已經注意且有過努力，但依然缺乏完善的防治法律與執行，致使成效不彰，進而使那些受害婦女的安全，得不到充分的保障。（Traficking in Persons Report, http://www.state.gov/g/tip/rls/tiprpt/2005/46616 .htm）

㈣娼妓與童妓人權

「娼妓」（Prostitute）通常是指，以個人身體與他人進行性交易為職業的婦女。此一行業雖然會因各國的歷史文化與社會背景而有所差異，但事實上它卻是古今中外無法完全消除的職業，故它乃是一古老且是世界性的問題（An Age Old and Global Problem）。（http://www.ecpat.net/eng/CSEC/faq/faq2.asp）

惟由於妓女是屬於一種職業，有些國家甚至為了管理因素，乃依法發給證照是謂「公娼」（Licensed Prostitute），是接受國家保護者；但無執照且未接受合法管理者則謂「流鶯」（Streetwalker），政府可依法取締與逮捕。但無論如何，這裡所稱之妓女是屬成年者，但世界各國仍存在未成年之「童妓」（Child Prostitution），則是一律視為非法，且是為國家社會所不容者。尤其是牽涉到所謂的「兒童商業性剝削」（The commercial sexual exploitation of children），它不但是違反兒童人權，而且往往包括有成年人的「性虐待」，或使之成為「性奴工」與「性玩物」。同時，依據調查研究發現，兒童商業性剝削情形，通常已存在非法性的暴力脅迫、性的色情

買賣，對兒童當然會造成尊嚴與身心無比的傷害。（http://www.ecpat.net/eng/CSEC/faq/faq1.asp）

娼妓雖可屬合法行業，但在世界各國的倫理道德及民情風俗中，通常是被視為相當負面的評價。國際性工作者聯盟（The International Union of Sex Workers）亦明確指出，一般民眾反對娼妓的主要原因不外是以下諸要點：其一是娼妓會增進強姦；其二是娼妓會摧毀家庭；其三是大部分婦女是被迫為娼；其四是娼妓目的只是為男人不為女人；其五是經常與娼之男性，不但是惡行且容易犯罪；其六是街頭娼妓會造成犯法且引人厭惡。（http://www.iusw.org/policy/index.html）

觀察至今社會中的娼妓，肯定仍是屬於相當被「歧視」甚至「仇視」的族群，在親戚朋友間，是連人的尊嚴都喪失者。但無論如何，娼妓也是人，應當有其基本為人的尊嚴。因此「國際娼妓權益委員會」（International Committee for Prostitutes' Rights, ICPR）乃於 1985 年，在荷蘭的阿姆斯特丹（Amsterdam）發布「世界娼妓憲章」（World Charter For Prostitute's Rights），至少以下內容是為人權理念所肯定者：其一是支持教育計畫去除娼妓污名化（Decriminalization Prostitution）之社會態度；其二是確保娼妓擁有一般人同等的人權、社會福利與公民自由（Civil Liberties），包括言論自由、移民、工作、婚姻及為人母（Motherhood）、失業保險（Unemployment Insurance）、健康保險（Health Insurance）與居住場所之權利；其三是法律不應歧視娼妓因高度人身安全（Personal Security）所須要的工作組織與結社；其四是娼妓有權利擁有私人生活（Private Life）。（http://www.tahr.org.tw/index.php/article/2004/06/15/40/）

四、各領域中消除婦女歧視的途徑 ▓▓▓▶

㈠各國政府的行政職責

由以上的說明，吾人不難理解，男女兩性之平權乃是一世界性的問題，各國均有職責（Accountability）去積極謀求解決之道。（Rebecca J. Cook,

1994: 228-230）惟其具體有關兩性平等權或禁止歧視的規範，除應譴責對婦女一切形式的歧視外，政府當積極協議一切適當辦法，以政策推動消除對婦女的歧視。其具體的政策作為，簡要可包括以下諸途徑：

第一，將男女平等的原則列入憲法及相關法律中，並得透過「立法」或其他適當方法，促使該項原則能獲得實際的實現。

第二，透過立法或其他措施，給予歧視婦女者適當的制裁。包括禁止一切形式的販賣婦女及強迫賣淫的剝削行為。

第三，建立男女平等權的法律保護，即經由有能力的國家法庭（Competent National Tribunals）及其他公家機關，保證確實保護婦女不受任何歧視。

第四，保證行政當局和公家機關，不會採取任何歧視婦女的行為或作法，且不違背此項義務。

第五，應採取一切適當措施，消除任何個人、組織或企業對婦女的歧視。

第六，修改或廢除一切構成對婦女歧視的既定法律、規章（Regulations）、習俗（Customs）和慣例，以消除基於性別而分尊（Superiority）卑（Inferiority）、定型角色（Stereotyped Role）的偏見。

㈡消除婦女歧視的途徑

依據聯合國的調查研究顯示，各國造成兩性發展嚴重的落差，根深蒂固的原因，就在於古今人類文化深層結構中的「性別歧視」。事實上如前所分析者，女性為人類「生命涵養之母體」，實在沒有任何理由去接受任何形式的歧視，故在國家或全球發展的各個領域，均應以性別人權的角度，針對封建社會給予建設性的批判與改革，婦女方有真正的尊嚴、希望與未來。以下乃依據國際婦女人權的相關公約與宣言，提出可能現代化的途徑，（董云虎、劉武萍，1991；Brownlie, Ian, 1994）特別重要者有：

1. 婦女政治平等

(1)婦女有權參加一切的選舉與公開之公民投票（Public Referenda），其條件與男人相同，不得有任何歧視。

(2)婦女有被選舉權，有資格當選任職於依法設立並由公開選舉產生之機關，其中包括政黨、工會、非政府組織、公私營及學術教育研究機關。

(3)婦女有資格擔任依法設立之公職（Public Office），參加各級政府之政策形成，並執行國家法律所規定的一切公務。

(4)保證婦女在與男性平等且不受歧視下，有機會參與高層決策及代表政府參與區域或國際組織的工作。

(5)應給予婦女與男性有取得、改變或保留國籍的同等權利。而且應特別保證，婦女與外國人結婚或於婚姻存續期間，丈夫改變國籍不自動改變妻子國籍，或使其成為無國籍之人。但妻申請取得夫之國籍，得因維護國家安全或公眾政策加以限制。（丘宏達，1996：493）

2. 婦女教育平等

(1)在各類教育機構，有關生涯與職業輔導、學習的機會與文憑的取得，男女必須在平等的基礎上其條件被同等對待。

(2)教育或訓練課程的選擇、考試、師資水準、校舍與設備的質與量一律男女相同。

(3)為消除教育中對男女角色的任何定型觀念，應鼓勵實行男女同校和其他有助於實現這個目的的教育形式，並特別應修訂教科書和課程以及相應的教學方法。

(4)減少女生退學率，並為離校過早的少女和婦女辦理種種補救教育的方案。

(5)有接受特殊教育性輔導的機會，以保障家庭健康和幸福，包括計

畫生育的知識和輔導在內。

3. 婦女就業平等

(1)享有相同就業機會的權利，包括在就業方面相同的甄選標準。

(2)平等享有自由選擇職業和就業、升遷和工作安全、福利和服務條件、接受職業訓練與再訓練的權利。

(3)享有社會安全的權利，特別是在退休、失業、疾病、殘廢（Invalidity）和老年，或在其他喪失工作能力的情況下；另外，也同樣享有帶薪假（Paid Leave）的權利。

(4)在工作條件上平等享有健康和安全保障，包括保障生育機能的權利。

(5)使婦女不致因結婚或生育而受到不平等的歧視，禁止以懷孕、產假、婚姻狀況為理由予以解僱的歧視，違反規定者得受處分。

(6)實施帶薪產假或具有同等社會福利的產假，不喪失原有工作、年資與社會津貼。

(7)鼓勵提供必要的輔助性社會服務，特別是通過促進建立和發展託兒設施系統（Childcare Facilities），使父母得以兼顧家庭義務，並有機會參與公共生活。

(8)懷孕期間從事確實有害於健康的工作的婦女，應給予特別保護。

(9)應採取一切適當措施以消除在保健方面對婦女的歧視，保證她們在男女平等的基礎上，取得各種保健服務，包括有關家庭計畫，為婦女提供有關懷孕、分娩和產後期間的適當服務，於必要時給予免費服務，並保證在懷孕和哺乳期間得到充分營養。

4. 婦女經濟和社會的平等

(1)平等領取家庭津貼（Family Benefits）的權利。

(2)平等擁有銀行貸款（Bank Loans）、抵押（Mortgages）和其他形式的金融信貸（Financial Credit）的權利。

(3)應考慮農村婦女面對的特殊問題和家庭生計，並應採取一切適當措施。

(4)應採取一切適當措施以消除對農村地區婦女的歧視，保證她們在男女平等的基礎上，共同參與農村發展並受其益惠。

5. **婦女法律平等的地位**

(1)在公民事務上，給予婦女與男性同等的法律行為能力（Legal Capacity），以及行使這種行為能力的相同機會。特別應給予婦女簽訂契約和管理財產（Administer Property）的平等權利，並在法院和法庭訴訟的各個階段給予平等待遇。

(2)限制婦女法律行為能力的所有合同和其他任何具有法律效力的私人文件，應一律視為無效。

(3)在有關人身移動和自由擇居（Residence & Domicile）的法律方面，應給予男女相同的權利。

6. **婦女家庭婚姻的平等權**

(1)有相同的自由選擇配偶和非經本人自由與完全同意（Free & Full Consent），不得締結婚約的權利。

(2)子女人數和生育的間隔，有相同的權利可自由負責的決定（Decide Freelyand Responsibly），並有機會獲得使她們能夠行使這種權利的知識、教育和方法。

(3)夫妻有相同的權利，包括選擇姓氏（Family Name）、專業和職業的權利。

總而言之，婦女人權的問題，牽涉的範圍甚廣，從意識形態、制度到行為的互動關係，均有其值得全面反省的空間。換而言之，居於全球化中地球村與人類一家的概念，婦女人權的問題，不只不應該因國籍、種族、膚色、階級、地域、職業……等等而有所不同，更應在人權與民主的覺醒中日趨豐富其內容。

參考資料 ▌▌▌➡

Julie Mertus 等原著，林慈郁譯，2004，**婦女人權學習手冊**（*Learning About the Human Rights of Women and Girls*），台北：心理出版社。

施文森，2001，美國聯邦最高法院憲法判決選譯，司法院編印。

蔣永萍，2003，**世紀之交的中國婦女社會地位**，當代中國出版社，P.550。

陶百川等，2000，**最新綜合六法全書**，台北：三民書局。

盧梭著，李常山譯，1986，**論人類不平等的起源和基礎**，台北：唐山出版社。

郭玲惠，2000，**男女工作平等：法理與判決之研究**，台北：五南圖書出版公司。

國民大會祕書處資料組，1996，**新編世界各國憲法大全**，三冊，台北：國民大會祕書處。

胡傳榮，2002，「發展中國家的婦女教育」，中央民族大學中國少數民族婦女研究中心編，*21 世紀婦女發展國際研討會論文集*，中央民族大學出版社。

G. Sartori 著，閻克文等譯，**民主新論**，北京：東方出版社。

李明舜、林建軍，2005，**婦女人權的理論與實踐**，吉林人民出版社。

紀欣，**女人與政治：*90 年代婦女參政運動**，台北：女書文化公司。

葉保強，1991，**人權的理念與實踐**，香港：天地圖書公司。

周道濟，1983，**基本人權在美國**，台北：台灣商務印書館。

豬口孝著，劉黎兒譯，1992，**國家與社會**，台北：時報出版社。

董云虎、劉武萍，1991，**世界人權約法總覽**，成都：四川人民出版社。

魏國英主編，2003，**女性學概論**，北京大學出版社。

左潞生，1985，**比較憲法**，台北：國立編譯館。

董翔飛，1994，**中國憲法與政府**，台北：自印。

譚琳、劉伯紅主編，2005，**中國婦女研究十年**，北京：社會科學文獻出版社。

游伯欽等，1998，**權利自助手冊**，台北：月旦出版公司。

龍寶麒，1995，**邁向 *21* 世紀的聯合國**，台北：三民書局。

丘宏達編，1996，**現代國際法參考文件**，台北：三民書局。

謝瑞智（2000），**憲法新論**，台北：正中書局。

Banton, M., 1994, *Discrimination*, Buckingham : Open University Press.

Fisher BS, Cullen FT, 2000, *The sexual victimization of college women. Washington: Department of Justice (US)*, National Institute of Justice, Publication No. NCJ 182369.

Caldwell, G et al., 1997, "Crime & Servitude: An Expose of the Traffic in Women for Prostitution from the Newly Independent States". The Global Survival Network for presentation at *The Trafficking of NIS Women Abroad Conference*, Moscow Russia November 3-5, Global Survival Network; New York.

Mithaug, E. Dennis,1996, *Equal Opportunity Theory*, London: Sage Publications.

Choudhury, Barnie , 2002, "Police 'Losing Battle' Against Sex Trade: Thousands of Women are forced into Britain's Sex Trade" *Stop-Traffic Digest*, 1, #622, 20 August.

Donnelly, Jack, 1993, *International Human Rights*, Oxford : Westview Press.

Brownlie, Ian (ed.), 1994, *Basic Documents on Human Rights*, Oxford University Press.

European Women's Lobby (EWL), 1999, "Unveiling the Hidden Data on Domestic Violence in the European Union Final Report". *European Policy Action Centre on Violence Against Women* , Belgium.

European Union, 2001, "Trafficking in Women, the misery behind the fantasy: from poverty to sex slavery: A Comprehensive European Strategy", *European Union Justice and Home Affairs*, Belgium obtained 21 January 2002 from http://europa.eu.int/comm/dgs/justice_home/index_en/htm .

Migdal, Joel S., 1988, *Strong Societies and Weak States: State- Society Relations and State Capability in the Third World*, New Jersey: Princeton University Press.

Bodenheimer, E., 1974, *Jurisprudence: The Philosophy and Method of the Law*, Harvard University Press.

Wijers, M. and Lap-Chew, L., 1997, *Trafficking in Women, Forced Labour and Slavery-Like Practices in Marriage, Domestic Labour and Prostitution*, Global Association Against Trafficking in Women (GAATW) and Foundation Against Trafficking in Women (STV) Publishers.

Lane, Robert E., 1979, "Motives For Liberty, Equality, Fraternity: The Effects of Market and State," *Political Psychology*, Vol. No. 2, Winter.

Cook, R. J., 1994, *Human Rights of Women: National and International Perspectives*, University of Pennsylvania Press.

Coomaras wamy, R., 1994, "To Bellow like a cow: Women, Ethnicity, and the Discourse of Rights" in R. J. Cook (ed.).Brownlie, I., 1992, *Basic Documents on Human Rights*, Oxford University Press.

Donnelly, J., 1993, *International Human Rights*, Oxford: Westview Press.

Miller, William L., 1995, *Alternatives to Freedom: Arguments and Opinions*, New York: Longman

http://www.hrw.org/chinese/woman1.html
UNIFEM,
http://www.unifem.org/about/
UNIFEM Annual Report2004/2005
United Nations Millennium Declaration

http://www.un.org/millennium/declaration/ares552e.htm

Progress Toward The Millennium Development Goals, 1990-2005

http://unstats.un.org/unsd/mi/goals_2005/goal_3.pdf

http://www.unifem.org/attachments/products/AnnualReport2004_2005_eng.pdf

http://www.cahr.org.tw/doc/2005 年婦女人權指標報告.doc

http://www.dgbas.gov.tw/public/Attachment/411116163871.doc

http://www.scu.edu.tw/hr/document_imgs/documents/cedaw.htm

http://www.scu.edu.tw/hr/udhr.htm

http://www.ecpat.net/eng/Ecpat_inter/projects/monitoring/online_database/index.asp

http://72.14.203.104/search? q=cache:Oy3nf6LIKVAJ:home.cybergrrl.com/dv/body.html+UK+Women+Abuse+Statistics&hl=zh-TW&gl=tw&ct=clnk&cd=2

附件 ▮▮▮▮➡

世界娼妓憲章 World Charter For Prostitutes' Rights

http://www.tahr.org.tw/index.php/article/2004/06/15/40/

http://www.walnet.org/csis/groups/icpr_charter.html

國際娼妓權益委員會（International Committee for Prostitutes' Rights, ICPR）

阿姆斯特丹 1985 發布

International Committee for Prostitutes' Rights (ICPR), Amsterdam 1985, Published in Pheterson, G (ed.), A Vindication of the Rights of Whores. Seattle: Seal Press, 1989. (p.40)

【法律】Laws

◎去除自願成年娼妓各方面之污名。Decriminalize all aspects of adult prostitution resulting from individual decision.

◎為娼妓去除污名，並根據一般商業規範第三者。需特別注意的是，現存之商業規範容許娼妓虐待。因此，必須涵蓋特殊條款以防止虐待與污衊娼妓（無論是自營或其他）。Decriminalize prostitution and regulate third parties according to standard business codes. It must be noted that existing standard business codes allow abuse of prostitutes. Therefore special clauses must be included to prevent the abuse and stigmatization of prostitutes (self-employed and others).

◎強制執行世界各地對於欺詐、強迫、暴力、兒童性侵害、兒童勞工、強暴、種族歧視之刑法，無論是否涉及娼妓。Enforce criminal laws against fraud, coercion, violence, child sexual abuse, child labor, rape, racism every-where and across national boundaries, whether or not in the context of prosti-tution.

◎去除可被詮釋為禁止娼妓於國內或國際間結社或旅行自由之法律。娼妓有權利擁有私人生活。Eradicate laws that can be interpreted to deny freedom of association, or freedom to travel, to prostitutes within and between coun-tries. Prostitutes have rights to a private life.

【人權】Human Rights

◎確保娼妓擁有所有的人權及公民自由，包含言論、遷徙、移民、工作、婚姻自由，並擁有身為人母和失業保險、健康保險及居住場所之權利。Guarantee prostitutes all human rights and civil liberties, including the freedom of speech, travel, immigration, work, marriage, and motherhood and the right to unemployment insurance, health insurance and housing.

◎對於因身為娼妓或同性戀被入罪，進而被剝奪人權者提供庇護場所。Grant asylum to anyone denied human rights on the basis of a "crime of status," be it prostitution or homosexuality.

【工作狀況】Working Conditions

◎不應有內含系統性區分娼妓之法律。娼妓應有選擇工作地點及住所之自由。娼妓能夠在完全自主的情況之下提供服務是相當重要的。There should be no law which implies systematic zoning of prostitution. Prostitutes should have the freedom to choose their place of work and residence. It is essential that prostitutes can provide their services under the conditions that are absolutely determined by themselves and no one else.

◎應有確保娼妓權益以及可供娼妓們陳情之委員會。此委員會需由娼妓與其他專業人士如律師與支持者組成。There should be a committee to insure the protection of the rights of the prostitutes and to whom prostitutes can address their complaints. This committee must be comprised of prostitutes and other professionals like lawyers and supporters.

◎法律不應歧視娼妓間為得到高度的人身安全而合夥工作。There should be no law discriminating against prostitutes associating and working collectively in order to acquire a high degree of personal security.

【健康】Health

◎所有女性與男性都應養成定期健康檢查性傳染疾病。由於健康檢查長久以來一直被當作控制並污名化娼妓的方式，而且通常由於成年娼妓比其他人更注意性健康，強迫檢查娼妓是不合理的，除非也強迫所有有性行為的人檢查。All women and men should be educated to periodical health screening for sexually transmitted diseases. Since health checks have historically been used to control and stigmatize prostitutes, and since adult prostitutes are generally even more aware of sexual health than others, mandatory checks for prostitutes are unacceptable unless they are mandatory for all sexually active people.

【服務】Services

◎應該補助逃家兒童就業、諮詢、法律以及住宅等服務，以防止兒童娼妓並促進兒童福利與機會。Employment, counseling, legal, and housing services for runaway children should be funded in order to prevent child prostitution and to promote child well-being and opportunity.

◎根據各國內的各項規定，娼妓必須與所有其他公民一樣享有同等的社會福利。Prostitutes must have the same social benefits as all other citizens according to the different regulations in different countries.

◎應提供現任娼妓住所與服務，對於希望離職之娼妓應補助再訓練課程。Shelters and services for working prostitutes and re-training programs for prostitutes wishing to leave the life should be funded.

【稅務】Taxes

◎娼妓或娼妓業不應被課徵特殊的稅金。No special taxes should be levied on prostitutes or prostitute businesses.

◎娼妓應視同其他獨立契約者與雇員，繳付一般稅款，並應享有相同福利。Prostitutes should pay regular taxes on the same basis as other independent contractors and employees, and should receive the same benefits.

【公眾意見】Public Opinion

◎支持教育計畫，改變對各種族、性別、或國籍的現任或退休娼妓，予以污名化及歧視之社會態度。Support educational programs to change social attitudes which stigmatize and discriminate against prostitutes and ex-prostitutes of any race, gender or nationality.

◎發展教育計畫，協助公眾了解常被忽略的顧客，在娼妓現象中扮演重要的角色。顧客，如同娼妓本身，不應以道德標準加以污名化或譴責。Develop educational programs which help the public to understand that the customer plays a crucial role in the prostitution phenomenon, this role being generally ignored. The customer, like the prostitute, should not, however, be criminalized or condemned on a moral basis.

◎我們與性產業工作者站在同一陣線。We are in solidarity with workers in the sex industry.

【組織】Organization

◎支持現任與退休娼妓組織，以實踐上述宣言。Organizations of prostitutes and ex-prostitutes should be supported to further implementation of the above charter.

第八章
病人人權

在人類的生命過程中，依據經驗法則，每個人均有機會成為「病人」，而此通常即是人類「痛苦的經驗」，也是人們「不喜歡」及「不歡迎」的經驗。不過，由於時代與社會的變遷，過去封建窮困的時代，生病者往往只能聽天由命或任人擺布，可謂毫無尊嚴可言，甚者可能為此因「厭世」而「自殺」。可是在此民主的時代，以「病人為中心」（Patient-Center）的人權概念，事實上已逐漸取代了「以醫師為中心」（Doctor-Center）的父權思維模式。尤其是醫療商品化後消費契約觀念的興起，使醫病關係日趨嚴苛。

換而言之，病人已由消極的避免受傷害，轉而知道如何積極的去爭取其應有的權益。不過，由於種種因素的影響，病人的權益並不見得能獲得完整的體現，種種的醫療糾紛便日趨明顯。因此，站在社會保障（Social Protection）的角度而言，如何完整維護病人的尊嚴與希望，便成為吾人必須關切的焦點。

一、病人人權的概念說明 ▮▮▮▮➡

依據學者的解釋，所謂「病人」（Patient）即是指身染疾病而持續忍受痛苦的人。其中又因為種種指標，通常可區分如下不同種類的病人：以發病時間之長久而言，分急性病人與慢性病人兩種。以疾病嚴重程度而言，分重度、中度與輕度病患三種。以疾病是否遺傳而言，分先天性病人與後天性病人兩種。以疾病是否傳染而言，分傳染性病人與非傳染性病人兩種。以疾病是否治癒而言，分絕症病人與普通病人兩種。

然不管他（她）是屬那一類病患或同兼數類疾病者，都不能改變他

（她）們是「人」（Human Being）的事實，自當享有人權的對待。換而言之，病人不可以因為生病而喪失其成為一個人（To Be A Person）應有的權利。相反的，由於他（她）們正受到病痛的折磨，社會或他（她）人，在基本人權外，亦應給予更豐富人道主義（Humanism）的支持，以成就其人類文明的特質。故病人人權乃是指每位病人本其獨立之人格，有權接受或拒絕妥善醫療照護，以維持其健康生活。詳言之，如國民若不幸生染重病，則可以生病為由，暫免社會責任之履行，以利調養治療。（藍采風、廖榮利，1984：69，80）

再者，依據倫理學學者的面向而言，「倫理」（Ethics）乃是在道德兩難（Moral Dilemma）的情境下，所作的思考與決策過程，它並不在於特別提高人的道德良知，也不在於提供標準答案，重點是在於使人因道德的敏感而為衝突的價值與標準排序。（楊秀儀，2002）因此，基於人類道德的敏感與醒思，病人人權當有其倫理上的意義與價值。

二、醫療糾紛 ⅢⅢ▶

「醫療糾紛」（Medical Malpractice）通常是指，因「醫療疏失」（Medical Negligence）、「醫療意外」（Medical Incident）或「醫療差錯」（Medical Error），所造成病患傷害或死亡的醫患爭議。而此醫療糾紛可以分成三種，其一為可避免的；其二為不可避免的；其三是誤解性的爭議。第一項，可因相關方法嚴謹的遵守而防止發生，此明顯為醫療差錯所造成，通常必須擔負法律責任；第二項則是因為醫療知識與技能的極限，即使嚴謹的遵守前述之規範，仍然有不確定的「高風險」而很難避免，即使爭訟，通常會以不起訴處分，只需擔負道義的責任。最後則是因彼此對醫療知識或技能之誤解而產生的爭議，此可以在相當的溝通中取得諒解，或只要擔負道義上的安慰而已。另外一種的分類，則是分「有過失」的醫療糾紛與「無過失」的醫療糾紛兩種，前者是指因醫護人員在診療過程中的錯誤，造成病人傷亡之糾紛；後者則是病人在診療過程中的傷亡，並非

醫護人員的錯誤所引起，只是病患及其家屬的誤解或不滿所致。

（一）國際經驗

依據調查顯示，以 1999 年為例，英國每年有 40,000 名住院病患死於醫療差錯。澳大利亞與瑞典的衛生部門亦發現，醫療差錯仍是死亡率與發病率的主因。從 1999 年美國醫學研究所（the Institute of Medicine, IOM）的統計資料顯示，每年約有 44,000 到 98,000 病人，因醫療差錯而在醫院中死亡，付出的損害賠償，包括收入損失、殘殘護理費用等年達 290 億美元；醫療傷害每年平均 130 萬人，發生率 2.3%-2.9%。同時再依據研究發現，這些死亡案例，58%均可因有預防的方法而避免。在哈佛大學 1986 年的調查研究亦發現，3.7%的住院病人有受到醫療傷害之經驗，其中有 76%是可以避免者。（許夙君，2005）此外，依據美國醫師保險協會統計，1995-2000 年間，至少超過 15,000 位醫師曾經發生各種原因的醫療糾紛，他們花費在醫療訴訟的求償金，高達 150,001 美金至 270,460 美金不等的數目。在中國，病患因醫療差錯而死亡之人數，幾近是美國的 6 倍，英國的 24 倍。以 1997 年為例，依據中國消費者協會的資料，醫療糾紛至少就比 1996 年遞增 80%，1998 年亦比 1997 年增加了 29.1%。（高也陶等，2003：1）同時，日本 1999 年有 663 件，2001 年則暴增至 1,968 件。

（二）台灣經驗

台灣醫療糾紛的狀況，依據統計，每年平均有 2,500 件醫療糾紛，有五分之一至六分之一付諸醫療訴訟，大約有 10%的醫生成為被告，十六分之一會被判有罪。（詹廖明義，2005）再則，依據衛生署醫政處醫事鑑定的案件統計，民國 76-90 年間，受委託的案件高達 3,347 件，完成鑑定者有 3,147 件（94%）。訴訟案屬於刑事者 78.4%（N=2470），屬於民事者 10.9%（N=342）。鑑定結果有疏失者 403 件（12.8%），無疏失者高達 1,922 件（61%）。（衛生署藥政處，2002）。此外，依據行政院衛生署「醫事審議委員會」所受理醫療糾紛委託鑑定案件統計，從民國 90 年至 92

年平均年受理案件數約 442 件，民國 93 年 1 月至 7 月合計就有 251 件。根據臺北市政府衛生局統計 92-95 年受理醫療爭議案件，總數為 1,135 件，平均每年近 283 件。就歷年醫事鑑定案件的科別分類，以婦產科及內科居高，其次分別為外科、小兒科、神經外科及骨科等。醫事鑑定案件的被告多以醫師（94%）為主，告訴原因有：醫療不當 23%，手術相關 16%，誤診延醫 15%及用藥不當 9%。至於行政院消費者保護委員會（以下簡稱行政院消保會）消費者服務中心受理之申訴案件，主要項目有如：

1. 醫療院所、中醫、牙醫、眼科診所、安養照護等醫療糾紛。
2. 墮胎、生產、輸血、手術開刀、急診等不當醫療處置、延誤或後遺症。
3. 健康檢查判斷錯誤。
4. 住院醫療服務品質不佳、醫療院所收費不當，及開藥浮濫或浪費。
5. SARS 病患隔離問題。
6. 轉診、瘦身、美容、密醫等誇大不實廣告，及不當療程所衍生的醫療糾紛。

若以醫療糾紛問題衡量指標來與美國相比較，由表 8-1 可知，在醫療糾紛頻率、醫療糾紛案訴訟比率、醫療糾紛案和解比率、病患獲得補償比率方面，兩者差距不大，唯獨在病患勝訴比率上，美國幾乎是台灣的 2 倍多，由此顯見，在醫療糾紛之處理過程與結果上，台灣地區的病患仍然是居於比較劣勢的地位。

㈢醫療糾紛產生原因

醫療糾紛為何會產生，原因極為複雜，惟依據學者的研究發現，大方向方面至少有以下諸項主因：其一是病人權利意識的高漲；其二是病人對醫學高度的期待；其三是醫護人員人力資源嚴重短缺；其四是大眾媒體誇大性報導之影響；其五則是病人教育水準與社會地位的提高。至於細節因素，依據經驗調查，亦有如次的原因：

表 8-1　美台醫療糾紛問題衡量指標概況

項　目	美　國（%）	台　灣（%）
醫療傷害頻率	3.7%-4.65%	n.a.
醫療傷害中醫療過失比率	17%-28%	n.a.
醫療糾紛頻率	14.8%	10.8%
病患提出訴訟比率	10%	n.a.
醫療糾紛案和解比率	44.4%（佛州）	42%
醫療糾紛案訴訟比率	11.5%（佛州）	11%
病患勝訴比率	23.7%	8%-11%
病患獲得補償比率	43.3%	43%

資料來源：盧瑞芬，謝啟瑞，2000，醫療經濟學，台北：學富文化，P.217。

　　其一就醫病互動方面而言有：(1)診療中未清楚盡到告知義務；(2)非尊重性語言引發之反感。

　　其二就病人單方面而言有：(1)診療過程不配合；(2)缺乏基本醫藥知識；(3)乘機敲詐的心態。

　　其三就診療因素方面而言有：(1)診斷錯誤；(2)用藥疏失；(3)手術異物存留病人體內；(4)輸血感染；(5)疏於必要檢查；(6)非同意的不當手術。

　　其四就醫療行政方面而言有：(1)偽造或竄改醫療紀錄；(2)轉診延誤；(3)給錯藥品。

　　若以實際案件來分析，即如依據消費者文教基金會，統計 84 年至 92 年醫療糾紛之 1,011 件申訴案為例，申訴原因往往即是其醫療糾紛的原因。統計資料發現，最主要的案件是屬「醫療過程不當」，高達 436 件（43.1%）為最多。依次則為「誤診」121 件（12%）、「收費糾紛」116 件（11.5%）、「延誤治療」106 件（10.5%）、「服務態度不佳」70 件（5.9%）、「醫療器材無效」10 件（1%）、其他因素則有 156 件（15.4%）。（消費者文教基金會，2004）再者，依據台灣醫療改革基金會 2006 年的統計，當年其受理的醫療糾紛案件有 471 件，六年多來則高達

1,450 件，前三名的科別是外科（包括整型外科）、內科、婦產科，案例千奇百怪，甚至有結核病誤診為肺癌、手術器械留在患者體內等烏龍情形，顯示問題的嚴重性，已達到社會必須高度關切的地步。（http://www.libertytimes.com.tw/2007/new/apr/11/today-life3.htm）

三、病人的權利 ▓▓▓▓▓▶

　　依據人權學者 Joel Feunberg 的說明，權利其實是一項有理由的要求（Justified Claim），也是一合理的要求（Valid Claim-to），當然絕不是指要求一些善心之施捨。（Joel Feunberg, 1970: 243-257）因此，基於病人人權的要求，乃為一理所當然之主張，它可以透過法律及道德的原則來體現。因此，若以如上的觀念來思索，侵犯病人的人權即是否定病人的尊嚴。（Jack Donnelly, 1985）

㈠病人權利保障主體文獻

　　美國醫院學會（American Hospital Association）在 1973 年即頒布一份「病人權利清單」（A Patient's Bill of Rights），具體列舉了 12 項病人應有的權利，呼籲世人重視病人權利之保障，藉以改善醫病關係，而減少醫療糾紛。雖然它只是一道德的行為指引，並無法視同法律來運作，但對病人權利的肯定，及各有關醫療機構的影響，卻是極為深遠的。如是自此之後，各國紛紛響應。

　　譬如 1977 年，以色列醫院協會發表了「病人權利宣言」；1981 年世界醫學聯盟亦發布了「里斯本病人權利宣言」（Declaration of Lisbon on the Rights of the Patient）；1984 年，日本醫院協會亦發表病人權利宣言；1992 年美國醫院學會又將 1973 年 10 月的權利清單修正定案。我國中華醫學會於 1982 年接受世界醫學會之主張，病人享有 6 大權利，而民間人士則至 1997 年 5 月 20 日發表「病人權利 10 大聲明」。顯見，重視病人權利之保障，已蔚成時代潮流；而且事實上，自此以後，各國政府及醫療單位亦紛紛以此宣言為立法保護病人的重要依據。

以美國醫院學會頒布的「病人權利清單」而言，即具體列舉了 12 項病人應有的權利：

1. 病人有權利接受妥善而有尊嚴的治療（Considerate and Respectful Care）。

2. 病人有權利從其醫師處獲知有關自己的診斷（Diagnosis）、治療（Treatment）以及癒後（Prognosis）情形，並且應使用病人可以了解的字句。如果基於醫學上的考慮，認為病人不宜知道上述消息，醫師必須將此消息告訴病人的重要親屬。此外，病人也有權利知道其主治醫師的全名。

3. 病人有權利在任何醫療前，了解並決定「知情之同意」（Informed Consent）。除了緊急狀況外，一般同意書的內容應包括，以淺顯易懂的文句介紹醫療的過程、預期的風險及益處、不同意時的後果、有無其他可選擇的醫療方式。

4. 病人有權利在法律許可下拒絕治療，同時對於拒絕接受治療的後果，必須充分的被告知。

5. 病人在醫療過程中的「隱私」，應有權利受到保障。在進行診斷病況時，未經病人同意，與醫療無關的人不得在場。

6. 病人有權利要求有關其治療的所有內容及記錄，以機密方式處理。

7. 病人有權利要求醫院在其能力範圍內，對病人要求之服務做合理的反應。醫院應依病況的緊急程度，對病人提供評估、服務及轉院。只要醫療上允許，病人在被轉送到另一機構前，必須先得到有關轉送的原因，及其可能的其他選擇的完整資料與說明。病人將轉去的機構，必須已先同意接受此位病人的轉院。

8. 只要與病人的治療有關，病人即有權利知道醫院與其他醫療及學術機構的關係。病人也有權利知道治療他（她）的人，彼此間存在的職業關係。

9. 病人有權利被告知與其醫療有關的人體試驗（Human Experimentation），病人亦有權利拒絕參與該項研究計畫。

10. 病人有權利獲得繼續性的醫療照護。他（她）有權利知道可能的診病時間、醫師及地點。出院後，病人有權利要求醫院提供一套聯絡辦法，藉此，病人可獲得在醫療上需要繼續注意的事項。

11. 不管付款方式為何，病人有權利知道並審核其醫療帳單，必要時亦可要求院方解釋。

12. 病人有權利知道醫院的規則、病人的行為規範。對於病人應有的權利，有權主動爭取而不被忽略。

根據1981年世界醫學聯盟，在里斯本所作成的病人權利宣言（Declaration of Lisbon on the Rights of the Patient），病人亦應有以下的權利主張：

1. 獲得良好品質之醫療照護的權利（Right to medical care of good quality）。

2. 自由選擇醫療方式的權利（Right to freedom of choice）。

3. 自主決定的權利（Right to self-determination）。

4. 獲得個人病情資訊的權利（Right to information）。

5. 診療祕密被保守的權利（Right to confidentiality）。

6. 獲得衛生教育的權利（Right to Health Education）。

7. 保有個人醫療尊嚴的權利（Right to dignity）。

8. 獲得宗教協助的權利（Right to religious assistance）。

在以上病人各項權利中，尤其值得關切者是2001年美國醫院評鑑機構（JCAHO）在評鑑新標準當中，已明訂「疼痛評估」及「疼痛治療」的考核項目，強調「疼痛」在臨床上應被視為是第5個生命徵象，醫護人員必需隨時隨地加以監測並為必要的控制。換而言之，病人獲得良好品質的醫療照顧中，她是有權利要求合理的評估與適時的止痛處置（Pain Management）。當然，JCAHO 明訂這項標準的背景原因，主要是多年來他們發現，大部分的醫護人員對疼痛的治療認知也是病患的人權，有些醫護人員不但沒有給予病患應有的評估，甚至於也可能在忽略中導致四分之三以上的病患疼痛未得到應有的處置，嚴重時也嘗鬧出了人命。（http://www.pain-manage.org.tw/normal/p29.htm）

(二)病人基本權益

病人既為人，當有其天賦的基本人權，絕不可因其生病或病情的輕重而有所貶抑。同時，譬如生存權、自由權、平等權、財產權、參政權……等等，病人不但不應被剝奪，而且在此基礎上，病人亦有其特別的人權需求。依據學者的歸納研究，關於病人的權利，事實上是可區分成以下諸項探討：

1. 知的權利

所謂病人「知的權利」（Rights to Information），即是對於醫療過程中生命攸關的身體狀況，病人均有權利被充分告知。目的乃在於生存權為人人基本之人權，病人當然不應該在毫不知情下結束生命，他人均無此權利剝奪，故除相關的醫事法律應有所規範外，醫護人員應秉持其專業理性，誠實告知病人其病況，包括診斷、病情發展及常見後遺症等。同時，亦須使病人知道及選擇各種診療方法及其常見的併發症。再者，所服藥物之名稱、效用及常見的嚴重副作用，醫療人員均有義務誠實的告知病患，且不得有扭曲或誇大其詞的情事作為。我國的相關法律如醫療法就有明確的規範，即「醫療機構應依其診療病人之要求，提供病歷複製本」、「醫療機構對採取之組織檢體或手術切取之器官，應送請病理檢查，並將結果告知病人」，必要時亦須提供「中文病歷摘要」，以避免病人因不諳外文而剝奪其知的權利。

換而言之，此舉主要的目的，亦期望病人在充分被告知後的判斷，能有其「自負其選擇」（Responsible for One's Choice）的意義，而此所謂

「告知後同意法則」（Principle of Informed Consent），也方有邏輯上的價值。可是，無可諱言，「告知後同意法則」目前雖已被實務界所普遍接受，近年台灣卻有相當比率的流產婦女，就是在沒有被告知的情況下，子宮竟然悄悄的被摘除，顯然就是對病人嚴重的侵權行為。不但違反醫療法第 46 條第 1 項保護病人之法律，依民法第 184 條第 2 項，若推定被告有過失，當可要求被告為財產上及非財產上的損害賠償。（黃鈺生，http://www.consumers.org.tw/）。此外，就手術同意書簽署而言，依據財團法人台灣醫療改革基金會的說明，手術同意書的內容與意義，應具體符合以下的四大要件：1.醫師說明很清楚；2.病人用心了解；3.簽署很確實；4.至少一式兩份。但經調查發現，有高達 91% 之民眾表示在術前是有醫護人員提供說明，但僅有 15% 民眾表示獲得完整的「術前告知說明」、「麻醉說明」、「術後照護說明」等十項術前告知相關資訊。術前告知情況最差的是，醫護人員「沒有解釋是否有其他的治療方式」（47%）、「沒有解釋麻醉的步驟」（48%）、「沒有解釋麻醉的風險」（42%）、「沒有解釋麻醉之後可能出現的不適」（37%）、「沒有解釋開刀後可能的併發症」（31%）。（醫改會，http://thrf.npotech.org.tw/Page_Show.asp? Page_ID= 266），顯見問題是仍然相當嚴重的。

2. 參與的權利

所謂病人「參與的權利」（Rights to Participation），即是指在診斷與醫療的過程中，從病情的反應至完成診療的過程，包括醫療方式的選擇、藥物服用預防性的詢問，病人均有權參與意見的表達，醫護人員不得無理由的或悍然的予以拒絕。理由有幾：其一是身體是屬於病人所有，非屬於醫療人員；其二診療直接間接會觸及病人的身體，甚或有「侵入性的治療」；其三是病人不可也不應在無知或疑惑中接受診療；其四是病人對病情充分的反應，有助醫護人員真確性的治療，其中包括彈性調整醫療內容的空間。換而言之，醫診治療過程中的病人介入（Patient Involvement），

事實上，不但合乎民主人權社會的基本理念，同時以歐美先進國家的醫療運作而言，病人已經是被肯定為一「夥伴諮商者」（Partner Consultant），而非弱勢的被宰制者（Dominated Patient）。（許夙君，2005）同時，更明確的說，病人的痛是醫生的責任，醫生安可忽視病人在痛苦中的參與？

　　基於前面的認知，不管是政府或民間的醫療機構，均已有主動或被動尊重病人參與權利的發展趨勢，如衛生署在「病人安全」（Patient Security）宣導中，即明確告訴病人：「就醫過程中，有任何疑問，立即反應與溝通」。成功大學醫學院附設醫院住院須知中，亦明確說明：「若您對本院醫事人員所提供之醫療服務，有任何不清楚之處，本院非常鼓勵您向醫師或其他醫事人員發問或要求說明。」

　　不過，就實際的經驗而言，台灣的醫療文化（Medical Culture），仍有所謂「文化落後」（Cultural Lag）的現象，即在醫療行為認知上，病人與醫療人員均已逐漸發現，病人參與醫療過程是其權利，但由於觀念內化（Internalization）的程度不足，致使其態度與行為，總是在對病人的尊重上，會呈現不同程度的落差，而病人也不會有比較強烈的道德及法律上的爭取，只是默默的承受或無言以對的冷漠（Alienation）。但以動態的經驗來研究，至少如今所面臨變遷的局面，很明顯的是病人「權利意識」（Consciousness of Rights）覺醒的速度，是高過醫療機構與人員實質改善的速度，而此在相當程度上，即可反應「醫病關係」或「醫療糾紛」會日趨緊張的原因。

3. 選擇的權利

　　病人所謂「選擇的權利」（Rights to Choice），即是指在就醫的過程中，病人對於醫療機構與醫護人員所提供的方法，除非有特殊或危急的狀態，均有權做「理性自主」（Rational Autonomy）的決定，其中包括治療的接受或拒絕。病人此種權利的保障，主要是針對傳統父權思想（Paternalism）的反抗。因為早期的醫療行為，往往是建立在一種醫師為上對病人為

下的行為模式，導致整個醫療過程全由醫師主導，病人不一定被重視，甚至可以完全被忽略其意見參與的價值。

造成前述結果的原因，經學者的研究不外有三：

其一是現代醫療行為具有高度的「專業性」，未經醫療專業訓練的病人，除了服從醫護人員的指示外，通常連質疑的基本能力都沒有，於是擁有專業知識的醫療人員，自然就掌握著絕對的權利。

其二是由於身體上的病痛，加上精神上的壓力、恐懼、焦慮、躁鬱、憤怒等因素，常使病人容易失去決定自己醫療行為的能力，即沒有辦法經由理智的思考來做出適當的醫療選擇。尤其是重症患者或是末期病患，更是明顯。

其三則是醫師掌有疾病是否痊癒的主控權，病人及其家屬自然不敢輕易得罪醫師。

然而，由於民主與人權思潮的衝擊，再加上電子資訊社會的形成，醫療知識的取得，已不如過去是那麼的困難，因為在相關的「醫療諮詢團體」或「非營利組織」（NPOs）的支持下，病人已開始具有對醫師醫療行為質疑之信心與能力。尤其是再加上近來醫療行為，已漸漸被類比成亦或是一消費行為，消費者只要不滿意，即可依法採行爭取其權益的行動，所以醫療界也被迫開始調整原本的醫療行為模式，醫療行為的主體也慢慢的回歸到消費者身上，所謂尊重「病人自主權」的概念，便已成為當代醫療界討論醫事倫理時，最重要的課題。除了 1972 年美國醫院協會提出了「病人權利宣章」外，1990 年美國政府更通過了「病人自我決定法案」（Patient Self-Determination Act），使美國實務界、學術界關於「病人自主權」的發展日趨成熟。

至於病人有哪些選擇的自主權？依據相關醫療人權的的探討，除了醫療保險的選擇很明確外，至少下列幾項主題是有其時代的意義，也經常引發社會嚴重的關切：

(1)醫院的選擇

醫院應該是病人「解除痛苦」與「恢復健康」的地方，但由於相關醫療設備條件的影響，有些醫院卻反而成為病人「結束生命」與「增加痛苦」的「傷心地」。有鑑於此，任何人或政府均無有剝奪病人選擇醫療場所的權利。職是之故，政府有關單位或民間的非營利組織，當然就應該積極且定期的給各級醫療院所，進行最嚴謹的評鑑，而且結果也須誠實的公布，以利國民可以有選擇風險最低醫院之機會。目前行政院衛生署、教育部、財團法人醫院評鑑暨醫療品質策進會，經常舉辦的醫院評鑑，除了促進醫療服務品質的改善外，即可建立「安全」、「有效」、「以病人為中心」、「適時」、「效率」、「公正」且優質的醫療服務體制。同時，亦可透過醫院醫療服務品質之評核，並適時提供真實的資料，以保障病人就醫時選擇醫療院所的權利。

(2)醫師的選擇

由於醫院醫師專業與醫德好壞不一，病人除了醫院的選擇權外，亦應尊重其對醫師的選擇權。因為畢竟診治之醫師，是直接影響病人安危的關鍵人物，萬一碰上「庸醫」，其結果當就可能不堪設想，甚至於可能連後悔的機會都沒有。因此無論如何，醫師攸關病人的生存權與健康權，尊重其對醫師的選擇當有其必要性。因此，國內外較健全的醫療院所，通常均會具體公告醫師的相關資料，以利病人選擇就診之參考。病人亦可透過各種管道如醫學會、政府衛生單位等，查證醫生過去的醫療紀錄及其底細。換而言之，假如病情許可，當醫院無法提供病人最滿意的醫師時，病人當有轉院的權利。

(3)治療方法的選擇

治療本來就相當專業，通常病人都會尊重醫生專業的治療方法。但由於現代醫療資訊相當發達，病人可諮詢其他專業單位或人員之建議，故也被稱為「第二者意見」（Second Opinion）。換而言之，當病人有機會獲得

更好的治療方法，即可在與主治醫生諮商後再做最後決定。尤其是當病人企圖選擇「替換性醫學」（Alternative Medicine）的醫療，或痛苦的侵入性檢查時，醫生就必須謹慎的告知其接受與否可能的後果。換而言之，若醫師在這方面表示相左的意見，而病人又極為堅持，醫生就必須尊重病人的選擇，但可能的風險，醫師也必須盡告知的義務，以免病人因資訊不足或觀念的偏差而受害。但無論如何，在醫療人員盡力說明後，病人最後自主性的決定與選擇，仍然是必須被尊重而且也要自負其責的。譬如是否一定須要動手術？是否須要器官移植？不動手術又會怎樣？病人即有權多方徵詢專家的建議，以對自己生命健康做最佳的選擇。（楊華生，1999：18）

4. 隱私權

在醫學倫理的面向，病人除非身患事關重大的公共「傳染病」（Infectious Diseases），否則，其隱私權即會受到極嚴謹之保護。因為無論是依據醫療相關的法律或醫師的「希波克拉誓詞」（Hipocratic Oath），均有明確的規範，即有關病人在診療過程中所知悉的疾病名稱、病情、治療概況，非經當事人之同意是不得無故洩露的。

如有關人體醫學研究的「赫爾辛基宣言」（Declaration of Helsinki）第10條就明確規定：在醫學研究中，醫生有責任保護受試者的生命、健康、隱私和尊嚴。世界醫學會的「國際醫學倫理法典」（International Code of Medical Ethics）亦清楚規定：醫生應當保護他的病人所有的祕密，因為病人信賴他。（高也陶等著，2003：262-267）我國「醫療法」第72條規範：醫療機構及其人員因業務而知悉或持有病人病情或健康資訊，不得無故洩漏。「醫師法」第23條也規定：對於因業務知悉或持有他人病情或健康資訊，不得無故洩露。

例如醫師因業務知悉某少女婚前曾有墮胎記錄；或某婦女之人工授精生子，該精子係第三人所提供，非其丈夫所有，這些均為病人隱私權之範疇。又如感染「愛滋病」（AIDS）或人體免疫不全病毒（HIV）者，其姓

名與病歷之相關資料，衛生主管機關、醫療機構及醫護人員均應嚴守祕密，不得無故洩漏於外。否則，將負刑法洩漏業務上祕密之罪責。其他如「護理人員法」、「精神衛生法」，亦有保障病人隱私權之相關規定。

由此顯見，保密的原則是相當明確的。不過，在特殊的情況下，亦有需要另作處理的例外，如：病者本身同意醫生將病情告知第三者；或是病人要向雇主申請病假，病假單要填上病情而醫生又獲得病人同意的話，便可以透露病情資料。另外，若病人購買了醫療保險，保險公司要知悉投保病人的病情，在取得病人同意後，醫生是可以透露有關資料的。此外，醫生需要將病人資料透露予其他有份參與治療的醫護人員，因為他們有必要知道病人的資料以協助治理病人。在特殊的情形下，若醫生懷疑病人有涉及非法活動的罪行，亦可將病人的資料透露予有關當局。

5. 申訴權

所謂「申訴權」（Right to Complaint），即是指病人在診療的過程中，一旦遭受不合理或非法的對待時，有權向醫院管理當局提出申訴，並得到迅速及公允的處理。換而言之，此申訴的權利，事實上，就是一種「被聆聽的權利」（Rights to be Heard），即在醫療過程中若有受到不當的處分或傷害，患者不但在隱私權保障下有充分表達的權利，同時，醫院、政府、社會媒體皆有聆聽的義務，並協助解決，以免有更多的病患再度受到傷害。

在制度比較健全的醫療院所，通常就設有申訴的管道，並有相當專業的人員，在院內以協助解決病人的不滿情事。但在制度比較不健全的醫療單位，不是沒有任何申訴管道者，就是設有此管道，但管理人員也是敷衍了事，甚或故意忽視病人的權益。此刻病人就必須尋求政府或民間的機構申訴，以獲得一公平與正義的對待。

在國內病人的申訴管道，通常可分成兩個管道進行處理。在政府方面，中央的行政院衛生署，地方的縣政府衛生局，均設有醫師懲戒委員會與醫療審議委員會，負責處理病人申訴之醫療糾紛案件，健保局也設有「申訴專

線」。在民間方面，除各地「醫師公會」與「台灣醫療改革基金會」外，「消費者文教基金會」也接受病人有關醫療金錢或財務糾紛之申訴案件。其中台灣醫療改革基金會更印有「醫療爭議手冊」，以為病人尋求申訴之參考。

行政院衛生署已訂定「醫療糾紛處理法（草案）」，該草案是採「調解強制、仲裁任意」的原則來處理醫療糾紛。凡是在醫療過程中，病患與醫事人員或醫療機構間，因傷害、殘廢或死亡等醫療事故所產生的糾紛，如果沒有依據此處理法進行調解，就不能起訴、告訴或自訴。如果經調解後結果仍不成立，那麼經由雙方當事人同意，也可以選擇仲裁方式。不論如何，該法設立之目的，是希望經由調解或仲裁程序，醫病雙方取得溝通管道，妥善處理醫病爭議，以減少訟源，並兼顧醫病雙方的權益。此法案的精神就在於建立醫病之間的溝通調解機制，能夠對於整體醫病關係的改善，產生正面良好的效果。

此外，醫師在「醫療倫理」的規範下，至少以下諸項是有檢討與批判的必要：其一是以廣告或其他價格競爭的方式爭取病患；其二是以私人利益對病患從事醫療勸告；其三是以經濟上的理由，拒絕或從事不正當的治療；其四是依病患片面要求，開據不實的診斷證明。（吳成豐，2004：234）

6. 消費者人權

所謂「病人的消費者人權」（Consumer's Rights of Patients），即是指病人看病的醫療行為，主要是以金錢換取有療效的醫療品質，即是一種消費行為。換而言之，假如一種醫療行為無法達到治癒的目的，醫療費用就應全數退還給病患。但此一概念，在發展中仍有爭議，且尚難取得共識，故猶有努力的空間。

四、病人的義務 ▌▌▌▌▶

在民主的概念中，「有權利必有義務」或曰：「有義務必有權利」，似乎已是法治社會的基本共識。蓋如學者 R. Martin 與 J. W. Nickel 從「權

利義務關聯論」（The Correlativity of Rights and Duties）來解釋，亦主張一項權利事實上只是從另一角度來看的義務，則每一項義務蘊涵一項權利，並且每一項權利亦蘊涵一項義務。（R. Martin & J. W. Nickel, 1980: 166）

　　由此可見，無論是「只享權利不盡義務」或「只有權利而無義務」，均非民主之常態。自然前述病人之權利者，當必論及病人不得不之「義務」。惟依據學者的比較分析，相對於病人的權利，病人則有責任遵守如下的義務：

1. 病人應向醫生坦誠病情。
2. 病人不應要求醫生簽發不正確的：A、收據；B、診斷或治療證明書；C、病假紙。
3. 病人對已同意採納的醫療程序，應與醫護人員充分合作。
4. 病人應該徵詢保險公司，以明瞭醫療保險單的詳細保障範圍。
5. 病人有責任義務向提供服務的醫生或醫療機構繳交所需費用，並且遵守院所機構之規範。

現且擇其重點分述如下：

㈠坦誠病情的義務

　　病人既要求醫生給予必要的治療，自然為避免醫生有誤診之虞，病人就有義務儘可能的、誠實的，坦誠病情及相關的健康狀況，其中包括過去相關的病史、來院前的醫療紀錄、嘗服用或會過敏的藥物名稱、自己身體有關的資訊。主要原因是1.只有病人最知道自己的病痛；2.醫生診療仍有其能力上的極限與限制；3.可提高真實病情的準確度；4.可避免誤診後惡性循環的治療；5.可縮短病人不必要療程所引發的傷害。

㈡配合治療的義務

　　醫院與醫師既為病人理性自主的選擇，除非有特別的狀況（如發現更好的選擇），就應在「信心」（Confidence）與「信任」（Trust）中，配合

醫院與醫生的指示治療。譬如沒有主治大夫的同意，不得自做主張改變藥方或治療方法。又如入院後要暫時離開病房，必須徵得診治醫師同意並通知護理人員，以免影響治療。因為有此充分配合，至少有以下諸功效，其一是醫師可清楚診療真確的結果；其二依據前效果可準確調整治療方法；其三萬一有意外狀況，法律責任之追究較為明確。

㈢遵守院所規範的義務

醫療院所為全體病患治病之場所，凡是有害此項目標達成之行動，總會有相關之規範，個人均必須完全遵守。譬如台大醫院住院須知就設「病人義務」一章，有如下詳細之規範，無非是期望病人在充分配合下，能使醫院成為最佳與最安全的醫療場所：

第 1 條：當您辦好住院手續後，醫師或住院服務櫃檯會依照您的需要，開具住院膳食，若您不想接受醫院提供之膳食，請報到時向住院服務人員聲明或病房護理站聲明。

第 2 條：您填寫請假單，向護理站辦理請假手續，若您是健保身分住院，依規定晚間不得外宿，請假外出不得超過 4 小時。未經請假即離院外宿者，本院得視為自動出院。

第 3 條：您住院期間如有人陪伴照料，請在辦理入院手續時，需向病房行政人員辦理陪病證，並請陪病者隨身攜帶，以便出入醫院，出院時請歸還。本院門禁時間為晚間 10 時至次日早上 7 時；門禁期間，僅持有陪病證者可進出病房，無陪病證者，請在晚間 9 時 30 分離院，以維護病房安全及其他病人之權益。

第 4 條：請您配合維護病房安寧，勿大聲喧嘩，以免影響其他病人休息。

第 5 條：本院全面禁菸、禁嚼檳榔及於指定區域內禁止使用手機。

第 6 條：為維護病房安全，任何人不得在病房、浴室、洗手台上烹煮

食物，若有需要可至新院區洗衣熱食區，設有投幣式熱食設
備可供使用，非本院之電器品不得使用。

第 7 條：為維護您財物的安全，請勿攜帶貴重物品到醫院。

第 8 條：請勿攜帶寵物入院，以預防傳染疾病擾亂安寧。

第 9 條：為免感染疾病，請盡量避免帶兒童進入病房。

第 10 條：病人禁止攜帶危險物品及法定違禁品到醫院，違者自動出院
或強制報警。

總而言之，人總有生病的一天，但人絕不可因生病而頓失人權，同時
醫生也不可因「經濟的理由」而使病人成為謀利的工具。尤其是國家與政
府，她乃是因為「人民的需要」而存在，不但不應該成為病患痛苦的來源，
反而應積極秉持社會正義的精神，來去除病人身、心、靈的苦痛。具體而
言，除了病患人權的覺醒外，國家與政府應該有決心與能力，促使病患們
達到「人人有尊嚴」、「人人有希望」與「人人有未來」的境地。

參考資料 ▊▊▊▊▊➡

高也陶等著，2003，**中美醫療糾紛法律法規及專業規範比較研究**，南京大
學出版。

Ronald Dworkin 原著，陳雅汝譯，2002，**生命的自主權**，台北商周出版。

杜治政等，2002，**醫學倫理學辭典**，鄭州大學出版社。

楊秀儀，「瑞典病人賠償保險制度之研究—對台灣醫療傷害責任制之啟
發」，台灣大學法學論叢（2001.11），30（6），頁 165-193。

溫政新等人，「儘速建立完善制度，徹底改善醫病關係—專訪陳榮基教
授」，綠杏（1997.3），51，頁 73-76。

衛生署藥政處，2002，*76～90 年間醫事鑑定案件*。

蔡甫昌，「醫病關係與執業倫理」，**應用倫理研究通訊**（2002），21，頁
13-18。

蔡維音，「從全民健保觀察醫病關係之變遷」，**應用倫理研究通訊**（2002），21，頁25-29。

吳成豐，2004，**企業倫理的實踐**，台北：前程企管公司。

詹廖明義，2005，**如何預防醫療糾紛**，講演POWERPOINT。

吳正吉，「如何預防與解決醫療糾紛」，**醫事法學**，2，頁75。

陳榮基、謝啟瑞（1991），「醫療糾紛對緊療成本之影響：臺灣西醫師之實證研究」，行政院衛生署80年委託研究計畫。

鍾國彪（1999），「全民健保後醫師與病人關係及醫療糾紛之評估研究」，中研院調查計畫。

林忠劭，「醫師特質與醫師服務」，**台灣醫界**（2001），45⑵，頁43-44。

林綺雲，「醫病關係-人際互動理論的分析」，**諮商與輔導**（1998.5），149，頁8-12。

邱清華，「醫療、法律、消費者-重建醫病關係」，**醫事法學**（1999.6），7⑵，頁4-6。

藍采風、廖榮利合著，1984，**醫療社會學**，台北：三民書局。

楊秀儀，2002，第四次醫學革命？基因治療的法律規範與道德限制。

許夙君，2005，**從病人觀點剖析醫療現況**，9月27日演講POWERPOINT。

李茂年，2002，**醫患關係法論**，中信出版社。

林世宗，2000，「媒體隱私權應立法保障」，**中國時報**，時論廣場。

楊華生，1999，**美國醫療**，香港：三聯書店。

羅俊瑋，「略論醫療糾紛（上）」，**立法院院聞**（1999.2），27 ⑵，頁77-98。

羅俊瑋，「略論醫療糾紛（下）」，**立法院院聞**（1999.3），27 ⑶，頁79-92。

蘇盈貴，「從醫療倫理看未來醫療糾紛處理方向-醫療糾紛處理法草案探」，**全國律師**（2000.9），4 ⑼，頁103-104。

林子超（1999），「醫院危機管理之探討—以成大醫院為例」，成功大學
　　工業管理研究所碩士論文。

邱懷萱（2000），「從醫療糾紛談台灣病患權益」，陽明大學衛生福利研
　　究所碩士論文。

洪千鵬（2000），「誤診對醫師及醫病關係的影響」，中正大學企業管理
　　研究所碩士論文。

高添富（2001），「醫師責任與保險法制之研究」，政治大學法律研究所
　　碩士論文。

謝啟瑞（1992），「台灣醫師醫療糾紛發生率的實證分析」，國科會專題
　　報告。

侯英泠，「良性醫病關係之建立」，**應用倫理研究通訊**（2002），21，頁
　　36-40。

姚嘉昌，「醫療糾紛之探討」，**台灣醫界**（2001），44 ⑿，頁 64-66。

編輯部，「期待醫療倫理的春天」，**消費者報導**（1991/12），128，頁
　　10-13。

劉金益等人，「從醫療實務觀點談醫療糾紛之原因」，**台灣醫界**（1999），
　　42 ⑵，頁 39-40。

Joel Feunberg, 1970, "The Nature and Value of Rights" *Journal of Value Inquiry*,
　　No.4 .

Jack Donnelly, 1985, *The Concepts of Human Rights*, New York: Martin's Press.

R. Martin & J. W. Nickel,1980," Recent Work on the Concept of Rights" in
　　American Philosophy Quarterly, 17:165-180.

Capron,Alexander Morgan "Between doctor and patient": *The Hastings Center
　　Report*, 26(1996), PP.23-24.

Gail Garfinkel Weiss "Don't wait for a lawsuit to strike": *Medical Economics*, 79

(2002). pp.82-91.

"Communication skills cut malpractice risk", *USA Today*, 126(1997), PP.2-3.

TPMI 摘譯,疼痛指數已加入美國病歷記錄

http://www.pain-manage.org.tw/normal/p38.htm

消費者文教基金會,2004

http://www.consumers.org.tw/

黃鈺生, 修正後的醫療法與民眾權益簡介

http://www.consumers.org.tw/

韓揆,醫院評鑑－國際標準與本土化課題

http://www.tjcha.org.tw/inspect/inspect02.asp Medical Error

http://www.americanchiropractic.net/medical_statistics/Medical % 20errors % 20kill%20tens%20of%20thousands%20annually.pdf

附件 ▮▮▮▮➡

希波克拉提斯宣言（The Hippocratic Oath）

准許我進入醫業時（At the time of being admitted as a member of the Medical Profession）：

我鄭重地保證自己要奉獻一切為人類服務（I solemnly pledge myself to consecrate my life to the service of humanity）。

我將要給我的師長應有的崇敬及感戴（I will give to my teachers the respect and gratitude which is their du）；

我將要憑我的良心和尊嚴從事醫業（I will practise my profession with conscience and dignity）；

病人的健康應為我的首要的顧念（The health of my patient will be my first consideration）；

我將要尊重所寄託予我的祕密（I will respect the secrets which are confided in me, even after the patient has died）；

我將要盡我的力量維護醫療的榮譽和高尚的傳統（I will maintain by all the means in my power, the honour and the noble traditions of the medical profession）；

我的同業應視為我的同胞（My colleagues will be my brothers）；

我將不容許有任何宗教、國籍、種族、政見或地位考慮介乎我的職責和病人之間（I will not permit consideration of religion, nationality, race, party; politics or social standing to intervene between my duty and my patient）；

我將要最高地維護人的生命，自從受胎時起（I will maintain the utmost respect for human life from its beginning）；

即使在威脅之下，我將不運用我的醫業知識去違反人道（ even under threat and I will not use my medical knowledge contrary to the laws of humanity）。

我鄭重地、自主地並且以我的人格宣誓以上的約言（I will make these promises solemnly, freely and upon my honou）。

第九章
數位落差與人權

　　自第二代人權之後，政府除了不可以侵犯人權外，更須轉為積極的去保障與充實人權的內容。尤其是 UN1986 年所通過的「發展權利宣言」（Declaration on the Rights to Development），更在前言中明確指出，個人與國家發展機會均等是不可剝奪的人權，蓋人人均有權參與、促進並享受經濟、文化與政治之發展。（UN, 1986；賴祥蔚，2005:188-189）

　　譬如在資訊科技與知識經濟快速的發展中，已使許多弱勢者會因「一般資訊素養」（General Information Literacy）或「資訊技能素養」（Information Technology Literacy）的不足，致使他們無法擠入民主社會的「數位平台」（Digital Platform），能夠平等自由的與社會對話。最明顯的如網路民主的「網路公民投票」（Network Referendum），凡缺乏上網能力的公民，事實上即無法有效的反應其寶貴的意見。又如在一般開發中的國家，資訊技術也往往會因種種性別歧視的因素，而使女性缺乏接觸的機會，進而喪失其應有的權益。（Shireen Mitchell, 2006）

一、數位落差的意義

　　「數位落差」（Digital Divide）的概念界定，通常即是指因資訊科技的取得，與運用程度的不同所帶來的鴻溝稱之。依據 OECD 的說明，其相當具體的指出，「數位落差」就是指，在不同「社經地位」與「地理區位」上的個人或團體，因「資訊科技近用」及參與「網際網路」機會的差距，而產生種種不平等的社會結果。

　　在前述的界定中，很明顯的可知，數位落差不只牽涉到基本的Information Literacy 或 Technology Literacy 的問題，同時亦說明落差不只是懂不懂

電腦、有無電腦可上網的問題，更存在著有電腦卻沒有能力上網的「資訊近用」（Digital Access）之難題，久而久之，甚至於造成社會許多不公平與不合理的景象。事實上，就長期發展的角度而言，數位落差也代表是一種「機會的喪失」，因為資訊所帶來的種種福利，弱勢族群即無法有平等的機會去取得與利用，進而更無法因此而獲得生活的改善。

二、全球的數位落差

聯合國祕書長安南（K. Annan），2003 年在日內瓦（Geneva）召開「世界資訊社會高峰會」（World Summit on the Information Society, WSIS）中，嘗強烈呼籲各國重視「數位落差」的問題。他曾經明確指出，所謂的數位落差，事實上是很多落差的總結，它包括有「科技的落差」（Technology Divide）、「基礎建設的落差」（Infrastructure Divide）等各方面落差。（黃國俊，2004）美國前總統柯林頓在第 13 屆「世界資訊科技大會」（World Congress on Information Technology）中，更呼籲已開發國家必須肩負起消弭全球數位落差的責任。因為，正當歐美各國運用資訊科技，來創造經濟財富與社會進步的同時，仍然有許多國家連電話線的基礎建設都無法完成。故歐美各國應共同出資，幫助這些國家發展通訊與網路的基礎建設。未來趨勢專家唐‧泰普史考特（Don Tapscott）在演說中亦指出：全世界的數位落差現象，實際上正在不斷惡化，我們必須要設法保證科技能夠帶給全人類「一致性的滿足」，落差的現象並非來自於科技本身，而是來自於人類運用科技的方式與手段。（劉燕青，2006）

一般說來，國民所得高低是會直接影響到數位機會，依據 World Bank 2004 年的調查統計發現，以每千人擁有個人電腦方面而言，高所得是低所得的 62.3 倍；每千人使用網路者，高所得是低所得的 36.4 倍。同時以地區而言，發達國家不論每千人擁有個人電腦或使用網路者，均遠遠高於發展中或未開發的國家與地區。（見表 9-1）

表 9-1　2004 年世界銀行全球數位落差調查概況

Countries and Regions	Personal Computers (per 1000 people) 2002	Internet Users (per 1000 people) 2002	Internet Access Costs (based on 20 hours of use in \$) 2003	Secure Servers 2003
Low Income	7.5	10	57	435
Low and Middle Income	28.4	50	41	7,121
High Income	466.9	364	23	210, 134
East Asia and Pacific	26.3	44	31	720
Latin America and Caribbean	67.4	92	33	3,309
Middle East and North Africa	38.2	37	31	103
Sub-Saharan Africa	11.9	16	64	726

資料來源：World Bank ; World Development Indicators (2004); Table 5.11 (The Information Age) p.296. Available at <http://www.worldbank.org/data/wdi2004/pdfs/Table5_11.pdf>

　　再者，若歸納相關機構的研究調查，吾人發現如下的一些結果是相當值得關切者：(1)整個非洲大陸僅有 1400 萬條電話線，較美國紐約曼哈頓或日本東京為少；(2)富有國家之人口總數僅占全球總人數的 16%，卻掌控了將近 90%網際網路提供的服務；(3)全世界所有的網際網路使用者中，60%居住於北美地區，其僅占全球人口總數的 5%；(4)每兩位美國民眾即有一人使用網際網路，而非洲地區的民眾可以使用網際網路的比例為二百五十分之一；(5)根據數據資料顯示，在全球經濟的中心地區，掌握了近 90%的網路資源，其餘的邊陲地區所擁有的網路資源卻不到 10%。然而值得關切者，數位落差的情形雖然存在於已開發（Developed）、開發中（Developing）或低度開發（Underdeveloped）國家間，但即使在已開發國家間，亦存在有數位落差的情形。如歐洲瑞典家庭之網際網路的連結率為 61%，高居世界

第一位，而中南美西班牙的家庭則僅擁有 20% 之網際網路連結率。

不過，單以網路語言而言，全世界共有一千多種的文字在使用，但是可以在網頁上使用的語言卻不到 40 種，其中又以英文為主流。根據 At Home Corp. 對 Internet 上大約 6 億個網站所做的統計發現，超過 72% 的網站其主要網頁均以英文為主要內容，其次就是日文與德文，但是日文只占 7%，德文亦只占 5%，這樣的比例或許正好反映出「國力強弱」、「經濟實力」與「技術研發能力」的相關問題，因為相對使用人口更為眾多的西班牙文、中文及法文網頁，卻僅各占 1%-2% 之間。顯示已開發國家在網路上的影響力，遠遠凌駕第三世界開發中的國家與地區，若僅以數字而論，相去不啻天壤之別。（劉燕青，2006）

在 2000 年 7 月 22 日世界「八大工業國」（G8）發表的「資訊科技憲章」（Charter on Global Information Technology）中，開宗明義便指出：1.「資訊科技是塑造 21 世紀最強大的力量之一」；2.「資訊科技已成為世界經濟體系最重要的成長引擎（Vital Engine）」，同時更正式宣告：「21 世紀將是以資訊科技為驅動（The Most Potent Forces）力的新經濟世紀」。（http://www.wacc.org.uk/es/content/pdf/1186）顯然，資訊資源的不平均，將會造成全球經濟的生態更加失衡，我們實在不可忽略全球數位落差，此一國際性的現象及其可能引發的問題。

三、數位落差原因的探討 ▌▌▌▌▶

數位落差的結果，小至個人，大至國家與全球，終將造成彼此權益很大的不同。換而言之，根據調查研究與預估驚人的發現，在西元 2025 年之前，資訊數量「倍數成長」的速度，已不再以「年」為單位，而是「每個月」都將會增加一倍。而此種等同「幾何級數」的發展落差，數位劣勢者不但會失去很多生存與發展的機會，進而陷入「沒有尊嚴」或「沒有希望」的狀態；數位優勢者卻可能因此產生「數位霸權」（Digital Hegemony）與「數位歧視」（Digital Discrimination）的問題。所以為了人類均衡的發

展，種種造成數位落差的兩項主要的原因：經濟發展低落下資訊經費支出不足、資訊教育嚴重的缺乏，即是吾人必須嚴重給予關切的議題。

㈠資訊（ICT）經費支出的短缺

依據研究顯示，數位優勢的國家，通常也是國民所得愈高的地區，而國家在數位資訊經費的支出也愈高。依據 World Bank 所做的統計，由表 9-2 可知，先進的資本主義國家，其國民所得在數位資訊的支出，從 1995-2000 年大都在 1,000 美金以上，如瑞士每年平均就高達 3,000 美金以上，瑞典、美國、日本、丹麥、新加坡等國家，每年平均亦高達 2,000 美金以上。其他如英國、澳洲、紐西蘭、荷蘭、愛爾蘭、香港、法國、加拿大、德國亦均有達 1,000 美金以上。反之，開發中的國家數位資訊經費的支出就相對的減少許多，如中國大陸、埃及、印度、印尼、羅馬尼亞、越南等國就低於 50 美金；土耳其、委內瑞拉、墨西哥低於 200 美金；阿根廷、巴西、捷克、智利、匈牙利、馬來西亞、波蘭、南非亦低於 500 美金。顯示這些發展中國家的人民，無論如何在全球化的浪潮中，不但國民在國內無法普遍享有「數位的機會」（Digital Opportunity），在國際上也鮮有競爭的能力可言。（Rajah Rasiah, 2004）

再者，若以主要數位電話普及率而言，由表 9-3 可知，1995 與 2000 兩年每 1000 個人平均擁有電話低於 10 支者，有阿富汗、阿爾巴尼亞、安格拉、孟加拉、迦納、馬拉威、馬達加斯加、索馬利亞、斯里蘭卡、賽內加爾、茅利坦利亞、盧彎達、莫三比克、尼日、烏干達、尼泊爾、肯亞、查德、海地……諸國。但每 1,000 個人平均擁有電話高於 500 支以上者，則有瑞典、美國、日本、丹麥、英國、盧森堡、澳洲、荷蘭、冰島、瑞士、香港、法國、加拿大、德國、希臘、芬蘭、開曼群島……諸國（Rajah Rasiah, 2004），顯見兩者差距是相當巨大。

表 9-2　世界各國 1995-2000 年資訊科技支出概況

	1995	1996	1997	1998	1999	2000
Argentina	271	267	280	295	294	317
Australia	1524	1683	1805	1816	1938	1922
Austria	1343	1353	1319	1471	1532	1697
Belgium	1455	1513	1475	1655	1726	1769
Brazil	121	165	212	234	274	289
Bulgaria	36	32	36	46	54	61
Canada	1402	1485	1582	1678	1815	1911
Chile	191	218	253	277	321	360
China	17	20	22	31	38	46
Colombia	85	116	170	199	209	228
Czech Republic	299	325	332	363	417	453
Denmark	2156	2249	2143	2416	2539	2778
Egypt	19	22	24	27	33	36
Finland	1384	1456	1437	1609	1702	1835
France	1559	1591	1543	1667	1757	1916
Germany	1538	1522	1452	1616	1698	1798
Greece	423	465	472	512	577	659
Hong Kong, China	1389	1643	1848	1820	1900	2085
Hungary	169	189	201	346	396	431
Iceland	927	920	1008	1166	1363	1386
India	8	7	8	13	16	18
Indonesia	22	23	24	9	14	16
Ireland	1047	1161	1193	1378	1481	1676
Italy	791	877	867	929	976	1068
Japan	2228	2377	2510	2486	2860	3118
Korea, Republic	514	669	605	432	522	641
Malaysia	221	257	248	215	232	259
Mexico	113	135	149	152	168	189
Netherlands	1691	1735	1688	1943	2054	2198
New Zealand	1383	1423	1481	1476	1719	1771
Norway	1874	2012	2035	2171	2302	2445
Philippines	28	33	34	27	33	38
Poland	71	85	96	188	218	248

	1995	1996	1997	1998	1999	2000
Portugal	502	540	526	602	642	743
Romania	15	16	20	26	33	38
Russia	42	49	58	51	54	63
Singapore	1920	2177	2386	2348	2031	2104
Slovak Republic	131	140	141	220	248	291
Slovenia	275	293	311	366	443	476
South Africa	210	219	224	230	259	256
Spain	553	609	576	640	674	731
Sweden	2029	2194	2162	2445	2466	2674
Switzerland	3063	3044	2839	3201	3331	3482
Thailand	75	87	73	52	63	71
Turkey	44	63	80	100	135	149
United Kingdom	1460	1557	1935	1884	1977	2187
United States	2119	2259	2399	2662	2792	2926
Venezuela	126	131	144	172	193	196
Vietnam	10	13	18	17	22	25

資料來源：World Bank (2002).

表 9-3　1995、2000 年世界各國每千人擁有電話概況

	1995	2000		1995	2000		1995	2000		1995	2000
Afghanistan	1	1	Djibouti	13	15	Lao PDR	4	8	Romania	131	175
Albania	12	39	Dominica	241	249	Latvia	279	303	Russia	169	218
Algeria	41	57	Dominican R.	75	105	Lebanon	110	195	Rwanda	1	2
Am. Samoa	185	211	Ecuador	61	100	Lesotho	9	10	Rwanda	1	2
Andorra	438	439	Egypt	47	86	Liberia	2	2	Sao Tome & P.	20	31
Angola	5	5	El Salvador	50	100	Libya	59	108	Saudi Arabia	94	137
Antigua & B.	388	499	E. Guinea	6	13	Liechtenstein	633	608	Senegal	10	22
Argentina	162	213	Eritrea	5	8	Lithuania	254	321	Seychelles	174	235
Armenia	155	152	Estonia	277	363	Luxembourg	567	750	Sierra leone	4	4
Aruba	335	372	Ethiopia	2	4	Macao	374	404	Singapore	412	484
Australia	492	525	Faeor Is.	505	554	Macedonia	179	255	Sovak R.	208	314

	1995	2000		1995	2000		1995	2000		1995	2000
Austria	472	467	Fiji	84	106	Madagascar	2	3	Slovenia	309	386
Azerbaijan	85	104	Finland	543	550	Malawi	4	4	Solomon Is.	17	18
Bahrain	242	250	French Poly.	221	221	Maldives	57	91	South Africa	101	114
Bangladesh	2	4	Gabon	30	32	Mali	2	3	Spain	385	421
Barbados	345	437	Gambia	18	26	Malta	459	522	Sri Lanka	11	41
Belarus	192	269	Georgia	102	139	Marshall Is.	57	59	St. Kitts & N	363	569
Belgium	462	498	Germany	513	611	Mauritania	4	7	St. Lucia	210	313
Belize	134	149	Ghana	4	12	Mauritius	132	235	St. Vincent & G.	165	220
Benin	5	8	Greece	494	532	Mayotte	47	88	Sudan	3	12
Bermuda	737	870	Greenland	351	468	Mexico	94	125	Suriname	132	174
Bhutan	9	20	Grenada	260	332	Micronesi	73	81	Swaziland	23	32
Bolivia	33	61	Guam	461	78	Moldova	130	133	Sweden	680	682
Bosnia & H.	60	103	Guatemala	29	57	Mongolia	35	56	Switzerland	643	727
Botswana	41	93	Guinea	1	8	Morocco	42	50	Syria	68	103
Brazil	85	182	Guinea-Bissau	7	9	Mozambique	3	4	Tajikistan	45	36
Brunei	240	245	Guyana	54	79	Myanmar	4	6	Tanzania	3	5
Bulgaria	305	350	Haiti	8	9	Namibia	51	63	Thailand	61	92
Burkina Faso	3	4	Honduras	27	46	Nepal	4	12	Togo	5	9
Burundi	3	3	Hong Kong	532	583	Netherlands	524	618	Tonga	67	99
Cambodia	1	2	Hungary	211	372	Netherland A.	366	372	Trinidad & T.	168	231
Canada	598	677	Iceland	555	701	N. Caledonia	236	237	Tunisia	58	92
Cape Verde	56	126	India	13	32	New Zealand	473	500	Turkey	211	280
Cayman Is.	627	821	Indonesia	17	31	Nicaragua	22	31	Tukmenistan	71	84
Central A. R.	3	3	Iran	86	149	Niger	2	2	Uganda	2	3
Chad	1	1	Iraq	32	29	Nigeria	4	4	Ukaine	161	201
Chile	127	221	Ireland	363	420	N. Marian Is.	322	505	UAE	288	391
China	33	112	Israel	417	482	Norway	568	532	United Kingdom	502	589
Colombia	100	169	Italy	433	474	Oman	79	89	United States	607	700
Comoros	7	10	Jamaica	116	199	Pakistan	17	22	Uruguay	195	278
Congo D. R.	1	0	Japan	496	586	Panama	116	151	Uzbekistan	68	67

	1995	2000		1995	2000		1995	2000		1995	2000
Congo, Rep.	8	7	Jordan	58	93	Papua N. G	11	13	Vanuatu	25	34
Costa Rica	144	249	Kazakhstan	119	113	Paraguay	35	55	Venezuela	114	108
Cote d'Ivoire	9	18	Kenya	8	10	Peru	47	64	Vietnam	11	32
Croatia	283	388	Kiribati	26	40	Philippines	148	282	Yemen.	12	19
Cuba	32	44	Korea D.R.	50	46	Poland	148	282	Yemen	12	19
Cyprus	539	647	Korea R.	412	464	Portugal	367	430	Yugoslavia	191	226
Czech R.	236	378	Kuwait	226	244	Puerto Rico	321	332	Zambia	9	8
Denmark	612	720	Kyrgyztan	79	77	Qatar	223	268	Zimbabwe	14	18

資料來源：World Bank (2002).

(二)資訊教育的缺乏

由於經濟發展與資訊支出的短缺，自然造成許多國家在資訊數位教育上的困擾。至少在全民的普及率上，就產生若干的問題。現若以韓國為例，依據研究調查發現，如表 9-4 所示，數位網路使用者（Internet Users）在性別、教育程度、職業、年齡……等變項上，就明顯有很大的差異出現。

此外，若再分析韓國人民為何沒有使用網際網路之原因，則發現「不需要者」44.4%，「缺乏能力者」36.3%，「沒有電腦者」6.5%，「太貴者」0.9%，「沒有時間者」7.6%，「其他原因者」4.2%。（Korea Network Information Center, 2002）但若與美國兩相比較，卻發現最明顯的差異是「缺乏能力者」，美國只有 3.2%，韓國卻高達 36.3%。（Cho, Cheung-Moon, 2004）顯見，無論國家目前的發展狀況為何，快速而有效地加強國民的數位資訊教育，乃是厚植國家發展潛能的不二法門，也是減少國內因數位落差，而產生數位歧視、貧富差距、種族歧視等人權問題的必要方法。

表 9-4　2003 年 7 月韓國人民網路使用者調查概況

類別（Category）	分項（Sub-category）	網路使用者（%）
性別 （Gender）	男性（Male） 女性（Female）	70.7% 57.5%
教育程度 （Education）	中學（含）以下畢業 大專（含）以上畢業	5.8% 82.1%
職業 （Occupation）	家庭主婦（Housewives） 勞工（Manual Workers） 辦公室員工（Office W.）	47% 31.8% 88.7%
年齡 （Age）	50 歲以上（50 and Above） 6-19 歲	23.2% 91.3%
月薪 （Monthly Income）	少於 1250 多於 2500	22.9% 67.2%
區域 （Region）	大都會（Metropolitan C.） 鄉鎮（Rural Towns）	86.1% 44.2%

資料來源：Cho, Cheung-Moon, 2004, "E-Learning, Is It Tool for Social Inclusion (Powerpoint)" International Symposium of Digital Divide and Digital Opportunity, Taiwan: Yuan Ze University .

四、數位落差與人權民主的問題

在憲政民主的運作中，由於資訊科技的發展，使得「公民社會」更足以發揮其特質。尤其是網際網路的無遠弗屆，不但加速縮短人與人溝通的「社會距離」（Social Distance），人民與政府互動的「民主機制」更因此而增強。惟假如數位落差的問題未有妥善的解決，由其引發的數位機會，即會促使人民的各種權益無法受到必要的保障。

(一)網路民主

依據學者的研究指出，「網路民主」（Internet Democracy）事實上就是因網路技術的開發與運用，所創造的民主形態，而此即是所謂的「電子民主」（Electronic Democracy）。（Dick Morris 著，張智偉譯，2000）同時，由於網路民主的出現，它不但可以大大減低間接民主的距離限制（Distance Constraints），亦可快速提升大眾與政治人物在公領域開放性的互動，

對所謂的公共責任（Public Accountability）與人權（Human Rights）亦更有保障。譬如一般公共政策的複決投票，或是具有特殊政治性問題的公民投票，只要網路規範及防火牆技術充分而完整，即可迅速而準確的運作。

同時，由於視訊傳播科技的高度發展，重要法案的公聽會（Hearing）或選民與國會議員、政府官員的意見討論，均可在資訊數位傳送中互動，進而使直接民主成為可能，至少可大大減低間接民主可能的弊端。（Wikipedia, The Free Encyclopedia, 2006）換而言之，由於資訊科技的運用，代議式民主已可因學者 Andrew L. Shapiro 所稱「政治去中間化」的影響，而轉為「直接民主」、「參與式民主」、「互動式民主」或「數位民主」，其中就包括幾項重要的發展趨勢：其一是電子投票（E-voting）；其二是電子參與（E-participation）；其三是電子政治（E-politics）；其四則是「即時政府」（Real-Time Government, RTG）的來臨。（何全德，2004）

依據學者的研究顯示，網路之所以能改進及承擔民主的運作，主要是基於網路具有以下諸功能與特質，使網路民主成為可能：（謝宗學，2003）

1. 資料的數位化，允許聲音、文字與圖像跨越單一的網路被傳送，而且可消除不同溝通形態間的界限。
2. 數位壓縮的技術，允許更大量的資料傳送。
3. 可引入高效能的有線（光纜、整合服務數位網路（ISDN））與無線（廣播衛星、微波傳輸）的網路。
4. 發展出先進的交換技術，如非對稱數位迴線（ADSL），允許雙向高速傳輸，促進寬頻互動溝通。
5. 網路傳輸平台，可允許個人電腦在家中與辦公室中接收。

由此可見，數位落差直接間接即會影響到「民主的落差」（Democratic Divide）。尤其是涉及到「審議民主」（Deliberative Democracy）時，假如

公民或國民有嚴重的數位落差，其企圖透過公共事物的論辯，並以此取得共識的目標，即會因有種種不公平的現象而失敗，其中包括公民公平參與的機會問題等，甚者當然亦會因而產生人權落差（Divide of Human Rights）的危機與不滿。當然無可否認的，網路民主後的電子化政府，仍須密切關注 Hart-Teeter 所提出的 E-Government 方程式 E2P2（e-Government=Ease, Engagement, Privacy and Protection）。此一新的方程式，具體道出了電子化政府的策略方向，除應系統整合以利簡化的服務，便利民眾容易使用，以促進民眾的互動參與外，更要致力於安全與可信賴網路環境的建構，以保護人民的隱私與系統安全。（何全德，2004：514）

　㈡弱勢族群的數位人權

　　聯合國及國際的人權團體 NGOs，過去始終在探討如何消除「族群歧視」的問題，其中主要是以與弱勢族群生存有關的飢餓與貧窮的「基本需求」為核心。但隨著資訊科技的發展，識字率的人權問題已經轉變成遠離全體（Universal）、普遍（Ubiquitous）、公平 （Equitable）以及可負擔（Affordable）的「資訊近用」之人權危機。因為弱勢族群由於包括經濟、教育、政治等種種因素的影響，根本無法有「轉化數位落差為數位機會」（Transform Digital Divide into Digital Opportunity）的能力與條件，致使其在資訊社會更成為弱勢中的弱勢，因為他們在此條件下，依然無法在各方面取得生存與發展的機會，使「族群歧視」的問題也依然嚴重。故聯合國人權委員會在研究與調查中發現，因數位不平等（Digital Inequality）所引發出來的「數位權利」（Digital Rights），已是當今全球必須正視的新人權問題。

　　以美國為例，自 1997 年之後，調查報告中顯示，「白人」、「亞裔」及「太平洋島民」較「黑人」及「西班牙裔」，擁有較高的電腦與網際網路使用率。如在電腦的使用率上，「亞裔」、「太平洋島民」及「白人」使用率均約為 70%，黑人族群為 55.7%、西班牙裔則約只為 48.8%。在網際

網路的使用上，白人、亞裔及太平洋島國人士約為 60%，黑人為 39.8%，西班牙裔則依舊以 31.6%殿後。然而，在網際網路的成長率上，黑人及西班牙裔的成長率較白人、亞裔及太平洋島民為高。黑人族群成長率約為 31%，西班牙裔人士為 26%，亞裔及太平洋島國民眾為 21%，而白人民眾之成長率則為 19%。（http://www.nii.org.tw/cnt/info/report/20020305_1.htm, http://www.nii.org.tw/cnt/info/report/20020305_13.htm）

此外，以澳洲原住民為例，有上網路使用者總體為 16%，其中使用家庭電腦者為 18%，家庭上網者卻只有 9%，在偏遠地區之原住民則更只有 3%使用到電腦。（Digital Divides in Australia, 2006）由此顯見，在開發中國家，當族群歧視的問題逐漸減低其衝突的緊張之後，由於經濟與教育發展的落差所引發的數位落差，卻使弱勢族群無論在資訊取得的「深度」（Depth）、「廣度」（Breadth）與「速率」（Rate）上，相對於強勢族群而言，「競爭力」（Competitiveness）仍顯得落後許多，其權益在平等的保障（Equal Protection）上，也顯得相當無奈。

再若以台灣少數族群的電腦普及率、家庭聯網率或資訊運用能力為例，依據調查顯示，客家族群已高於全國的平均值，但原住民卻僅占全國平均值的二分之一，有些原住民族群更只達五分之一而已，成為資訊社會最被「邊緣化」的一群。另依行政院研究發展考核委員會，在民國 92 年進行全國數位落差調查時，更具體發現，客家族群之家戶擁有電腦的比例為 76.2%，連結上網的比例為 64.2%；原住民族群的家戶擁有電腦的比例為 35.2%，連結上網的比例為22%，客家族群家戶擁有電腦的比例是原住民族群的 2 倍，而客家族群家戶連結上網的比例也是原住民族群的 3 倍。（黃國俊，2004）

㈢偏遠地區的數位人權

所謂的「資訊偏遠地區」，並不只是地理位置上遠離都市化的等級，同時，在資訊網路普遍程度之指標，如上網人口比率、寬頻上網人口比率、

上網人口戶數、寬頻上網戶數及寬頻機房分布等,均遠低於全國的平均值。

過去因城鄉差距造成教育資源不均的問題,在數位時代可能獲得改善,像偏遠地區的學生,可以透過電腦、網路來閱覽都會區圖書館、博物館的數位典藏。換而言之,如果資訊、傳播課程能像語文一樣列入國民教育,如果電腦、網路能像電視、電話一樣成為家庭設備,如果網路世界能有大量、免費的優質資料,那麼就有機會創造更公平的社會。

但如以花蓮壽豐鄉為例,該鄉共有 15 村,屬於人口密度大於 200 的偏遠等級 1 者有 6 個村,寬頻電信機房每百人用戶平均為 2.86,每百戶之用戶數平均為 9.3。另外人口密度小於 200 的偏遠等級 2 者有 9 個村,但無論是寬頻電信機房每百人用戶平均,或是每百戶之用戶數平均,兩者都是掛零。(黃文樞等,2004)換而言之,這些地區的人民,無論在公領域政府所提供的服務或是私領域個別通訊的權益,均有被嚴重忽略之遺憾,當有積極改善的必要。因為諸如政府網際服務網(Government Service Network, GSN)、公共圖書館資訊服務網中,所衍生的便民服務像導覽介紹、收發電子郵件、電子商務、查詢轉帳、資訊提供、商品廣告、網路民調、簡訊服務、音樂影像、網路電話、各項繳費等,事實上藉由資訊科技就可克服地理偏遠的藩籬。

依據人權的理念,每個人在出生之前,事實上並無選擇出生地的權利與機會,因此,出生地不應該成為個人被歧視或被忽視的原因。同時,依據政治思想家的主張,國家是因為人民的需要而存在,而其目的也在於主持正義,當不可與民爭利或成為人民痛苦的來源。因此無論如何,當資訊科技直接間接會影響出生偏遠地區人民,其基本生存與發展的權益時,國家與政府自當以策略的考量,積極增強偏遠地區人民數位近用的機會與能力,以克服因地域因素所帶來人權問題的憂慮。

㈣性別數位人權

數位落差的問題,並不只發生在弱勢族群與偏遠地區的問題上,甚至

連性別的差異，事實上也同樣產生一定程度的影響。依據很多的資訊社會學家（Information Sociologists）的研究，在後工業社會（Post-industrial Society），婦女不論在「參與」（Participation）及「權力」（Power）方面均會日益增加；從世界發展的趨勢來看，也很明顯的是從男性化的體力勞動轉向為女性化的智力勞動。可是很多的統計資料仍然發現，相對於男性，婦女資訊近用的程度是落後於男性。

造成女性資訊近用不如男性的原因，事實上與社會原來尚未消滅的「性別歧視」或「重男輕女」的觀念不無關係，同時甚至以為資訊科技是強勢男性能力的象徵，弱勢女性是沒有能力學習如此現代化的資訊科技。依據許多婦女組織或團體的研究，亦同樣發現如次值得關切的問題：

其一是男性在職場工作，有比較多的需要與機會接觸電腦網路，婦女則以家務（Housework）為主，不太有需要與機會運用電腦資訊科技。

其二是就社會化（Socialization）的角度而言，女性一直被鼓勵以家庭為主要的角色學習，當不須如男孩一樣強調資訊科技學習的必要。

其三是由於教育的不平等，再加上資訊網路的設計是以男性使用者（Male-user）為中心，女性往往就比較不容易適應或被接受。

諸如以上的原因，女性由資訊近用與資訊機會的落差，自然男女兩性在發展權（Rights to Development）上，當有人權平等對待（Be Treated Equally）的質疑。假如婦女有平等的資訊近用的能力與機會，至少她們在自我能力的充實、全球化中世界觀的建立上，甚至是政經社會的參與上，將會大大提高其基本生存與發展的潛能。

㈤身心障礙者數位人權

所謂的「身心障礙者」，根據「身心障礙者保護法」第3條規定：「本法所稱身心障礙者，係指個人因生理或心理因素，致其參與社會及從事生產活動功能受到限制或無法發揮，經鑑定符合中央衛生主管機關所定等級之下列障礙並領有身心障礙手冊者為範圍」。而依「身心障礙等級標準」

而言，其障礙類別包括視覺障礙者、聽覺機能障礙者、平衡機能障礙者、聲音機能或語言機能障礙者、肢體障礙者、智能障礙者、重要器官失去功能者、顏面損傷者、植物人、失智症者、自閉症者、慢性精神病患者、多重障礙者、頑性（難治型）癲癇症者，經中央衛生主管機關認定，因罕見疾病而致身心功能障礙者、其他經中央衛生主管機關認定之障礙者等十六項。

　　身心障礙者雖然是社會成員，但因傳統的刻板印象，經常被定位為須要「救濟」、「安養」的一群，因此在身心障礙者求職的過程中，充滿著「不信任」（Be Distrusted）、「被拒絕」（Be Refused）、「特殊化」（Be Particularized）及「被歧視」（Be Discriminated）的困擾。其實在一個多元化的社會中，傑出的表現在於目標的達成，並不是拘泥在完好軀殼上，即使是聰明才智不足的智障者，經適當的訓練也能成為辛勤忠實的員工。換而言之，身心障礙者雖身體有缺陷，但經過適當的輔導與訓練後，她們不但有重返職場的機會，而且更不會阻礙他們有成為傑出人才的可能。尤其是資訊技能的養成，事實上只要「聰明才智」與「心智」健全，即會讓她們可以超越身體感官的缺陷而發揮其應有的潛能，過去所困擾的「就業歧視」不但會因此而易於解除，對促進「工作機會的均等」更是助益匪淺。

　　目前，國內外對於身心障礙者數位人權的照顧與保障，尤其是在國內外人權 NGOs 的積極努力下，更是有令人耳目一新的感覺。譬如以國內的發展狀況而言，不但有「身心障礙者保護法」的立法規範，更在行政院勞委會下建置「身心障礙者就業開門網」（opendor.evta.gov.tw），同時研究考核委員會亦全力推動「無障礙空間服務網」（http://enable.nat.gov.tw）之建置。到 93 年 9 月 13 日止，已經有 117 家網站通過檢測，並獲得無障礙網頁等級標章。另外亦有 128 家網站，以其他檢測方式通過檢測並自行張貼標章，開擴對身心障礙者的數位學習訓練與服務，以保障他們人權上基

本生存與發展的權益。

五、政府與數位落差的改善 ▌▌▌▌▌➡

　　數位落差的解決，除了國民的自覺與 NGOs 的努力外，基本上政府應該是可扮演「決定性」與「主導性」的角色。但政府政策的制定，有時往往會過於著眼政治因素，計較政治的短期回收而忽略了宏觀角度之規劃，因此無法有效改善數位落差之現象。其規劃之具體內容，依據學者專家的研究，至少應該考量以下諸問題：(1)政府角色；(2)必要資訊服務的提供；(3)上網費用的降低；(4)資訊素養的提升；(5)上網品質。其中較重要而具體者為：

㈠主要方法

　　為縮減數位落差，台灣之推動方案，係經彙整內政部、教育部、交通部、新聞局、環保署、國科會、研考會、農委會、文建會、勞委會、原民會、科技顧問組等單位後，擬定了 3 年（民國 93 年至 95 年）的發展計畫，相當值得參考：（縮短數位落差—人人機會平等，http://www.gov.tw/epaper/digital_divide/001.htm）

1. 創造公平均衡的數位機會，政府在推動全國 e 化過程當中，必須兼顧各區域的均衡發展，讓任何人都能夠很容易的使用資訊通信科技，以改善其生活品質，將「數位台灣計畫」之資訊化社會指標排名，從 2003 年的第 9 名提升至世界第 5 名。

2. 推動捐贈二手電腦，促進政府單位與民間企業關懷弱勢族群，不但能夠帶動社會關懷風氣，喚起全民對環保之認同與使命感，同時可落實資源再回收政策。

3. 創造一個方便弱勢團體上網與收訊的環境，提供有意願提升數位能力的弱勢團體資訊教育學習機會與設備，增加弱勢族群上網率，提升數位技能以縮減數位落差。

4. 偏遠地區民眾可於網路上應用如教學、醫療、訊息傳遞等遠距服務，

提升偏遠地區民眾生活技能、知識及經濟水平。

5. 透過區域性農業資訊網路中心，增進農業推廣對象使用電腦及資訊的能力，配合農業經營諮詢服務，消除農村間的數位落差。

6. 提供視障、聽障民眾無障礙的上網環境，即時取得網路資訊及政府線上申辦服務，彰顯政府照顧弱勢團體的社會福利措施。

(二)政策規劃

在政策規劃的同時，決策者應充分了解資訊通信科技之傳播，不單單是指電腦與網際網路的連結而已，重點是應全方位考量使用者的需要，教導使用者如何利用資訊科技，來提升自我生活的品質。美國政府縮短數位落差的的政策，主要奠基之政策為：(1)藉由開放電信市場，強化市場競爭，以提升網路普及率。(2)針對社會弱勢族群提供相關協助。（林逢慶，2003：34）但若全方位來思考，以下為重要考量指標：

1. 實體的近用（Physical Access）：相關技術與設備是否充足？

2. 適當的科技（Appropriate Technology）：對於使用者而言何種技術才最適宜？

3. 負擔性（Affordability）：使用者是否有能力負擔資訊科技的費用？

4. 能力（Capacity）：使用者是否有能力使用該項資訊科技？

5. 相關內容（Relevant Content）：是否提供使用者合宜的使用內容？

6. 社會與文化因素（Socio-cultural factors）：使用者是否因族群團體的因素而有對是項資訊科技使用之限制？

7. 信任（Trust）：使用者是否有足夠的知識了解其所使用資訊科技內涵？

8. 法律與規範結構（Legal and regulatory framework）：整體法律規範是否提供合宜之組織結構？

9. 當地經濟環境（Local economic environment）：使用者當地經濟環

境，可否支持使用者長期使用該項資訊科技？

10. 整體經濟環境（Macro-economic environment）：整體經濟環境是否提供資訊科技散播的誘因？

（EC 研究報告，http://www.nii.org.tw/cnt/info/report/20020305_11.htm）

　　總而言之，誠如學者的調查研究顯示，數位落差本身所隱含的「不平等」，是來自於社會階級上排他性的鬥爭。同時，吾人也隱約地看到了傳統社會階級將會複製到資訊社會中，且更進一步地擴大階級之間的「落差」。換而言之，數位落差根本原因在於社會的「不平等」，已迫使弱勢者在「權益」與「機會」的取得上，繼續處於「惡性循環」（Vicious Circle）的狀態。基於人權與社會連帶責任的理念，無論政府或民間均有共同的義務與責任來解決。如圖 9-1 所示，建構優質之網路社會，事實上也是網路或數位人權不可忽視之基礎。（曾淑芬等，2003：88）

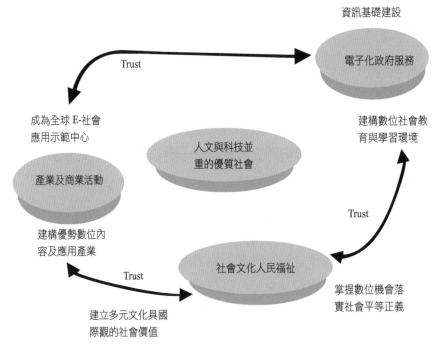

圖 9-1　建構優質網路社會

資料來源：曾淑芬等，2003，「公元2010年台灣網路化社會之發展策略」，國家政策季刊，第二卷第一期，行政院研究考核發展委員會。

參考資料 ▐▐▐▐▌▶

謝宗學，2003，「網際民主與審議民主之實踐」，**資訊社會研究**，第4期，南華大學社會學研究所。

賴祥蔚，2005，「資訊社會的傳播權」，**資訊社會研究**，第9期，南華大學社會學研究所。

Dick Morris 著，張智偉譯，2000，**網路民主**（*Vote.Com*），台北：商周出版。

Brain Kahin & Charles Nesson 編，巫宗融譯，**數位法律—網際網路的管轄與立法、規範與保護**（*Borders in Cyberspace: Information Policy and the*

Global Information Infrastructure），台北：遠流出版社。

李孟壕 & 曾淑芬，2005，「數位落差再定義與衡量指標之研究」，**資訊社會研究**，第 9 期，南華大學社會學研究所。

黃國俊，2004，「資訊科技與數位平等」，**新世紀智庫論壇**，第 27 期。

林逢慶，2003，「消弭數位落差：政府的責任與對策」，**國家政策季刊**，第二卷第一期，行政院研究考核發展委員會。

黃文樞等，2004，「偏遠地區設置公共資訊服務站策略規劃」，行政院研考會編，**電子化政府**，台北：行政院研考會。

何全德，2004，「展望—蛻變中的電子化政府運動」，行政院研考會編，**電子化政府**，台北：行政院研考會。

曾淑芬等，2003，「公元 2010 年台灣網路化社會之發展策略」，**國家政策季刊**，第二卷第一期，行政院研究考核發展委員會。

Rajah Rasiah, 2004, "Reducing the Digital Divide" *International Symposium of Digital Divide and Digital Opportunity*, Taiwan: Yuan Ze University.

Cho, Cheung-Moon, 2004, "E-Learning,Is It Tool for Social Inclusion" *International Symposium of Digital Divide and Digital Opportunity*, Taiwan: Yuan Ze University .

縮短數位落差—人人機會平等

http://www.gov.tw/epaper/digital_divide/001.htm

劉燕青,全球數位落差的問題

http://mail.nhu.edu.tw/～society/e-j/26/social/26-10.htm

EC 研究報告

http://www.nii.org.tw/cnt/info/report/20020305_11.htm

劉燕青,全球數位落差研究

http://e-divide.nctu.edu.tw/resources.htm

Digital Divides in Australia

http://www.caslon.com.au/dividesprofile3.htm

Shireen Mitchell, What does Tech have to do with women's Rights ?

http://www.digitaldivide.net/articles/view.php? ArticleID=537

Wikipedia, The Free Encyclopedia, 2006

http://en.wikipedia.org/wiki/internet-democracy

Mohamed A. Wahab , *Online Dispute Resolution and Digital Inclusion :Challenging the Global Digital Divide*

http://www.odr.info/unforum2004/Wahab2.doc

http://www.wacc.org.uk/es/content/pdf/1186

http://www.unhchr.ch/html/menu3/b/74.htm,2004/2/22

Korea Network Information Center, 2002

Digital Divide Basics, Digital Divide Network

http://www.digitaldividenetwork.org

Press Release (February 2, 2000), The Clinton-Gore Administration: From Digital Divide to Digital Opportunity, The White House Office of the Press Secretary

http://www.digitaldivide.gov/2000-02-02.html

Spanning the Digital Divide: Understanding and Tackling the Issues (2001), Bridge

http://www.bridges.org/spaning/summary.html

What is the Digital Divide, American Library Association, for Information Technology Policy

http://www.ala.org/oitp/digitaldivide/what.html

第十章
同性戀人權

　　一百多年來，心理學家、生物學家與行為遺傳學家一直都在研究，究竟是什麼原因會導致了同性戀，結果對性傾向的來源，仍然出現令人眼花撩亂的觀點與爭議。（R. Grant Steen 著，李恭楚等譯，2002：178）不過，在沒有確定的科學研究前，人類社會對「同性戀」，古今中外一直是賦予相當負面的批判，尤其是在道德與倫理的層面，幾乎是一種「罪行」。因此在「異性霸權」（Heterosexual Hegemony）的國家中，較理性者乃以「存而不論」加以「冷處理」，激進者甚至在法律中將「同性戀」以「性變態」明文禁止，違反者即以法懲處。顯見同性戀者處境之艱難，而同時也正因為前述法律與社會倫理的因素，致使同性戀者不是一直默默的躲在社會陰暗的角落「自憐自哀」，或者就隱身的故意假扮成「異性戀者」，以避免因「特別側目」而引來「倫理的批判」。（Eric Marcus 原著，林賢修譯，1997：16-17）當然，假如同性戀者是「位高權重」，甚在古代貴為君王者，其又是可另當別論了。

　　可是，由於民主與人權思潮的衝擊，「同性戀」者已開始勇於面對社會法律道德的挑戰，進而積極爭取其成為一個人的尊嚴（Human Dignity）及其應有的權益。他們不但強烈表達同性戀被「污名化」及「妖魔化」的不滿，尤其是要求「同性婚姻」（Same-sex Marriage）合法化的正當性。但如 2004 年 2 月 25 日美國總統 Bush 公開反對同性戀婚姻，即引發不同角度的爭議與質疑。

一、同性戀概念說明 ▌▌▌▌➡

　　「同性戀」英文中最常使用的字為「Homosexual」，是名詞，也是形容詞。其意義簡言之，即是指相同性別者，互相產生戀情者是也。美國歷

217

史學家 John Boswell 嘗解釋云：同性戀者（Gay Person）即是指將性愛的情趣（Erotic Interest）明顯的導向於相同性別者。（J. Boswell, 1988: 17-36）

此外「同性戀」又被指稱為「Gay」，依據《美國俚語辭典》（*Dictionary of American Slang*），其始自 1920 年代作此解釋時，與 homosexual 完全同義，並不分男女。後因專指女同性戀「Lesbian」一字出現，一般人開始以 Gay 字專指男同性戀者，Lesbian 專指女同性戀者。唯就字面上之意義，Gay 並無性別之區分。

「同性戀」中西皆有之，只是中國古代是以有「斷袖之癖」者稱之。依據《辭海》斷袖條謂：「漢帝幸董賢，與共臥；嘗晝寢偏藉上袖，上欲起，賢未覺，不欲動賢，迺斷袖而起」。（見《漢書・董賢傳》）意指皇帝深深寵愛的身邊之人，某晚與之歡好，次日要趕早朝，起床時發現自己的一隻袖子被身邊人在熟睡中緊緊摟住。為了不吵醒夢中人，皇帝將這隻袖子輕輕割斷，是為斷袖。

這個故事有經典情愛中最感人的細節，因而是浪漫的，呈薔薇色。皇帝和他的愛人同為男子，故「斷袖」即是今日所稱的同性戀。（附註 1）

不過在幾經辯論與省思之中，「同性戀」已有過度被負面化的批判，甚至於已成為一具有「歧視」的意味，因此有些國家或地區乃改以「不同性取向者」（People with Different Sexual Orientation）稱之，以保護同性戀者的尊嚴。

二、當代的同性戀婚姻認同 ▌▌▌▌▶

「同性戀認同」（Gay Identity）的程度，通常是與該國的文化生態有關，但其在全球前仆後繼的團結與奮鬥，確實令人不得不正視其在民主與人權問題上的意義。結果經過多年的奮鬥與犧牲，丹麥雖然並不是第一個立法承認同性婚姻的國家，至少在 1989 年 10 月 1 日，已首先成為第一個認可「同性結合」（Same-sex Union）的國度，允許同性伴侶可以進行登記。2000 年，美國佛蒙特州州長亦簽署法律，允許同性夥伴之間的所謂「公

民結合」（Civil Union），使佛蒙特州成為美國第一個認可同性結合的州。惟必須加以說明者是：結婚或婚姻（Marriage），是指一男一女為永久共同生活所為結合的身分上關係，同性戀者的同居，是組成家庭而非結婚，前述歐美先進國家的 Same-sex Union 或 Civil Union，僅賦予同性戀者有共組家庭及收養子女的權利，因此，稱同性戀者為「性伴侶」，而不是「夫妻」。

　　自此爾後，各國也陸續反省過去對待同性戀的舉措，是否反而是違憲與不道德的。結果至 2001 年 1 月 1 日，荷蘭國會在幾經辯論後，乃通過對同性戀婚姻合法的決定，同意同性婚姻家庭享有與傳統家庭相同的待遇，使荷蘭成為全球第一個立法認可同性婚姻的國家。其他的國家在此之後，也陸續改變原來的規範，至少並不堅持必須滅絕同性戀的態度。各國的改變可簡述如表 10-1。同時值得注意者，美國精神醫學會（APA）自 1974 年將同性戀從心理異常名單中排除；1990 年 5 月 17 日，世界衛生組織（WHO）出版的《國際疾病分類》的第十版（ICD-10, 1992）也刪除了同性戀這個診斷項目，即正式將同性戀從精神疾病中刪除。2001 年 4 月，中國新版《中國精神障礙分類與診斷標準》也將同性戀從疾病分類中剔除，這就意味著，同性戀不再是一種疾病。但惟到 2010 年全世界已有如下之國家將同性戀婚姻完全合法化：阿根廷（2010 年 7 月 15 日）、冰島（2010 年 6 月 27 日）、葡萄牙（2010 年 5 月 17 日）、瑞典（2009 年 5 月 1 日）、挪威（2009 年 1 月 1 日）、南非（2006 年 12 月 1 日）、英國（2005 年 12 月 25 日）、加拿大（2005 年 7 月 20 日）、西班牙（2005 年 7 月 3 日）、比利時（2003 年 1 月 30 日）、荷蘭（2001 年 4 月 1 日）。但只在國內部分區域承認合法者有墨西哥：首都墨西哥城；美國：首都華盛頓（2010 年 3 月 3 日）、新罕布什爾州（2010 年 1 月 1 日）、佛蒙特州（2009 年 9 月 1 日）、印第安柯奇爾族（2009 年 5 月）、愛荷華州（2009 年 4 月 27 日）、康乃狄克州（2008 年 11 月 12 日）、麻薩諸塞州（2004 年 5 月 17 日）。（http://blog.sina.com.tw/skystorygay/article.php? entryid=599004）

　　台灣法務部完成「人權保障基本法」草案，其中增列政府應尊重同性戀權，同性戀男女可以依法組成家庭及收養子女。人權保障基本法之所以要明文對同性戀者的人權作出此項規定，主要是要保障同性戀者的基本人權，避免他們遭受到歧視，或是受到不公平的待遇。但根據台灣行政院研考會 2001 年 6 月初公布的一份有關「同性戀結婚」的民意調查，結果卻顯示，有 59.9%的受訪者不贊成同性戀男女可以結婚並收養子女，而贊成的只占 23.1%，顯示台灣民眾對同性戀婚姻依然保守看待。（intermargins.net/repression/pervert/.../news/2003Jan-Jun/20030619c.htm）

表 10-1　世界各國有關同性戀合法化概況

時　間	事　實	備　註
2002 年	挪威、瑞典、冰島、德國、法國和瑞士認可同性結合（same-sex union）登記註冊，賦予其大部分傳統家庭所享受的權利。	◦其中瑞典允許同性家庭收養小孩，其他國家同性伴侶仍然不可以領養小孩子。
2003 年	● 1 月 30 日比利時繼荷蘭之後，成為世界上第二個承認同性婚姻合法的國家。 ● 6-7 月加拿大的安大略湖省和哥倫比亞省允許同性戀者結婚。	◦但比利時禁止同性家庭收養孩童。
2004 年	● 2004 年 5 月馬薩諸塞州同性婚姻合法。 ● 12 月 9 日紐西蘭國會以過半數通過同性戀者及同居人士的公民結合，可以享有與合法夫婦等同的法律地位。	◦馬州 3 月 29 日曾通過立法禁止同性婚姻，但承認「公民結合」，賦予同性伴侶部分權利。 ◦2004 年美國三藩市禁止同性戀婚姻，後卻遭加州高等法院宣告違憲。 ◦紐西蘭有關法律於 2005 年 4 月 26 日正式生效。
2005 年	● 4 月 21 日西班牙通過同性婚姻法案，正式成為第三個全國性認可同性婚姻的歐洲國家。 ● 7 月 19 日加拿大國會通過同性婚姻法案。正式成為第四個全國性認可同性婚姻的歐洲國家。 ● 9 月 17 日美國加州議會正式通過批准同性婚姻合法。 ● 12 月 5 日英國正式承認同性婚姻合法，成為第五個全國性認可同性婚姻的歐洲國家。	◦西班牙 350 名議員對這項議案表決時，有 183 人支持，136 人反對，6 人棄權。 ◦加國國會 7 月 20 日 C-38 號草案（同志婚姻法）經簽署生效。 ◦美國加利福尼亞州議會通過批准同性婚姻，成為了美國首個批准這樣做的議會。 ◦英國正式認可為民事伴侶關係

時　間	事　實	備　註
2006 年	• 南非同性婚姻於 2006 年 11 月 30 日合法化。此前，即 2005 年 12 月 1 日，南非憲法法院曾要求在 2006 年 12 月 1 日前承認同性婚姻的合法性。因此，南非成為了世界上第五個，也是非洲第一個承認同性婚姻合法的國家。	
2009 年	• 瑞典同性婚姻自 2009 年 5 月 1 日起正式生效。原有伴侶登記法繼續有效，並且在當事人希望時，可透過書面申請或舉行公開儀式使其轉化為合法婚姻。 • 挪威國會在 2008 年 6 月 11 日通過同性婚姻法，並於 2009 年 1 月 1 日正式生效，成為全球第六個給予同性婚姻註冊的國家。	• 瑞典成為全世界第七個同性婚姻合法化的國家。 • 在此之前，早於 1993 年 8 月 1 日，挪威已准許同性登記為「公民伴侶關係」，讓同性伴侶可享有異性伴侶一切之權利。
2010 年	• 葡萄牙同性婚姻法於 2010 年 2 月經葡萄牙國會通過。葡萄牙憲法法院於 2010 年 4 月宣布該法律合法。最後於 2010 年 5 月 17 日由總統簽署後正式生效。 • 冰島國會在無人反對下通過性別中立婚姻法。2010 年 6 月 27 日同性婚姻的法律生效。 • 2010 年 5 月 5 日，阿根廷國會下議院通過了承認同性婚姻的法案。7 月 15 日，上議院通過同性婚姻法。2010 年 7 月 21 日，阿根廷總統簽署了由議會最後通過的同性婚姻法案。	• 葡萄牙成為歐洲第六個、世界上第八個在全國範圍內承認同性婚姻的國家。 • 冰島成為全球第九個全國性給予同性註冊結婚的國家。 • 阿根廷成為全球第十個全國性給予同性註冊結婚的國家，亦為第一個將同性結婚合法化的南美洲國家。
2012 年	• 2012 年 6 月 7 日丹麥國會投票通過同性婚姻法案，並於 6 月 15 日生效。	• 丹麥成為全球第 11 個同性婚姻合法的國家。此法案並不涵蓋格陵蘭及法羅群島。在此之前，丹麥承認同性註冊伴侶關係。

三、否定同性戀婚姻的原因探討 ▐▐▐▐▶

　　許多國家不但在道德上否定同性戀，甚至以法律的角度給與懲罰，包括判處有期徒刑與極刑，國家則普遍分佈於回教地區的非洲、西亞及南亞等地區。其中有期徒刑包括在孟加拉、不丹、馬爾代夫、新加坡、烏干達、法屬圭亞那，而更嚴重的死刑刑罰包括在阿富汗、伊朗、巴基斯坦、毛里塔尼亞、尼日利亞、蘇丹、沙特阿拉伯、阿拉伯聯合酋長國以及也門。

221

（http://zh.wikipedia.org/zh/%E5%90%8C%E6%80%A7%E6%88%80#.E6.
B3.95.E5.BE.8B）

依據相關的學者研究顯示，若以民主與人權的角度來評判，大部分的人並不否認同性戀與異性戀應具有相同的權利，但在「同性結婚」的議題上，卻又有相當比例的人是持反對的態度。同時即使認同「同性結婚」，卻仍有許多國家為「兒童人權」著想，不准收養子女，事實上這也是以異性婚姻為「健康家庭」的標準，當有許多值得討論的空間。惟依據相關的研究顯示，同性婚姻與同性戀會如此的受到排斥，歸結而言有以下諸原因：

1. 婚姻是一神聖的制度（A Sacred Institution），本身乃是屬單一男女的制度（Marriage is an Institution between one man and one wo-man），「男與男」、「女與女」的同性婚姻，完全違反此一基本條件。

2. 同性夫婦對撫養小孩為一不適合的環境（Same-sex Couples aren't the Optimum Environment in which to Raise Children）。換而言之，小孩須要男父女母健全的愛，這是同性婚姻無法滿足者，而此也是為什麼不同意單親領養小孩的原因。

3. 同性關係是不道德的（Gay Relationships are Immoral），亦即是邪淫的性關係，它將改變社會的基礎。

4. 婚姻存在的目的是生育與子嗣的永續（Marriages are for Procreation and Ensuring the Continuation of the Species），同性婚姻在傳宗接代的功能上，卻有科學上事實之不可能性。

5. 同性性交本為不合法之雞姦（Sodomy Should be Illegal ）。

6. 同性婚姻使吾人陷入終將成為罪惡的選擇（Same-sex Marriage Would Start us down a Slippery Slope），而此如同將亂倫（Incest）、獸性婚姻（Bestial Marriage）、一夫多妻（Polygamy）與所有可能造成惡果的婚姻合法化一樣。

7. 當同性婚姻演變成也是一道德目標與行為時，將強迫教堂去祝賀同性夫妻（Gay Marriage Would Force Church to Marry Gay Couples When They Have a Moral Objection to Doing So）。

8. 同性戀是非自然的行為（Gay Sex is Unnatural）。

9. 同性戀得不到宗教的支持，因其違背一切宗教所能容忍者（It Offends Everything Religion Stands For）。

10. 同性思想是令人噁心的（The Though of Gay Sex is Repulsive）。

　　從以上否定同性戀與同性婚姻之理由，吾人不難發現，絕大部分是從異性戀的觀點出發或為標準，對同性戀而言，自然有其認同上的困難。

四、同性戀婚姻與人權 ▮▮▮▶

　　依據經驗調查顯示，同性戀與同性婚姻，其被正面認同的情況已日趨明朗。最具體的現象有幾，其一是有更多的人開始排除以倫理的角度對待同性戀者；其二是同性戀者已逐漸由消極的躲避，轉為積極的爭取其應有的權益；其三是各國立法認同同性戀與同性婚姻的國家日漸增加（陳功，2000：80-82）。惟基於人權的角度而言，無論是同性戀或是同性婚姻，以下諸理由是值得關切的：

　　第一就人性的角度而言，生命的藍圖存於基因（DNA）之中，兩性間正常的現象是「異性相吸，同性相斥」，故異性婚姻是屬「正常」。但依據越來越多的科學研究顯示，同性戀的基因有所不同（吳柏林，2001；Gina Kolata 原著，洪蘭譯，2002），且有「同性相吸，異性相斥」的相反狀況，故依此屬性而產生「異性戀」與「同性婚姻」的需求，自然亦屬於正常。若強迫異性戀者同性結婚，或強迫同性戀者異性結婚，兩者均屬「不自然」也「不正常」。因此歸結而言，同性戀不是屬心理變態或異常，更無須用倫理的角度批判。否則又是一樁強迫以不可變的自然來要求當事人改變的「不道德」（Immorality），而此也可謂是另一種的「基因歧視」

（Genetic Discrimination）（陶明報，2005：126-127；Genetic Discrimination, 2006, http://www.genome.gov/10002077）。因為，依據聯合國教科文組織（UNESCO）通過的「關於人類基因組織和世界人權宣言」（Universal Declaration on Human Genome and Human Rights），與歐洲理事會（Council of Europe）通過的「人權與生物醫學公約」，均有具體規範，若以基因特徵為基礎的任何歧視，已有侵害人權與個人尊嚴情事，是屬「不公平的基因歧視」（Unfair Genetic Discrimination），故均應受到禁止。（王迁，2005：14-15）

第二就家庭的婚姻制度而言，在一般的理解中，自古家庭婚姻是屬兩性共組的社會團體，它有繁衍子孫的功能。（Edward A. Westermarck原著，李彬等譯，2002；Emile Durkheim 著，2003：393-405）但依據太多的資料顯示，即使是異性的婚姻，也有因無此意願或無法生育子女者。因此以同性戀無法生育子女而否決其婚姻的意義，理由顯然並不充分。

第三就婚姻中幸福的意義而言，基本上兩性均有其共同或不同的概念界定。換而言之，幸福的建立或創造，無論同性或異性戀者，均有自己詮釋的權利。因此，假如武斷的以「異性戀」的幸福觀，來評定同性戀者婚姻是否幸福，本身當有嚴重不公允或不妥適的問題。更何況依據許多經驗調查顯示，同性戀者婚姻所組織之家庭，仍然如異性戀家庭一樣，皆認為同樣可提供家庭的安定與安全。

第四就宗教的善而言，不同的宗教信仰為人權所尊重，而其目的也無非是與人為善。因此有以過去的宗教教義而反對同性戀，實有再探討的空間。因為畢竟有許多科學的新發現，也是足以挑戰依據舊經驗所建構的價值觀。因此若科學研究已經證明同性戀是屬天生基因使然，並無其他違逆倫理之情事，基於宗教共同之善，舊論當有改變的必要。

第五就公民權（Civil Rights）而言，學者Mark Dombeck認為，憲政民主是以公民權與人權保障為其核心價值。因此，身為國家之公民，無論其

為「異性戀」或「同性戀」者，只要沒有犯罪，當無損其公民權之行使，畢竟婚姻的保障也是全國性的。同時憲法所保障的自由與正義，乃是以全體公民為範圍而非只是多數而已。

　　總而言之，同性戀者畢竟仍然是人，只是在性偏好上與常人有不同的「性傾向」而已。尤其是當科學的研究肯定，同性戀生命的悲劇是源於基因不同所影響（吳柏林，2001），而且是天生不可改變者，自然應認同其存在的事實，不可以異性戀的價值觀評論之。而此亦如學者所述，人類以外的動物，仍然發現有同性戀的行為。同時，同性戀基因是否自然，也許尚須要更多科學推論上的證明。（R. Grant Steen 著，李恭楚等譯，2002：191）但在此之前，也不能因此以為反對「同性戀者」人權保障的理由。（王秀雲，2005）況且人類之所以沒有同性戀婚姻史，事實上並非無此史實，只是為異性戀者長期否定所致。換而言之，如同學者所研究者，道德自古就有其多樣性，若為真正公平對待及給每個人其所應得的尊嚴，同性戀之人權當有其意義存在，也就是說「存在即合理」，否則即是人權理念上的無知，或曰是具有偏見的「基因歧視」。（A. J. M. Milne 原著，夏勇等譯，1996：56-59; Genetic Discrimination, 2006, http://www.genome.gov/10002077）

參考資料 ▌▌▌➡

Emile Durkheim 著，2003，汲喆等譯，**亂倫禁忌及其起源**，上海人民出版社。

R. Grant Steen 著，李恭楚等譯，2002，*DNA* 和命運：人類行為的天性與教養（DNA & Destiny: Nature and Nature in Human Behavior），上海科學技術出版社。

施文森，2001，**美國聯邦最高法院憲法判決選譯**，司法院編印。

陶明報，2005，**科技倫理問題研究**，北京大學出版社。

王迁，2005，**論基因歧視及其法律對策**，北京：中國人民大學出版社。

陳功，2000，**家庭革命**，北京：中國社會科學出版社。

Edward A. Westermarck 原著，李彬等譯，2002，**人類婚姻**（The History of Human Marriage）（一～三卷），北京：商務印書館。

Martine Segalen 等編，姚靜等議，2003，**家庭史**（histoire de la famille），北京：三聯。

Gina Kolata 原著，洪蘭譯，2002，**基因複製**（Clone The Road to Dolly and the Path Ahead），台北：遠流。

吳柏林，2001，**人體革命**，香港：三聯書店。

Eric Marcus 原著，林賢修譯，1997，**當代同性戀歷史**（*Making History The Struggle for Gay and Lesbian Equal Rights*）㈠，台北：開心陽光出版社。

Eric Marcus 原著，林賢修譯，1997，**當代同性戀歷史**（*Making History: The Struggle for Gay and Lesbian Equal Rights*）㈡，台北：開心陽光出版社。

Eric Marcus 原著，林賢修譯，1997，**當代同性戀歷史**（*Making History: The Struggle for Gay and Lesbian Equal Rights*）㈢，台北：開心陽光出版社。

A. J. M. Milne 原著，夏勇等譯，1996，**人的權利與人的多樣性**（Human Rights and Human Diversity），北京：大中國百科全書出版社。

Coolidge, David Orgon; & Duncan, William C., "Reaffirming Marriage: A Presidential Priority, 2001," *Harvard Journal of Law & Public Policy*, 24: 623-651 (Spring).

Maura L.Strassberg, "Distinctions of Form or Substance: Monogamy, Polygamy and Same-Sex Marriage," *North Carolina Law Review*, 75: 1501-1624 (June

1997)

Leslie J. Moran, 1999, "The Homosexualization of Human Rights" in Conor Gearty & Adam Tomkins(eds.),*Understanding Human Rights*, London: Pinter

Tobin A. Sparling, "All in the Family: Recognizing the Unifying Potential of Same-Sex Marriage," *Law & Sexuality*, 10: 187-209 (2001)

Katz, Pamela S., 1999, "The Case for Legal Recognition of Same-Sex Marriage," *Journal of Law & Policy,* 8: 61-106.

Finnis, John, 1997, "The Good of Marriage and the Morality of Sexual Relations: Some Philosophical and Historical Observations," *American Journal of Jurisprudence*, 42: 97-134.

Becker, Mary, 2001, "Family Law in the Secular State and Restrictions on Same-Sex Marriage: Two Are Better Than One," *University of Illinois Law Review*, 2001: 1-56 (Winter).

Robert A. Sedler, "The Constitution Should Protect the Right to Same-Sex Marriage," *Wayne Law Review*, 49:975-1005 (2004)

Ralph Wedgwood, 1999, "The Fundamental Argument for Same-Sex Marriage," *Journal of Political Philosophy*, 7:225-242 (Sept.)

Michael S. Wald, 2001, "Same-Sex Couple Marriage: A Family Policy Perspective," *Virginia Journal of Social Policy & Law*, 9:345-351.

Steiner, Henry J., Pghilip Alston, 2000, *International Human Rights In Context: Law, Politics and Morals*, Oxford University Press.

台灣立法保護同性戀權益

intermargins.net/repression/pervert/.../news/2003Jan-Jun/20030619c.htm

王秀雲，2005

http://eknet.net:8080/asp/gtimes/Index_BodyBody.asp? iDoc=948

Genetic Discrimination, 2006

http://www.genome.gov/10002077

附註 ⅠⅠⅠⅠ➡

附註 1

　　歷史記載同性戀的現象，在中國的遠古時代即已存在，可以說和中國的歷史同樣悠久。除《史記》外，在《晏子春秋》、《韓非子》、《戰國策》、《漢書》、《晉書》、《宋書》、《南史》、《北史》、《陳書》等古籍中，也都有男性同性戀的記載。（http://tw.knowledge.yahoo.com/question/? qid=1406010300252）

附註 2

同性戀基因研究，請參考如下資訊

http://www.narth.com/docs/ch-gene.pdf

http://www.bridge.org.my/gospel/2-150.htm

http://www.biotech.org.cn/news/news/show.php? id=21906

http://eknet.net:8080/asp/gtimes/Index_BodyBody.asp? iDoc=948

http://www.exodus-international.org/

附註 3

世界各國同性戀婚姻認同與立法概況

Marriage/Relationship Recognition Laws: International

■Australia: Marriage/Relationship Recognition Law

Australia recognizes same-sex couples for the purposes of immigration.

■Belgium: Marriage/Relationship Recognition Law

Belgium grants same-sex couples the right to legally marry and recognizes same-sex couples for the purposes of immigration.

■Brazil: Marriage/Relationship Recognition Law

Brazil recognizes same-sex couples for the purposes of immigration.

■**Canada: Marriage/Relationship Recognition Law**

Canada grants same-sex couples the right to legally marry and recognizes same-sex couples for the purposes of immigration.

■**Croatia: Marriage/Relationship Recognition Law**

Croatia grants rights and domestic partner protections that are more limited than marriage.

■**Denmark: Marriage/Relationship Recognition Law**

Denmark grants rights and domestic partner protections that are more limited than marriage and recognizes same-sex couples for the purposes of immigration.

■**Finland: Marriage/Relationship Recognition Law**

Finland grants rights and domestic partner protections that are more limited than marriage and recognizes same-sex couples for the purposes of immigration.

■**France: Marriage/Relationship Recognition Law**

France grants rights and domestic partner protections that are more limited than marriage and recognizes same-sex couples for the purposes of immigration.

■**Germany: Marriage/Relationship Recognition Law**

Germany grants rights and domestic partner protections that are more limited than marriage and recognizes same-sex couples for the purposes of immigration.

■**Iceland: Marriage/Relationship Recognition Law**

Iceland grants rights and domestic partner protections that are more limited than marriage and recognizes same-sex couples for the purposes of immigration.

■**Israel: Marriage/Relationship Recognition Law**

Israel grants rights and domestic partner protections that are more limited than marriage and recognizes same-sex couples for the purposes of immigration.

■**Netherlands: Marriage/Relationship Recognition Law**

The Netherlands grants same-sex couples the right to legally marry and recognizes same-sex couples for the purposes of immigration.

■**Norway: Marriage/Relationship Recognition Law**

Norway grants rights and domestic partner protections that are more limited than marriage and recognizes same-sex couples for the purposes of immigration.

■**Portugal: Marriage/Relationship Recognition Law**

Portugal grants rights and domestic partner protections that are more limited than marriage.

■**Slovenia: Marriage/Relationship Recognition Law**

Slovenia grants rights and domestic partner protections that are more limited than marriage.

■**South Africa: Marriage/Relationship Recognition Law**

South Africa will grant same-sex couples the right to legally marry by the end of 2006. It also recognizes same-sex couples for the purposes of immigration.

■**Spain: Marriage/Relationship Recognition Law**

Legislation legalizing same-sex marriages in Spain was approved by the Parliament in 2005

■**Sweden: Marriage/Relationship Recognition Law**

Sweden grants rights and domestic partner protections that are more limited than marriage and recognizes same-sex couples for the purposes of immigration.

■**Switzerland: Marriage/Relationship Recognition Law**

Switzerland grants rights and domestic partner protections that are more limited than marriage.

■United Kingdom: Marriage/Relationship Recognition Law

The United Kingdom grants rights and domestic partner protections that are more limited than marriage and recognizes same-sex couples for the purposes of immigration.

第十一章
酷刑與人權

　　在人類社會過去一段很長的歷史中，由於人權意識的淡薄，酷刑在某種意義上，基本上是合法的。同時，依據司法的相關資料顯示，在 17 世紀以前，幾乎所有的法典，皆有不同程度酷刑的規定，以顯示其懲罰的「正當性」（Legitimacy）與「合法性」（Legality）。但自人權概念啟蒙之後，酷刑反被譏諷為文明社會的表徵。而此也正如西方學者 Brian Innes 在其大著《人類酷刑史》（*The History of Torture*）引言中首先即批判的，酷刑是對個人權利與尊嚴之可恥與邪惡的踐踏，也是違反人類本性的一種罪孽。（Brian Innes 原著，李曉東譯，2001：11）

　　尤其是二次大戰後，反酷刑的問題，在聯合國積極宣導下，國際社會也才從重視中轉變成真正的行動，其中包括立法的禁止。同時更值得關注者，即不論在「司法一元主義」（The Unitary System of Law and Courts）或是在「司法二元主義」（The Dual System of Law and Courts）下，民刑事案件均屬國家管理，自然如美軍在伊拉克的虐囚或酷刑事件，當屬國家不可迴避之責任。（孫萌，2004：382-383）而此亦如學者所言，國家應是為主持正義而存在，酷刑安可代表正義，故此就是人類理性反省後必須控制的道德與責任。（John martin Fischer & Mark Ravizza 原著，楊韶剛譯，2003）

一、酷刑的意義

　　關於「酷刑」（Torture）的界定，依據《大英百科全書》（*Britannic Encyclopedia*）的解釋，即是為了懲罰、脅迫、逼供或情報取得的原因，而採取種種極度讓身體痛苦，或逼迫心理恐懼的虐待行為。惟在國際法律文

獻中，最先給「酷刑」一正式的概念界定者，乃是 1975 年 12 月 9 日聯合國大會通過的第 3452 號「保護人人免除酷刑宣言」（Declaration on Protection from Torture），該宣言簽署附件第 1 條即明文有所說明，其精義在於酷刑即是採用任何「殘酷折磨」（severe torment）的脅迫方法，一方面藉以逼供獲取情報，二方面也足以造成對方生理與心理極度恐怖性痛苦（Terrible Pain）的懲罰行徑。（Ian Brownlie, 1997: 35-36）

由此可見，酷刑構成的要件相當明確，至少以下諸要項是其重點：其一是有逼供獲取情報或懲罰的目的；其二是正常非暴力的途徑已無法達到預期的目的；其三是以為對方必屈服於嚴刑峻法的淫威；其四則是有故意虐待等邪惡的動機。因此，簡而言之，酷刑仍是屬故意加重對方殘忍的（Cruel）、不人道的（Inhuman）或貶抑人格的對待（Degrading Treatment）或處罰（Punishment）。不過，仍有兩點值得注意者，其一是在法官判決前，任何人均不得被稱為罪犯，他仍然有權受到公共的保護。（Marchese di Baccaria 原著，黃風譯，2003：35）其二是施予酷刑者，雖然包括公職與非公職人員，但論及國際「酷刑罪」時，通常乃是以該國有國家公職人員身分者為主體，除非該非公職人員有受公職人員之教唆、同意或默許，否則並不屬國際刑法所懲罰的對象，至多也屬國內有酷刑法國家之犯罪行為。（張智輝，1999：194-195）

二、酷刑的種類 ⅠⅠⅠⅠⅠ➡

無可否認的，酷刑雖然終究是一種恐怖性的懲罰，但人類自古以來也從未終止此一非文明的方法。酷刑的動機極為複雜，有的是為平息神的怒火（Karen Farrington, 2000），有的是為「社會正義」的申張而嚴刑逼供，有的則可能是為非獲得結果不可而出此下策。但無論如何，受酷刑者的痛苦與磨難卻是相同的。依據學者的調查顯示，酷刑若以「生命終結」為指標，則大體可分成兩大類，其一是折磨至死為止的酷刑，其二是雖不至於死，但對受刑者而言，其痛楚卻可極至到「毫無尊嚴」與「生不如死」的境地。

至於酷刑的方法，至少在「生理酷刑」（Physical torture）」方面有以下諸項：笞躂刑（Bastinado）、沸騰刑（Boiling）、夾足刑（the Boot）、閹割刑（Castration）、溺死刑（Drowning）、去指甲刑（Denailing）、毀容刑（Disfigurement）、鞭刑（Flagellation）、剝皮刑（Flaying）、足烤刑（Foot roasting）、足鞭刑（Foot whipping）、姦刑（Rape and other sexual assault）、感覺器官摘除刑（Sensory deprivation）、睡眠剝奪刑（Sleep deprivation）、絞刑（Strappado, Hanging）、重壓刑（Pressing）等。惟值得關切者，即以上之刑罰，為收「殺雞儆猴」之效，竟必須在大眾觀看下行刑，使受刑者尊嚴掃地到絕境。

然在中國古代，有所謂「治亂世用重典」的「至理名言」，因此乃發展出各種恐怖的酷刑。如滿清有名的「十大酷刑」為例，其殘忍的程度也不亞於西方。現且將中國自古以來之酷刑簡介如次：（http://tw.knowledge.yahoo.com/question/? qid=1005031703509）

㈠剝皮刑：最早的剝皮是死後才剝，後來發展成「活剝」。剝的時候由脊椎下刀，一刀把背部皮膚分成兩半。

㈡腰斬刑：是把人從中間切開，因犯人不會一下子就死，斬完以後還會神智清醒，得經過好一段時間才會斷氣，而這段時間受刑人又得受極端苦痛。

㈢五馬分屍刑：就是把受刑人的頭跟四肢套上繩子，由五匹快馬拉著向五個方向急奔，把人撕成六塊，真正痛苦的是正在拉扯的時候。

㈣凌遲刑：即是「殺千刀」，意思就是由劊子手執行，從腳開始割，一共要割一千刀才准犯人斷氣，否則劊子手也會被受刑懲罰。

㈤縊首刑：如西方之絞刑，即是用弓弦縊殺，亦就是把弓套在受刑人脖子上，行刑人在後面旋轉該弓，直到受刑人斷氣。

(六)請君入甕刑：把受刑人塞進大甕，然後在甕下面用柴火加熱。溫度
　　　　愈來愈高，如果不肯招供，往往就直接被燒死在甕
　　　　裡。

(七)闍割刑：即拿繩子把生殖器綁起來（包括子孫袋），讓血液不流通
　　　自然壞死，然後拿利刃一刀割掉。

(八)刖刑：是一種類似截肢的酷刑，是把膝蓋骨削掉，大腿小腿之間失
　　　去了保護，連站都站不起來，痛苦萬分。

(九)插針刑：用針插手指甲縫，使受刑人痛得椎心刺骨，此刑通常是用
　　　來逼供的。

(十)活埋刑：把人直挺挺的埋在土裡，只露出一顆頭，然後開始進行凌
　　　虐。

(十一)服毒刑：是以毒藥灌入受刑人口中，使其藥性發作後一步步死亡。

(十二)棍刑：是拿根棍子直接插進人的嘴裡，整根沒入，穿破胃腸，讓人
　　　死得苦不堪言。也有謂是拿根木樁，從下體插進去，讓人死
　　　得很慘。

(十三)鋸割刑：把人用鐵鋸活活鋸死，其慘狀似乎與凌遲、剝皮也在伯仲
　　　之間。

(十四)灌鉛刑：是用鉛或錫灌入受刑人腸子裡，溶化的錫或鉛即會把人活
　　　活燙死。

(十五)梳洗刑：是用鐵刷子把人身上的肉慢慢抓梳下來，直至肉盡骨露至
　　　死。

三、國際反酷刑 ▌▌▌▌▶

依據學者的研究顯示，酷刑本身即是一種嚴重侵害人權的舉動，它是
無關執行者，是屬公部門機構或屬私領域之組織。同時，也鑒於酷刑對人
類社會的危害，國際社會乃制頒各種形式的法律文件，將它規範為是一種
國際犯罪。

　　在歷史的各個轉變時期，總有一些著名的人士，會無畏的譴責審判過程中的嚴刑拷打。如古羅馬時期的 Seneca 和 Justinian 即非常反對酷刑。17世紀英國憲法學者 Edward Coke，也積極奔走反對，對英國 1689 年禁止使用酷刑的權利法案，發揮了極大的作用。其他法國啟蒙運動的領袖如Charles-Louis de Montesquieu 等有名的人士，均對酷刑持相當反對的態度。義大利的名犯罪學者 Cesare Beccaria，亦嚴重譴責酷刑的不是。到了近代，許多西方國家紛紛仿傚英國，禁止使用拷打來逼供，如法國於 1789 年廢除了法律程序中的拷刑。1791 年美國憲法修正案第 8 條即規定：「不准使用殘酷與非常的刑罰」（Nor Cruel and Unusual Punishments Inflicted）。1816 年羅馬教宗訓令禁止天主教國家使用拷打。換而言之，在 19 世紀，拷刑的廢除已被譽為是西方文明與進步的象徵。到了 20 世紀，儘管世界思潮是反對酷刑，但許多警察國家如納粹德國或威權體制的開發中地區，為了包括政治在內的原因，不但仍然有恐怖的酷刑存在，在戰時的集中營，更對俘虜施以殘忍的醫學與化學戰劑的實驗，更為國際所譴責。（Encyclopedia Americana, 1994）

　　不過，在各國民主轉型與威權民主化後，國際社會紛紛發表宣言反對酷刑，如 1969 年「美洲人權公約」（American Convention on Human Rights）第 5 條第 2 款，「歐洲人權公約」（Europen Convention on Human Rights）第 3 條，「非洲人權和人民權利憲章」（Africa Charter on Human Rights and People's Rights）第 5 條，均有明文禁止。尤其在聯合國與國際 NGOs 的積極努力下，立法以禁止酷刑更形逐漸普遍。以聯合國為例，除有「人權委員會」（Commission on Human Rights, CHR）、「人權事務委員會」（Human Rights Committee, HRC）、「人權委員會特別報告員」（Special Rapporteur of the Commission on Human Rights）、「酷刑問題特派員」（Special Rapporteur on Torture）肩負包括酷刑在內等人權問題之監督外，於二次大戰以後，聯合國即陸續頒布許多反酷刑的公約、守則或宣

言,以為各國簽署及立法禁止酷刑的依據。其中如「禁止酷刑和其他殘忍的、不人道的或侮辱性的對待與懲罰宣言」,至 2005 年簽字或批准的就已有 151 個國家。(OHCHR, 2006)然反酷刑文獻有全條文或宣言直接取名規範者,亦有在部分條文中宣示者,現且簡列如次:

(一)公約宣言直接規範者

(1)囚犯待遇最低限度標準規則(Standard Minimum Rules for the Treatment of Prisoners)

1955 年聯合國在日內瓦第一屆防止犯罪與罪犯待遇大會通過

(2)保護人人免除酷刑宣言(Declaration on Protection from Torture)

1975 年 12 月 9 日聯合國大會通過,第 3452 號決議

(3)禁止酷刑和其他殘忍的、不人道的或侮辱性的對待與懲罰宣言(Convention against Torture and Other Cruel, Inhuman or Degrading Treatment or Punishment)

1984 年 12 月 10 日聯合國大會接受,1987 年 6 月 26 日生效

(4)執法人員行為守則(Code of Conduct for Law Enforcement Officials)

1979 年 12 月 17 日聯合國大會通過,第 34/169 號決議

(5)關於醫療人員,特別是醫生在保護被監禁和拘留人不受酷刑和其他殘忍的、不人道的或侮辱性的對待與懲罰方面的醫療道德原則(Principles of Medical Ethics Relevant to the Role of Health Personnel, Particularly Physicians, in the Protection of Prisoners and Detainees against Torture and Other Cruel, Inhuman or Degrading Treatment and Punishment)

1982 年 12 月 18 日聯合國大會通過,第 37/194 號決議

(6)為罪行和濫用權力行為受害者取得公理的基本原則宣言(Declaration of Basic Principles of Justice for Victims of Crime and Abuse of

Power）

1985 年 11 月 29 日聯合國大會通過，第 40/34 號決議

(7)囚犯待遇基本原則（Basic Principles for the Treatment of Prisoners）

1990 年 12 月 14 日聯合國大會通過，第 45/111 號決議

㈡公約宣言部分條文規範者

(1)世界人權宣言（Universal Declaration of Human Rights）

1948 年 12 月 10 日聯合國大會通過

(2)關於難民地位公約（Convention Relating to the Status of Refugees）

1951 年聯合國大會接受，1954 年 4 月 22 日生效

(3)消除一切形式之種族歧視國際公約（International Convention on the Elimination of All Forms of Racial Discrimination）

1965 年聯合國大會接受,1966 開放簽署

(4)公民與政治權利國際公約（International Convention on Civil and Political Rights）

1966 年 12 月 16 日聯合國大會接受

(5)兒童權利公約（Convention on the Rights of the Child）

1989 年 11 月 20 日聯合國大會接受

除以上具體規範酷刑之禁止外，其他仍有相關文獻（北大人權研究中心，2002）有所明文禁止者如：「保護所有人不遭受強迫失蹤宣言」（1992年）、「聯合國少年司法最低限度標準規則（北京規則）」（1985 年）、「關於檢察官作用的準則」（1990 年）、「執法人員使用武力和火器的基本原則」（1990 年）

四、聯合國禁止酷刑委員會行動

聯合國大會於 1984 年 12 月 10 日，通過的「禁止酷刑和其他殘忍、不人道或有辱人格的待遇或處罰宣言」，含有 33 個條款，該公約於 1987 年 6 月 26 日生效。然為了具體推動反酷刑行動，聯合國乃根據公約第 17 條設

立「禁止酷刑委員會」（Committee Against Torture, CAT），並於 1988 年 1 月 1 日開始履行職責，於 1988 年 4 月在日內瓦召開首次會議，並通過相關議事規則與組織運作方式。（陳云生，2000：348-351）

該委員會是由具有崇高道德地位，和公認在人權領域具有專長的 10 名專家組成。這些專家必須是締約國的國民，且必須由這些國家的國民以無記名投票方式選舉產生。他們當選後任期為 4 年，並可連選連任，但是以個人身分任職。

㈠委員會的運作

委員會每年召開兩屆常會。但經多數成員或某個公約締約國的要求，並經委員會本身決定，則可召開特別會議。其重要規範有四：

其一是委員會之主席、3 位副主席和 1 位報告員，均由委員會成員選舉產生，任期兩年，並可連選連任。

其二是委員會可酌情邀請專門機構、有關聯合國機構、區域政府間組織，和具有經濟及社會理事會諮商地位的「非政府組織」，提出與公約所規定的委員會活動相關資料、文件和書面陳述。

其三是委員會須向各締約國和聯合國大會，提交一份關於其活動的年度報告（Annual Report）。

其四是與委員會活動有關的開支由締約國支付，並按照其所負擔的聯合國會費比例分攤。任一國家的分攤額不得超過費用總額的 25%。

㈡締約國報告的提交

根據公約第 19 條，各締約國應通過聯合國祕書長向委員會提交報告，說明為履行公約所規定的義務而採取的措施。第一份報告必須在公約對有關國家生效後 1 年內提交；此後每隔 4 年應就隨後出現的發展動態提交補充報告。委員會亦可要求提供進一步的報告和額外的資料。

聯合國祕書長在每一屆會議上，得向委員會通報所有未能提交上述報告的情況。在此種情況下，委員會可向有關締約國發出催復通知，提醒它

提交這種報告。至於報告的實際格式，委員會制定了總的準則，其中載有關於報告形式和內容的明確指示，以便使締約國向委員會充分通報其國家的情況。

㈢委員會對報告的審查

在審查報告時，委員會得邀請締約國代表參與審議該國報告的會議。委員會還可通知經它決定且被徵求進一步提供資料的締約國，授權其代表參加此專門會議。該代表應能夠答覆委員會可能向他提出的問題，必要時也應能夠澄清其國家所提交報告中的某些問題。

委員會在根據公約第 19 條第 3 款內容，審議了每一份報告以後，可對該報告提出它認為適當的一般性評論。特別是，它可以指出就它看來公約所規定的某些義務，有關締約國是否沒有加以履行的事項。委員會將意見轉交該締約國後，該國即可以對此作出答覆。

㈣委員會的調查權力

根據公約第 20 條，委員會有權接受關於締約國境內經常施行酷刑的資料，並得對這類指稱進行調查。惟公約第 20 條規定的程序，具有兩個特點：其一必須是保密性；其二可尋求有關締約國的合作。

不過，由於此一條款所賦予委員會的權限是非強制性的，因此在批准或加入公約時，締約國就可聲明不承認此一權限。否則，委員會就得對該締約國行使第 20 條賦予它的權力。

㈤資料的蒐集

對於已接受第 20 條所規定程序的國家，委員會就有權開始接受關於存在酷刑作法的相關資料。如果委員會認為所收到的資料確實可靠，並有確實證據表明在某一公約締約國境內經常施行酷刑，則委員會即可請該國合作審查這種資料，並為此資料提出相對的意見。此外，還可決定邀請有關締約國代表、政府組織和非政府組織或個人提供額外資料，以便事件調查之依據。

㈥調查程序

如果委員會對所收集到的資料，認為有必要進行調查，即可指定一名或一名以上成員進行「祕密調查」。在此情況下，委員會依規定，亦可請有關締約國進行合作調查。過程中，委員會可請該締約國，指定一位代表會見被指定進行調查的委員會成員，以便向他們提供其所認為必要的任何資料。經該締約國的同意，這一調查還可以包括指定的成員到該國境內訪問，屆時他們可聽取證人的證詞。

指定的成員經實際調查後，可將其調查結果提交委員會，而委員會則將調查結果連同其評論或建議，一併轉交該締約國。

關於調查的一切程序完成後，委員會即可決定將這種程序的結果，摘要載入其年度報告。而且，也只有在這種情況下，委員會的工作方可公開；否則，與第 20 條所規定，委員會職責有關的所有工作和文件均屬於保密。

㈦問題解決

在完成以上諸調查程序後，委員會對有關締約國即可提供斡旋，適當時亦可建立一個特設調解委員會，以便在尊重本公約所規定義務的基礎上，友好地解決問題。在此階段期間，委員會可要求有關締約國提供任何有關資料，而當委員會審議事項時，有關締約國也可派代表出席並提出口頭或書面意見。

如果能達成友好解決，委員會應在 12 個月內提交一份報告，簡單敘述事實和所達成的解決辦法；否則，委員會只提交事實和有關締約國的意見。隨後該報告應通過聯合國祕書長送交有關締約國。

此外，尚值得關注者，即該委員會在工作過程中，還為了與「歐洲防止酷刑和不人道或有辱人格待遇或處罰委員會」建立工作關係，同時更根據大會 1981 年 12 月 16 日第 36/151 號決議，設立聯合國援助酷刑受害者自願基金董事會，以進行種種的合作行動，而這種努力對制止酷刑，應當有其不可忽視的貢獻。

五、法治形式主義與酷刑 ▌▌▌▌➡

　　就憲政主義（Constitutionalism）的法治（Rule of Law）而言，人權應是其核心價值（Core Value）。換而言之，缺乏人權的法律運作，只能視作是為「統治」或「管控」之需要而運作的法制（Rule by Law）。因此在酷刑是違反人權的前提下，其與法治概念當是相互排斥的。不過，依據學者的相關研究與調查發現，有許多的國家由於是屬「發展中的民主政治」（Developing Democracy），或曰是其他類型的民主如「社會主義民主」（Socialist Democracy），因此國家法律文件均有反對酷刑的相關條文，但在實際運作上卻有不同程度的違逆，使反酷刑只是淪為執政者宣傳的口號而已，而此也是一般所稱之法治的「形式主義現象」（Phenomenon of Formalism）。中華人民共和國在 1986 年 12 月 12 日，簽署「禁止酷刑和其他殘忍、不人道或有辱人格的待遇或處罰公約」，1988 年 10 月 4 日即已收到批准書。隨後在其國內的相關法律文件中，陸續乃增修酷刑為國家所禁止之行為如：

㈠**中華人民共和國刑法**（1997 年 3 月 14 日修定）

　　第 247 條—「司法工作人員對犯罪嫌疑人、被告實行刑訊逼供或者使用暴力逼取證人證言的，處三年以下有期徒刑或者拘役。致人傷殘、死亡的，依照本法第 234 條、第 232 條的規定定罪從重處罰。」

㈡**中華人民共和國法官法**（1995 年 7 月 1 日施行）

　　第 30 條—「法官不得有下列行為：……（四）刑訊逼供……。」

　　第 31 條—「法官有本法第 30 條所列行為之一的，應當給予處分；構成犯罪的，依法追究刑事責任。」

㈢**中華人民共和國檢察官法**（1995 年 7 月 1 日施行）

　　第 33 條—「檢察官不得有下列行為：……㈣刑訊逼供；……。」

　　第 34 條—「檢察官有本法第 33 條所列行為之一的，應當給予處分；

構成犯罪的，依法追究刑事責任。」

㈣中華人民共和國人民警察法（1995 年 7 月 1 日施行）

第 22 條—「人民警察不得有下列行為：……㈣刑訊逼供或者體罰、
虐待人犯；……。」

第 49 條—「人民警察違反規定使用武器、警械，構成犯罪的，依法
追究刑事責任；……。」

由此可見，酷刑對於中華人民共和國而言，已屬犯罪行為，國內司法
公職人員當嚴格遵守。但依據調查研究顯示，儘管法律條文規定的非常清
楚，審判人員，檢察人員和偵察人員，必須依照法定程序搜集證據，嚴禁
刑訊逼供，以及用威脅、引誘與欺騙的手法取得證據，但在中國的司法實
踐中，依然存在一些刑訊、逼供等等的現象，尤其有涉及到政治問題時，
情況會更加的嚴重與普遍。因此即使有中國自己的所謂「人權學者」代為
辯護，結果受制於政治因素，往往不是「避重就輕」，就是有「故意扭曲」
的情事。（董云虎，1998：66-68）譬如依據報導，法輪功學員遭到的酷刑
折磨多過百種，包括電刑、火刑、吊打、老虎凳、死人床、竹籤、灌食、
銬刑、關鐵籠子等等。從民間渠道傳出的消息，已證實有超過 2700 名法輪
功學員被迫害致死，其學者卻仍以為「邪教」而隻字不提。到 2007 年 12
月，依據統計，亦已有 3,118 名法輪功學員受酷刑而亡。其中女性 1,685
人，占 54.04%，平均年齡 54 歲；男性 1,317 人，占 42.24%，平均年齡 52
歲；未知者 116 人，占 3.72%。（ http://library.minghui.org/category/32,95,1.
htm）

因此，每當聯合國人權委員會欲派遣酷刑問題特派員到中國實地訪查
時，始終就會因訪問行程與調查方式無法達成共識而無法成行。因為他們
訪查的方法，除與中國官員會面外，也會與一些中國法界人士座談。同時
由於特派專員的使命之一，就是要對拘留所進行事先「不宣布行程的訪
問」，並擬與被拘禁者進行單獨談話，以真實了解有關囚犯受刑的問題，

此舉自然更引起中國官員極度敏感性的排斥。

　　不過，在多方努力與國際壓力下，2005 年中共總算首次接受聯合國人權委員會酷刑問題特派員（Special Rapporteur on Torture），同時也是維也納大學的憲法和人權教授諾瓦克先生（Manfred Nowak, Austria）的訪問。但從 11 月 21 日到 12 月 3 日 12 天的訪問中，依據諾瓦克教授的說明，中共種種違反人權的行徑，仍然處處可見，至少有以下諸問題是值得關切者：（http://tw.fgmtv.org/fgm/artcontent.asp? artID=12499）

　　1. 在下榻飯店置滿安全局的眼線，進行電話偷聽及監視考察團一舉一動。

　　2. 對要探訪的受害人和家屬威脅恐嚇，並阻止他們可能受訪的行動。

　　3. 拒絕隨意訪問想去的監獄，同時更派一外交官員「陪同」訪問。

　　4. 獄方以各種理由限制交談時間、次數與人數。

　　5. 被反覆要求出示護照，並交出電子器件與照相機。

　　6. 濫施酷刑來獲取口供現象遍及全國，甚至包括「法律實施較好」的北京。

　　7. 中國有世界上最大的監獄系統，沒有給酷刑受害者一個申訴系統。

　　8. 酷刑五花八門，極盡虐待犯人之能事，像用一把軟刀子把人慢慢殺死。

　　總而言之，諾瓦克教授認為中國政府，應該確實遵循國際人權基本準則，以及聯合國憲章。除非中國進行重大的法制改革，允許建立獨立的司法制度，否則中國的酷刑問題，是不可能有效的得到控制。諾瓦克教授把一份正式的中國考察報告，提交給聯合國人權委員會。事實上，在諾瓦克教授新聞發布會之後，世界各國駐北京媒體都在第一時間，把聯合國的考察結果，通過不同語種公布於世，而標題大都是：「聯合國譴責中國：酷刑在中國無所不在」、「中國需要重大改革來停止酷刑」、「聯合國記錄

中國酷刑」等。顯而易見的，諾瓦克教授的訪問與國際社會的反應，事實
上也是一種人權保護機制的發揮與提升。（王杰，2002：410-413）

六、國內反酷刑相關經驗與規範 ▌▌▌▌➡

台灣在日據時代，由於是「殖民統治」，酷刑自然即是其政治安定與
社會秩序控制的工具。惟在國民黨威權統治時期，不論是硬性威權（Hard
Authoritarianism）抑或軟性威權（Soft Authoritarianism），酷刑仍是審判過
程中經常使用的方法。尤其是在白色恐怖時代 228 事件的連坐法，更是眾
所皆知的情事。（李筱峰、林呈蓉，2003：227-351）

㈠經驗調查

西元 2000 年政黨輪替後，台灣雖成功完成了政權的和平轉移，但由於
長期威權統治所形成的政治文化，確實也不容易在短時間內就能快速完成
民主社會「法治」的文明，自然司法人權上酷刑的問題，仍然受到一定程
度的關切。以 2005 年中國人權協會的司法人權調查來觀察，如圖 11-1 可
知，「警察人員於偵訊嫌犯時，未以強暴脅迫（包括刑求）的方法逼供」，
除檢察官、法官與其他司法人員分別有 71 與 62 及格的分數評估外，其他
之律師、學者專家、民意代表與社會團體，均是 60 分以下的評價。但從
2008 年至 2012 年調查的平均分數來觀察，是由 2008 的 55.4 分，2009 的
50.4 分，2010 的 57.4 分，2011 的 60 分，2012 的 63.4 分，可發現成績雖不
理 想 ， 但 畢 竟 是 有 所 進 步 。（http://www.cahr.org.tw/eweb/upload-
file/20121204 17220922.pdf）

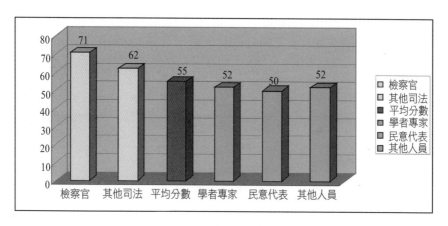

圖 11-1 2005 年各界精英評估台灣地區刑求分數

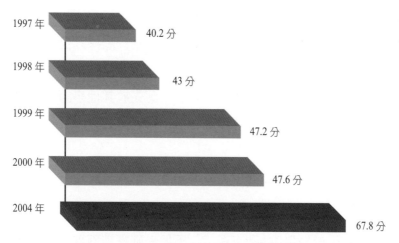

圖 11-2 檢察官遇有被告陳述遭受警方刑求時，均能記明筆錄並為必要追查

資料來源：參見許文彬等，2000 年台灣地區司法人權指標研究報告，台北：中國人權協會，P.6。
陳榮傳，2004 年台灣司法人權指標調查報告，台北：中國人權協會。http://www.cahr.org.tw/weball/2004/2004jud.htm

　　此外，若詢問看守所收容人相關司法人員是否沒有用強暴、脅迫（包括刑求）、利誘、詐欺等不正當的方法，結果發現只有在檢察官偵察階段有 63 分及格以上之評分，警察在拘捕（51 分）與偵訊（53 分）時卻均有

低於 60 分的評估。再者，若問及「被告陳述遭受警察刑求時，檢察官能記明筆錄，並為必要的調查。」則除律師仍有不及格 55 分的評分外，其他菁英均有 60 分以上，70 分以下的評分。但 1997-2004 年之評分，如圖 11-2 可知，更為低落。2009 年的調查評估，仍只達 54.8 分。（http://www.cahr.org.tw/司法.pdf）由此顯見，使用強暴、脅迫（包括刑求）、利誘、詐欺等不正當的方法偵訊，或不重視受刑求的查證，台灣仍有許多待努力與改善的空間。

仁相關法規

以我國刑事訴訟法為例，第 156 條有規定：

- 「被告之自白，非出於強暴、脅迫、利誘、詐欺、疲勞訊問、違法羈押或其他不正之方法，且與事實相符者，得為證據。」
- 「被告或共犯之自白，不得作為有罪判決之唯一證據，仍應調查其他必要之證據，以察其是否與事實相符。」
- 「被告陳述其自白係出於不正之方法者，應先於其他事證而為調查。該自白如係經檢察官提出者，法院應命檢察官就自白之出於自由意志，指出證明之方法。」
- 「被告未經自白，又無證據，不得僅因其拒絕陳述或保持緘默，而推斷其罪行。」

以上之規範，依據經驗調查顯示，不但未確實被落實，而且有諸多因人而異的狀況。因為如受刑人組 2004 年評分最低的第 1 題：「警察人員於執行拘提、逮捕時，沒有用強暴、脅迫（包括刑求）、利誘、詐欺等不正當的方法。」和次低的是第 7 題：「警察人員於實施搜索、扣押時，將會通知並允許家屬、親友或鄰居在場。」結果與 2005 年的調查，還是狀況不佳。對此現象，司法當局當能予以必要的關切與改善。

七、酷刑人權解決的途徑 ▐▐▐▐▶

酷刑是對人權基本的侵犯，聯合國大會不但已將其視為是人性尊嚴的違逆，同時依據「禁止酷刑和其他殘忍的、不人道的或侮辱性的對待與懲罰宣言」第 2 條第 2 款之規定，任何意外情況如戰爭狀態、戰爭威脅、國內政局不穩或其他社會緊急狀態，也均不可作為酷刑之理由。

但由於種種因素的影響，全球每天都有酷刑的消息傳出，可謂不勝枚舉。解決的途徑，若以「歐洲防止酷刑委員會」為例，就非常關切人囚受虐的情事，故認為被收押者（Detained Persons）須擁有三項基本權利，才能有所保障。其一是獲得律師協助的權利；其二是獲得醫師協助的權利，其三則是有權將處境迅速告知親人或所選擇的第三者。（Renate Kicker, 1999: 307）

此外，國際特赦組織（Amnesty International, AI）在 1983 年 10 月乃提出「預防酷刑 12 點計畫」（12-Point Program for the Prevention of Torture），於 2000 年 10 月與 2005 年 4 月也均分別修定，對各國預防與終止囚犯酷刑，算是頗為周詳之規劃，若能確實履行，當有其重要的功效呈現，現且簡述如次：（http://web.amnesty.org/pages/aboutai-recs-torture-eng）

1. 各國政府上下，必須明確的對軍警與安全人員，表明對酷刑反對與不容忍之堅定的立場，完全廢止酷刑與不人道的對待（Condemn Torture and other ill-treatment）。

2. 各國政府必須保證終止人犯單獨拘留，在獨立司法前其家屬、律師與醫生，均可依法正常且不延誤的會見人犯（Ensure Access to Prisoners）。

3. 各國政府必須保證人犯不得祕密監禁（No Secret Detention），家屬、律師、醫師、法院與事關人犯合法利益之協助，如國際紅十字會（the International Committee of the Red Cross, ICRC），均可快速獲得正確拘禁相關資訊，並確保人犯安全無虞。

4. 各國政府必須保證所有人犯可快速被告知其合法權利，在其拘禁與
審訊期間，亦須以國際標準提供必要的安全守衛人員（Provide Safe-
guards during Detention and Interrogation）。

5. 各國政府必須接受聯合國所通過反酷刑之相關公約規範（Prohibit
Torture and other ill-treatment in law），並且立法明確禁止所有酷刑
與對人犯不人道的對待。

6. 各國政府必須保證一切有關酷刑的抱怨，均會在司法獨立下進行快
速、公正客觀、公開與有效率的調查。控訴者、見證人等均會受到
完善的保護而免於脅迫與報復的風險。

7. 各國政府必須以正義處理酷刑的控訟，保證司法裁判是公平的。

8. 各國政府必須保證透過酷刑取得的資訊，在審判過程中均不予採信
（No Use of Statements Extracted under Torture or other ill-treatment）。

9. 各國政府對於公務人員涉及人犯酷刑有關之監禁、審訊與醫療事務，
必須明確提供最有效的訓練（Provide Effective Training）。

10. 各國政府必須保證酷刑受害者，均可獲得國家合理的賠償（Provider
Reparation），其中包括復職、財務補償、醫療照顧與平反。

11. 各國政府必須簽署與反酷刑有關之國際條約（Ratify International
Treaties），並應允國際組織與專家有關防治酷刑之建議。

12. 各國政府必須承諾善盡國際的責任（Exercise International Responsi-
bility）。

　　總而言之，酷刑的操作，本身即是一種公權力的濫用，當有其倫理與
法治的責任，其中兼有嚴重道德與法律正義的質疑。（李建華，2004：
270-281）同時，從另一角度深入來分析，若以嚴刑逼供的酷刑來取代「沉
默權」（Rights of Silence）的保障，表面上似有「速審速決」之效，實際
上，其間所面臨的許多誤差與冤情的處理，卻使問題更加的複雜。（易延

友，2001：142-143；夏勇，H. Thelle 等編，2003）因為，如透過嚴刑拷打而導致法院以虛假供詞來判決，結果造成「無辜者入罪，犯罪者消遙法外」的景象，不但導致被害者的正義未能真正體現，就社會的「成本效益分析」（Cost-benefit Analysis）言，明顯地即已脫離司法正義經濟學（The Economics of Justice）的意旨。（Richard A. Posner 著，蘇力譯，2002）

參考資料 ▏▎▍▊▶

中國人權協會編，**人權法典**，台北：遠流出版公司。

北大人權研究中心，2002，**國際人權文件選編**，北京大學出版社。

李建華，2004，**法治社會中的倫理秩序**，中國社會科學出版社。

陳云生，2000，**反酷刑：當代中國的法治和人權保護**，北京：社會科學文獻出版社。

張智輝，1999，**國際刑法通論**，北京：中國法政大學出版社。

易延友，2001，**沉默的自由**，中國政法大學出版社。

陳榮傳，2005，*2005 年司法人權指標調查報告*，中國人權協會。

Clare Ovey & Robin White 原著，何志鵬等譯，2006， **歐洲人權法**（*The European Convention on Human Rights*）：原判例，北京大學。

李筱峰、林呈蓉，2003，**台灣史**，台北：華立圖書公司。

董云虎：1998，**中國人權白皮書總覽**，新華出版社

趙秉志，2003，**酷刑遏止論**，北京：中國人民公安大學出版社。

Brian Innes 原著，李曉東譯，2001，**人類酷刑史**（*The History of Torture*），吉林：時代文藝出版社。

孫萌，2004，「虐囚事件與國家責任」，徐顯明主編，**人權研究**，第四卷，山東人民出版社。

朱曉青，2003，**歐洲人權法律保護機制研究**，法律出版社。

王杰，2002，**國際機制論**，新華出版社。

夏勇，H. Thelle 等編，2003，**如何根除酷刑**（*How to Eradicate Torture*），
　　北京：社會學文獻出版社）

Marchese di Baccaria 原著，黃風譯，2003，**論犯罪與刑罰**，中國法制出版
　　社。

Richard A. Posner著，蘇力譯，2002，**正義／司法經濟學**，中國法政大學。

John martin Fischer & Mark Ravizza 原著，楊韶剛譯，2003，**責任與控制**
　　（*Responsibility and Control*），北京：新華書店。

Renate Kicker, 1999,"The Protection of Human Rights of Detained Persons:Stan-
　　dards Developed by the European Committee for the Prevention of Torture"
　　劉海年等編，**人權與司法**（*Human Rights and Administration of Justice*）
　　學術研討會論文集，中國法制出版社。

Ian Brownlie, 1997, *Basic Documents on Human Rights*, Oxford: Clarendon Press.

Karen Farrington, 2000, *Under the Title of Punishment and Torture*, London:Oc-
　　topus Publishing Group Ltd..

滿清十大酷刑

http://tw.knowledge.yahoo.com/question/? qid=1005031703509

12-Point Program for the Prevention of Torture

http://web.amnesty.org/pages/aboutai-recs-torture-eng

Torture

http://en.wikipedia.org/wiki/Torture

OHCHR

http://www.ohchr.org/english/countries/ratification/9.htm

第十二章
恐怖主義與人權

　　自從美國 911 恐怖事件爆發之後，全世界隨即陷入恐怖主義的陰影。各國也無不採取相對的措施來對抗，以保護人民生命財產的安全。尤其是其所採用「自殺型恐怖主義」的手段，包括不定時的「自殺炸彈」、「生化武器」攻擊等，更使一般人民終日處在慌恐的狀態。

　　惟值得嚴重關切者，即恐怖主義已由早期的特定目標的游擊戰，逐漸轉向漫天的濫殺無辜。1941 年大西洋憲章（Atlantic Charter）所揭櫫的四大自由中，第 6 條特別強調人類有「免於恐懼的自由」（Free From Fear），但恐怖主義的手段，事實上，不但違反大西洋憲章的基本價值，也嚴重的侵犯人類的基本人權。

一、恐怖主義的概念界定 ▶▶▶

　　「恐怖主義」的概念界定，從政府官方至民間學者，可謂是眾說紛紜，難有其一致的解釋。現且舉列數種說明如次：

1. 為政治目的而使用極端之暴力，目的在使仇敵與群眾陷入恐懼之中。（C. Walker, 1992: 4-8）

2. 地下祕密組織為政治目的所採取的非法暴力行徑。（Lester A. Sobel, 1975: 3, 12）

3. 是為預謀影響政治過程（Political Process）的脅迫與暴力性的行動。（M. Taylor, 1988: 3）

　　由此可見，一般所謂的「恐怖主義」（Terrorism），乃是指為達到政治目標（Political Objective）而系統運用「不可預測的暴力」（Unpredictable Violence），來對抗政敵的理念。美國 FBI 的界定，以「恐怖主義」

即是為政治與社會的因素，在國內或國際上採取非法暴力，以脅迫政府或平民的意識形態。其中相當值得關切者，是其恐怖攻擊的對象，大部已趨向非武裝的人員。運用之武器，尚有生化武器（Biochemical Weapons），亦是所謂的「生物恐怖主義」（Bioterrorism）。顯見，恐怖主義至少仍具備以下諸特質：（參見胡聯合，2001：19，中國現代國際關係研究所反恐研究中心（I），2002：29-33）

其一是具有暴力的破壞性；

其二是有足夠能力造成心理的恐懼性；

其三是總有其特別的政治與社會極端不滿的憤怒；

其四是本質上是屬違法之犯罪行為；

其五是不妥協性；

其六則是有組織的預謀。

惟依據學者的研究顯示，當前恐怖主義的發展，受到已開發國家反恐的刺激，已產生一種新型且防不甚防的新型恐怖主義（Neo-terrorism），或曰是超級恐怖的「綜合恐怖主義」（Complex Terrorism），而且也成為當前反恐國家最大的威脅。

二、恐怖主義在人權上的省思 ▌▌▌▌▌➡

恐怖主義無論其形成的因素或歷史背景為何，至少在人權保障的前提下，舉世的反抗與譴責是有其絕對的正當性，尤其是各種殘忍恐怖的手段，更非人類所能容忍。因此，站在人權的立場與理念上，以下諸項議題的探討，是有其重要性存在。

首先就生存權（Rights to Life）而言，恐怖主義是對其攻擊者生命的一種「絕對的剝奪」（Absolute Deprivation），尤其是屬極端的恐怖主義者，每次的恐怖活動總是死亡無數。

第二就財產權（Rights to Property）而言，恐怖主義攻擊除個人的生命毫不顧忌外，對個人與機關所擁有的財產，均一併加以摧毀殆盡，而且萬

一無法破案或司法也求償無門，則個人的身家財產均毫無保障可言。

第三就不確定的恐懼（Terror with Uncertainty）而言，恐怖主義不論是屬自殺炸彈攻擊或是非自殺炸彈攻擊，均是採取不預警的方式操作，使得受害者或非受害者，隨時隨地均會處在恐慌之中，甚至於導致個人陷入極度的憂鬱，或精神瀕臨崩潰的狀態。

第四就恐怖主義攻擊的對象（Object）而言，當恐怖主義者無法對政敵達到報復的目的時，往往會把目標轉移到人民百姓身上，使「無辜的人民」突然間會成為恐怖主義者的犧牲品。換而言之，所攻擊的對象，往往是「無選擇性」或「隨機性」，顯然這是極為不仁道與不道德的舉措。

第五就恐怖主義攻擊的範圍而言，依據經驗調查顯示，恐怖主義者攻擊的地點相當多元，小至獨特的機關或個人，大至千百人的公眾場地，恐怖主義者均不放棄，因此其影響的範圍是相當的廣泛，受害者當然就會無限的擴大。所謂的大眾人權，自然是盪然無存。

第六就恐怖主義攻擊的動機（Motives）而言，基本上是「有目的」、「有系統」、「有計畫」與「有組織的」。換而言之，恐怖主義者的攻擊乃是「有預謀的非法行動」，犯罪動機也是邪惡的，所以是屬於故意的人權侵犯。

三、恐怖主義類型

恐怖主義經過研究與檢證，有不同的分類，有的分成「鎮壓型恐怖主義」（Repressive Terrorism）、「革命型恐怖主義」（Revolutionary Terrorism）、「分離型恐怖主義」（Separatist Terrorism）及「國際恐怖主義」（International Terrorism）。有的則分為(1)「極端民族主義型」的恐怖主義，如伊朗恐怖主義（Iranian Terrorism）；(2)「宗教狂熱型」的恐怖主義，如蓋達（Al-Qaida）與塔利班（Taliban）組織；(3)「極右型」恐怖主義如新納粹（Neo-Nazi）；(4)「極左型」恐怖組織，如毛澤東恐怖主義；(5)黑社會恐怖主義，如日本紅軍（Japanese Red Army）等五種。若以政治意識形

態（Political Ideology）來分，亦有「種族主義」、「分離主義」、「法西
斯主義」、「無政府主義」與「共產主義」等五種較為具體之恐怖主義。

恐怖主義組織雖因產生的背景不同而呈現多元的形態，但他們恐怖活

表 12-1　近東的國際恐怖組織（FTOs）恐怖活動概況

Group	Description	Terrorist Activity Level
Abu Nidal Organization	Palestinian, nationalist	Very Low
Abu Sayyaf Group	Filipino, Islamist	Moderate
Armed Islamic Group	Algerian, Islamist	Moderate
Hamas	Palestinian, Islamist	Very High
Harakat ul-Mujahidin	Kashmir, Islamist	High
Hizballah	Lebanese, Shiite Islamist	High
Islamic Group	Egyptian, Islamist	Moderate
Islamic Movement of Uzbekistan	Uzbek, Islamist	Moderate
Al-Jihad	Egyptian, Islamist	Moderate
Kach	Jewish extremist	Low
Kahane Chai	Jewish extremist	Low
Kurdistan Workers' Party	Kurdish, anti-Turkey	Low
Palestinian Islamic Jihad	Palestinian, Islamist	Very High
Palestine Liberation Front	Palestinian, nationalist	Very Low
Popular Front for the Liberation of Palestine	Palestinian, Marxist	Low
Popular Front for the Liberation of Palestine General Command	Palestinian, nationalist	Moderate
People's Mojahedin Organization of Iran	Iranian, leftwing anti-regime	Moderate
Al-Qaida (Bin Ladin Network)	Multinational Islamist, Afghanistan-based	Extremely High
Revolutionary People's Liberation Party/Front	Turkish, leftwing anti-government	Low

資料來源：Kenneth Katzman, 2005, Terrorism: Near Eastern Groups and State Sponsors, 2001.

動之活躍程度仍是各有所不同，現若以近東的國際恐怖組織（Near Eastern Foreign Terrorist Organizations, FTOS）為例，如表 12-1 屬巴勒斯坦伊斯蘭的 Hamas、Jihad，與屬多國伊斯蘭—法西斯及以阿富汗為基地的 Al-Qaida，就屬非常活躍的恐怖團體，尤其是 Al-Qaida，可稱是極端活躍者。

不過，依據不完全的統計，目前世界上的恐怖組織，約有 1/3 是屬「極端民族主義」型的恐怖主義，不但蔓延氾濫且是最具致命性與危害性者。（D. M. Schlagheck, 1988: 31）如英國「愛爾蘭共和軍」、西班牙「埃塔解放組織」、法國「科西嘉民族解放陣線」、美國「波多黎各民族解放武裝力量」、加拿大「魁北克解放陣線」、土耳其「亞美尼亞祕密解放軍」、印度「錫克教激進組織」、斯里蘭卡「泰米耳爾分離主義組織」……等等，在在均對國家安全與世界和平，構成最具威脅性的影響。

四、恐怖主義形成的原因 ▶

依據經驗調查顯示，恐怖主義其形成的原因，是相當的複雜與多元的，而且大多是導源於歷史性不易解決的衝突有關。（F. Fukoyama, 2002: 74-80）若簡單來解析，即可分成幾方面來歸類：（Samuel P. Huntington, 1996; Donna MJ. Schlagheck, 1988: 31）

其一是為民族主義的「反殖民統治衝突」（Anticolonial Conflicts）而產生者，如 Ireland 與 United Kingdom、Algeria 與 France、Vietnam 與 France 與 United States。

其二是為不同族群國土（Homeland）爭奪之糾紛者，如 Palestinian 與 Israel。

其三是為不同宗教派別（Religious Denominations）衝突而產生者，如在 Northern Ireland 的天主教與新教徒。

其四是為國內革命勢力（Revolutionary Forces）與既存政府（Established Government）的鬥爭而產生者，如 Malaysia、Indonesia、the Philippine、Iran、Nicaragua、El Salvador 與 Argentina。

其五則是如美國學者Samuel P. Huntington所稱，是由文明的衝突（The Clash of Civilizations）而產生者，即國際意識形態與民族利益之衝突，如United States 與 Iran、Iraq 等國的鬥爭。

在傳統的恐怖事件中，每次暴力的對象相當明確，有其固定報復的對象。現代的恐怖主義攻擊，不管是屬自殺或非自殺性的暴力，對象不但不明確，而且經常受到傷亡者皆是無辜的平民百姓（Innocent Civilians），因為他們採取的方式是隨機且毫無預警的暴力攻擊，使人民無時無刻都處在無法防衛的恐怖境地。其手段則不只包括在公共或特殊地點的綁架、暗殺、空中劫機、炸彈爆炸、縱火、武裝突擊等看得見的暴力景象，其他尚包括生態恐怖主義中，肉眼看不見的生物病毒如炭疽病的攻擊。而此正如國際聞名的生武專家 John D. Holcum 所指出的，病毒生武具有無限的摧毀性，因為在適當的環境下，這些病毒不但會快速的繁殖，而且是不容易被消滅，其中還包括有突變種的改變，使一方在防不甚防裡陷入神經戰的恐懼之中，真可謂是無限的殘忍，是實質的恐怖武器（Intrinsically Weapon of Terror）。

五、國際恐怖主義活動 ▐▐▐▐▶

依據報導，目前「基地組織」遍布全球 60 多個國家，約有 1.8 萬名成員，顯示危機依然存在。至於全球發生之恐怖主義事件，根據我國警政署所提報之「當前國際恐怖組織分布及活動情形」，目前全球較具規模的恐怖組織共計 75 個，分布於世界各地，大多數集中在歐洲、中東及亞洲地區，而在恐怖組織最常採取的八種攻擊手段中，排名前三位的分別是爆炸（63.47%）、武裝突擊（23.99%）、綁架（4.8%）。至於支持恐怖主義的國家，主要分布在古巴、伊朗、利比亞、北韓、蘇丹與敘利亞等 6 國。

若以具體數據來剖析，依統計資料顯示（如表 12-2），1968-1997 年的國際事件，加上 1998 到現在 2006 年 1 月，包括國內與國際事件，全球總共高達 2 萬 4,598 件，其中 33.5%是發生在中東與波斯灣地區（Middle East/

表 12-2　全球各地區恐怖事件（Terrorist Incidents）統計

地區 Region	事件 Incidents	傷害人數 Injuries	致命人數 Fatalities
Africa	998（4.1%）	8,763（10.3%）	3,441（10.2%）
East & Central Asia	202（0.8%）	5,352（6.3%）	227（0.67%）
Eastern Europe	1,258（5.1%）	4,970（5.9%）	1,887（5.6%）
Latin & America & the Caribbean	3,460（14.1%）	3,601（4.2%）	2,137（6.3%）
Middle East / Persian Gulf	8,229（33.5%）	30,197（35.6%）	13,300（39.4%）
North America	580（2.4%）	4,216（5%）	3,574（10.6%）
South Asia	3,799（15.4%）	18,431（21.7%）	6,462（19.2%）
Southeast Asia & Oceania	750（3.1%）	3,753（4.4%）	1,251（3.7%）
Western Europe	5,322（21.6%）	5,628（6.6%）	1,446（4.3%）
Total	24,598	84,911	33,725

Data for 1968-1997 covers only international incidents.

Data for 1998-Present covers both domestic and international incidents

Range: 01/01/1968 - 01/21/2006

資源來源：http://www.tkb.org/IncidentRegionModule.jsp

Persian Gulf）。受傷總人數達 8 萬 4,911 人，其中受傷最多的有 35.6%
（N=30197）亦是發生在中東與波斯灣地區，其次即是南亞的 21.7%
（N=18431）。至於事件致死人數竟然高達 3 萬 3,725 人，最高死亡人數依
次為中東與波斯灣地區（Middle East / Persian Gulf）39.4%（N=13300）、
南亞（South Asia）的 19.2%（N=6462）、北美（North America）的 10.6%
（N=3574）、非洲（Africa）的 10.2%（N=3441）、拉丁美洲與加勒比海
（Latin America & the Caribbean）的 6.3%（N= 2137）、東歐（Eastern
Europe）的 5.6%（N=1887）、西歐（Western Europe）的 4.3%（N=1446）、
東南亞＆大洋洲（Southeast Asia & Oceania）的 3.7%（N=1251）與最低的
東＆中亞（East & Central Asia）的 0.67%（N=227）。此外，依據美國國
務院 2005 年反恐報告，國際恐怖攻擊達 11,111 起，死亡人數單年即高達
14,602 人。（http://www.state.gov/documents/organization/65489.pdf）至於

二次世界大戰後發生的重要恐怖攻擊事件，詳細則由下表 12-3 可知問題的
嚴重。

表 12-3　1857 年到 2013 年全球發生重要的恐怖攻擊事件概況

死亡統計 Estimate	名稱 Name	發生國家 Country	時間 Date
120+	Mountain Meadows Massacre	United States	1857
21	Los Angeles Times bombing	United States	1910
38	Wall Street bombing	United States	1920
150	St Nedelya Church assault	Bulgaria	1925
45	Bath School disaster	United States	1927
91	King David Hotel bombing	Mandatory Palestine	1946
58	1948 Ben Yehuda Street bombing	Mandatory Palestine	1948
238	MV Dara	Southwest Asia	1961
26	Lod Airport massacre	Israel	1972
7	1972 Aldershot Bombing	United Kingdom	1972
17	Munich massacre	Germany	1972
33	Pan Am Flight 110	Italy	1973
33	Dublin and Monaghan Bombings	Ireland	1974
21	Birmingham pub bombings	United Kingdom	1974
88	TWA Flight 841		1974
78	Bombing of Cubana de Aviación Flight 455]	Cuba	1976
7	1977 Moscow bombings	Russia	1977
422	Cinema Rex fire	Iran	1978
38	Coastal Road massacre	Israel	1978
85	Stazione Centrale bombing	Italy	1980
11	Hyde Park and Regent's Park bombings	United Kingdom	1982
102	First Tyre truck bombing attack	Lebanon	1982
63	April 1983 US Embassy bombing	Lebanon	1983
6	Harrods bombing	United Kingdom	1983
309	1983 Beirut barracks bombing	Lebanon	1983
112	Gulf Air Flight 771	United Arab Emirates	1983
60	Second Tyre truck bombing attack	Lebanon	1983
19	Rome and Vienna airport attacks	Italy, Austria	1985
18	1985 El Descanso bombing	Spain	1985
80	1985 Beirut car bombing	Lebanon	1985

死亡統計 Estimate	名稱 Name	發生國家 Country	時間 Date
60	EgyptAir Flight 648	Greece	1985
329	Air India Flight 182	Atlantic Ocean, South of Ireland	1985
146	Anuradhapura massacre	Sri Lanka	1985
20+	Pan Am Flight 73	Pakistan	1986
63	Iraqi Airways Flight 163	Saudi Arabia	1986
21	1987 Hipercor bombing	Spain	1987
11	1987 Zaragoza Barracks bombing	Spain	1987
11	Deal barracks bombing	United Kingdom	1989
270	Pan Am Flight 103	United Kingdom	1988
112	Avianca Flight 203	Colombia	1989
63	DAS Building bombing	Colombia	1989
171	UTA Flight 772	Niger	1989
27	1994 Baku Metro bombings	Azerbaijan	1994
8	1995 Paris Metro bombing	France	1995
26	First Jaffa Road bus bombing	Israel	1996
2	Centennial Olympic Park bombing	United States	1996
147	Kattankudy mosque massacre	Sri Lanka	1990
774	1990 massacre of Sri Lankan Police officers	Sri Lanka	1990
128	Xiamen Airlines Flight 8301	China	1990
9	1991 Vic bombing	Spain	1991
29	Attack on the Israeli embassy in Buenos Aires	Argentina	1992
25	Tarata Bombing	Peru	1992
257	1993 Mumbai bombings	India	1993
6	1993 World Trade Center bombing	United States	1993
86	AMIA Bombing	Argentina	1994
22	Dizengoff Street bus bombing	Israel	1994
22	Beit Lid massacre	Israel	1995
120	October 1995 Eastern Sri Lanka massacres	Sri Lanka	1995
140	Budyonnovsk hospital hostage crisis	Russia	1995
168	Oklahoma City bombing	United States	1995
168	Kizlyar-Pervomayskoye hostage crisis	Russia	1996
13	Dizengoff Center suicide bombing	Israel	1996
125	Ethiopian Airlines Flight 961	Indian Ocean	1996
90	Central Bank Bombing	Sri Lanka	1996

死亡統計 Estimate	名稱 Name	發生國家 Country	時間 Date
64	Dehiwala train bombing (1996)	Sri Lanka	1996
19	Khobar Towers bombing	Saudi Arabia	1996
63	Luxor massacre	Egypt	1997
29	Omagh Bombing	Northern Ireland	1998
33	1998 Coimbatore bombings	India	1998
237	1998 United States embassy bombings	Kenya,Tanzania	1998
293	1999 Russian apartment bombings	Russia	1999
62	1999 Vladikavkaz bombing	Russia	1999
13	1999 Istanbul bombings	Turkey	1999
21	Kosheh massacre	Egypt	2000
22	Rizal Day bombings	Philippines	2000
19	USS Cole bombing	Yemen	2000
12	2001 Indian Parliament attack	India	2001
252	2001 Angola train attack	Angola	2001
21	Dolphinarium discotheque suicide bombing	Israel	2001
16	2001 Bahawalpur church attack	Pakistan	2001
11	Café Moment bombing	Israel	2002
11	2002 Zamboanga City bombings	Philippines	2002
14	Karkur junction suicide bombing	Israel	2002
19	Patt Junction Bus Bombing	Israel	2002
13	2002 Karachi bus bombing	Pakistan	2002
44	Kaspiysk bombing	Russia	2002
33	Akshardham Temple attack	India	2002
30	Passover massacre	Israel	2002
83	2002 Grozny truck bombing	Russia	2002
35	27 October 2003 Baghdad bombings	Iraq	2003
35	Riyadh compound bombings	Saudi Arabia	2003
28	2003 Nasiriyah bombing	Iraq	2003
83	Imam Ali Mosque bombing	Iraq	2003
52	2003 Mumbai bombings	India	2003
46	2003 Stavropol train bombing	Russia	2003
46	2003 Casablanca bombings	Morocco	2003
6	2003 Red Square bombing	Russia	2003
10	13 March 2003 Mumbai train bombing	India	2003

死亡統計 Estimate	名稱 Name	發生國家 Country	時間 Date
17	Haifa bus 37 suicide bombing	Israel	2003
19	2003 Karbala bombings	Iraq	2003
17	2003 Jordanian embassy bombing in Baghdad	Iraq	2003
21	Maxim restaurant suicide bombing	Israel	2003
22	Canal Hotel bombing	Iraq	2003
23	Shmuel HaNavi bus bombing	Israel	2003
74	2004 Kufa shelling	Iraq	2004
74	21 April 2004 Basra bombings	Iraq	2004
68	2004 Baqubah bombing	Iraq	2004
67	19 December 2004 Karbala and Najaf bombings	Iraq	2004
42	February 2004 Moscow metro bombing	Russia	2004
41	30 September 2004 Baghdad bombing	Iraq	2004
47	14 September 2004 Baghdad bombing	Iraq	2004
191	March 11, 2004 Madrid train bombings	Spain	2004
178	Ashoura Massacre	Iraq	2004
117	2004 Irbil bombings	Iraq	2004
116	2004 SuperFerry 14 bombing	Philippines	2004
89	Russian airplane bombings	Russia	2004
334	Beslan school siege	Russia	2004
62	24 June 2004 Mosul bombings	Iraq	2004
34	Sinai bombings	Egypt	2004
22	2004 Khobar massacre	Saudi Arabia	2004
22	2004 Forward Operating Base Marez bombing	Iraq	2004
10	August 2004 Moscow metro bombing	Russia	2004
60	2005 Amman bombings	Jordan	2005
90	2005 Sharm el-Sheikh attacks	Egypt	2005
74	2005 Khanaqin bombings	Iraq	2005
62	29 October 2005 Delhi bombings	India	2005
52	7 July 2005 London bombings	United Kingdom	2005
112	September 14, 2005 Baghdad bombing	Iraq	2005
127	2005 Al Hillah bombing	Iraq	2005
98	Musayyib fuel tanker bombing	Iraq	2005
66	Kebithigollewa massacre	Sri Lanka	2006
62	July 1, 2006 Sadr City bombing	Iraq	2006

死亡統計 Estimate	名稱 Name	發生國家 Country	時間 Date
37	2006 Malegaon blasts	India	2006
13	2006 Moscow market bombing	Russia	2006
28	2006 Varanasi bombings	India	2006
23	2006 Dahab bombings	Egypt	2006
112	2006 Digampathana bombing	Sri Lanka	2006
215	Sadr City bombings	Iraq	2006
209	Mumbai train bombings	India	2006
85	Buratha Mosque bombing	Iraq	2006
57	Nishtar Park bombing	Pakistan	2006
8	2006 Central Mindanao bombings	Philippines	2006
70	2007 Baghdad Mustansiriya University bombing	Iraq	2007
88	22 January 2007 Baghdad bombings	Iraq	2007
42	25 August 2007 Hyderabad bombings	India	2007
41	December 11, 2007 Algiers bombings	Algeria	2007
6	Batasang Pambansa bombing	Philippines	2007
10	2007 attack on tourists in Yemen	Yemen	2007
22	2007 Batna bombing	Algeria	2007
33	11 April 2007 Algiers bombings	Algeria	2007
30	2007 Dellys bombing	Algeria	2007
25+	Assassination of Benazir Bhutto	Pakistan	2007
9	2007 Ankara bombing	Turkey	2007
136	2007 Karachi bombing	Pakistan	2007
135	February 3, 2007 Baghdad market bombing	Iraq	2007
120	2007 Al Hillah bombings	Iraq	2007
76	February 12, 2007 Baghdad bombings	Iraq	2007
98	1 February 2008 Baghdad bombings	Iraq	2008
75	2007 Baghlan sugar factory bombing	Afghanistan	2008
56	2008 Ahmedabad bombings	Pakistan	2008
100	2008 Kandahar bombing	Afghanistan	2008
81	2008 Assam bombings	India	2008
80	Jaipur bombings	India	2008
58	2008 Indian embassy bombing in Kabul	Afghanistan	2008
43	2008 Issers bombing	Algeria	2008
47	2008 Parachinar bombing	Pakistan	2008

死亡統計 Estimate	名稱 Name	發生國家 Country	時間 Date
70	2008 Wah bombing	Pakistan	2008
68	6 March 2008 Baghdad bombing	Iraq	2008
54	Islamabad Marriott Hotel bombing	Pakistan	2008
51	17 June 2008 Baghdad bombing	Iraq	2008
35	September 2008 Peshawar bombing	Pakistan	2008
35	15 July 2008 Baquba bombings	Iraq	2008
12	2008 Vladikavkaz bombing	Russia	2008
14	2008 Shiraz explosion	Iran	2008
17	2008 Istanbul bombings	Turkey	2008
32	28 September 2008 Baghdad bombings	Iraq	2008
30	13 September 2008 Delhi bombings	India	2008
8	2008 Danish embassy bombing in Islamabad	Pakistan	2008
19	2008 American Embassy attack in Yemen	Yemen	2008
13	2008 Beni Amrane bombings	Algeria	2008
175	2008 Mumbai attacks	India	2008
110	10 October 2008 Orakzai bombing	Pakistan	2008
8	2009 attack on the Sri Lanka national cricket team	Pakistan	2009
6	2009 International Islamic University bombing	Pakistan	2009
43	2009 Pishin bombing	Iran	2009
101	19 August 2009 Baghdad bombings	Iraq	2009
73	20 June 2009 Taza bombing	Iraq	2009
69	24 June 2009 Baghdad bombing	Iraq	2009
54	December 2009 Lahore attacks	Pakistan	2009
51	2009 African Union base bombings in Mogadishu	Somalia	2009
35	November 2009 Rawalpindi bombing	Pakistan	2009
35	2009 Beledweyne bombing	Somalia	2009
35	2009 Lahore bombing	Pakistan	2009
33	December 2009 Dera Ghazi Khan bombing	Pakistan	2009
25	2009 Hotel Shamo bombing	Somalia	2009
9	Camp Chapman attack	Afghanistan	2009
12	December 2009 Lower Dir mosque bombing	Pakistan	2009
16	2009 Lahore police academy attacks	Pakistan	2009
17	2009 Kabul Indian embassy attack	Afghanistan	2009
20	2009 Zahedan explosion	Iran	2009

死亡統計 Estimate	名稱 Name	發生國家 Country	時間 Date
8	July 2009 Mindanao bombings	Philippines	2009
34	6 April 2009 Baghdad bombings	Iraq	2009
28	2009 Nevsky Express bombing	Russia	2009
25	2009 Nazran bombing	Russia	2009
23	2009 Pakistan Army General Headquarters attack	Pakistan	2009
155	25 October 2009 Baghdad bombings	Iraq	2009
117	28 October 2009 Peshawar bombing	Pakistan	2009
127	8 December 2009 Baghdad bombings	Iraq	2009
74	July 2010 Kampala attacks	Uganda	2010
73+	September 2010 Quetta bombing	Pakistan	2010
58	2010 Baghdad church attack	Iraq	2010
58	6 April 2010 Baghdad bombings	Iraq	2010
58	April 2010 Kohat bombings	Pakistan	2010
8	2010 Stavropol bomb blast	Russia	2010
25	19 April 2010 Peshawar bombing	Pakistan	2010
30	February 2010 Khyber Mosque bombing	Pakistan	2010
12+	2010 Hakkâri bus attack	Turkey	2010
18	February 2010 Kabul attack	Afghanistan	2010
27+	July 2010 Zahedan bombings	Iran	2010
33	3 March 2010 Baqubah bombings	Iraq	2010
32	Muna hotel attack	Somalia	2010
31+	19 September 2010 Baghdad bombings	Iraq	2010
72+	March 2010 Lahore bombings	Pakistan	2010
70+	July 2010 Baghdad attacks	Iraq	2010
69+	17 August 2010 Baghdad bombings	Iraq	2010
66	2010 Darra Adam Khel mosque bombing	Pakistan	2010
54	1 February 2010 Baghdad bombing	Iraq	2010
53+	25 August 2010 Iraq bombings	Iraq	2010
50+	December 2010 Mohmand Agency bombings	Pakistan	2010
50	5 April 2010 Peshawar bombings	Pakistan	2010
50	July 2010 Lahore bombings	Pakistan	2010
43+	7 August 2010 Basra attacks	Iraq	2010
42	April 4, 2010 Baghdad bombings	Iraq	2010
41	25 January 2010 Baghdad bombings	Iraq	2010

死亡統計 Estimate	名稱 Name	發生國家 Country	時間 Date
38	2010 Chabahar suicide bombing	Iran	2010
39	May 2010 Mogadishu bombings	Somalia	2010
40	Nadahan wedding bombing	Afghanistan	2010
40	2010 Moscow Metro bombings	Russia	2010
19	February 2010 Khyber bombing	Pakistan	2010
18	Pakistan CID building attack	Pakistan	2010
47	December 2010 Bajaur bombing	Pakistan	2010
17	2010 Vladikavkaz bombing	Russia	2010
16	January 2010 Bajaur bombing	Pakistan	2010
48	27 January 2011 Baghdad bombing	Iraq	2011
36	2011 Domodedovo International Airport bombing	Russia	2011
15	2011 Imbaba church attacks	Egypt	2011
14	2011 Minsk Metro bombing	Belarus	2011
27+	24 January 2011 Iraq bombings	Iraq	2011
16	2011 Marrakech bombing	Morocco	2011
18	2011 Hotan attack	China	2011
20	2011 Mumbai bombings	India	2011
20	2011 Faisalabad bombing	Pakistan	2011
3	2013 Boston Marathon bombings	United States	2013

資料來源：http://en.wikipedia.org/wiki/List_of_battles_and_other_violent_events_by_death_toll#Post-World_War_II

　　恐怖主義的攻擊行動，通常可分「自殺恐怖主義」與「非自殺恐怖主義」兩種。所謂「自殺恐怖主義」，即是立基於以包括犯罪者（Perpetrator）、聖戰者、殉教者自身，必然會死亡的一種恐怖攻擊，令人心驚膽跳，相當容易引起社會大規模的恐慌。依據統計資料顯示，1968-1997年國際恐怖主義活動案件高達 15,386 起，死亡人數 9,562 人，受傷人數 31,323 人。（胡聯合，2001:99）又單單 2000 年，全球的恐怖主義攻擊有 1,106 案，造成平民 2,494 位喪生，3,648 人受傷；軍警安全人員 1,253 位喪生，1,209 人受傷。自殺攻擊事件方面，1982-2003 年全球共發生 351 件，如圖 12-1，其中從 1993 到 2003 年 Israel-Palestinian 的自殺恐怖主義事件，總共有 168 案

（如表 12-3）。其中 2001-2002 兩年就有 120 案（71.4%）。再者，依據研究，自殺攻擊者的特點，亦可由表 12-4 得知，通常是屬極端宗教狂熱且未婚之年輕人，故有學者以為恐怖主義之行動，似乎已成為是年輕人的職業。（N. C. Livingstone, 1982: 43）至於心理方面，則有仇恨、冷酷與狂熱的特質。（胡聯合，2001：29-31）

依據美國國務院統計，從 1990 年至 1996 年，共發生 27,087 起恐怖主義事件，死亡 51,797 人，58,814 人受傷。1997 年，發生 304 起恐怖主義事件，較 1996 年上升 8 倍之多，造成 221 人死亡，693 人受傷。1998 年，發生 273 起恐怖主義事件，造成 741 人死亡，5,952 人受傷。1999 年就發生 392 起恐怖主義事件，造成 233 人死亡，701 人受傷。2000 年，發生恐怖主義事件 423 起，死亡 405 人，791 人受傷。再者，依據美國國家反恐中心（National Counterterrorism Center, NCTC）的統計發現，在 2004 年發生 3,192 件分離主義恐怖事件（Separate Terrorist Incidents），造成 28,433 人喪生，其中包括6,060位平民百姓被殺。（National Security Watch, 2006）。

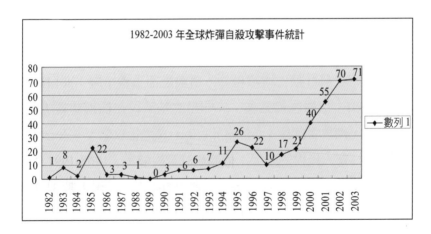

圖 12-1　1982-2003 全球炸彈自殺攻擊事件

資料來源：http://terrorismexperts.org/SuicideBombing_Istanbul.ppt

表 12-4　1993-2003 年 Israel-Palestinian 的自殺恐怖主義事件分析

教育程度 Level of Education	小學 12.7%	高中 52.5%	專技 27.1%	學院 7.6%
意識型態 Ideology	宗教 72%	民族主義 26%	左派民族主義 2%	
年齡 Age of Terrorist	16-21 歲 36%	22-27 歲 47%	30 歲以上 17%	
發生地點 Take Place	購物中心 38%	車站 23%	交通工具上 30%	
性別 Cender of Terroriet	男性 99%	女性 1%		
炸彈攜帶 Bombs Carried	置放汽車上 38%	置放身體上 77%		
教育類型 Type of Education	世俗教育 17%	宗教教育 83%		
婚姻狀態 Marital Status	已婚 6%	未婚 94%		

資料來源：http://terrorismexperts.org/terrorism_research.htm

事實上，依據研究顯示，恐怖主義是有組織、有計畫，且不加選擇的對任何自認能向當局施加影響的一切目標，進行恐怖暴力襲擊，其中包括爆炸、綁架、劫機、投毒、暗殺、縱火，以及赤裸裸的屠殺，製造多起震驚世界的恐怖主義事件，對各國的安全及穩定，造成了嚴重的危害。其中影響較大者如下：1.暗殺印度前總理拉吉夫·甘地案；2.世界貿易中心汽車炸彈爆炸案；3.奧克拉荷馬市爆炸案；4.印度孟買系列炸彈爆炸案；5.車臣人質劫持事件；6.沙特美基地爆炸案；7.亞特蘭大奧運公園爆炸案；8.祕魯日本大使館人質劫持案；9.埃及盧克索恐怖屠殺事件；10.英國奧馬大爆炸案；11.美國駐肯尼亞及坦桑尼亞大使館爆炸案；12.俄羅斯系列汽車爆炸案；13.美國 911 恐怖主義系列襲擊事件。（何秉松，2002）

六、全球反恐組織與行動 ▌▌▌▌➡

㈠聯合國的努力

事實上，長期以來，恐怖主義與人權乃是聯合國所關切的議題，從 1963 年到目前為止，至少已有 12 項反恐的國際宣言發布。通過的重要決議有如：「消除國際恐怖主義措施」（1999）、「制止向恐怖主義提供資助的國際公約」（1999）、「制止恐怖主義爆炸事件的國際公約」（1998）、「反對劫持人質國際公約」（1979）與「譴責美國境內的恐怖主義攻擊」（2001）。最近的則有「國際反對核子恐怖主義宣言」（International Convention for the Suppression of Acts of Nuclear terrorism），並於 2005 年 9 月 14 日接受各國簽署，顯見聯合國對反恐及尊重人權之重視。尤其是 1993 年聯合國人權高級辦公總署成立後，乃將恐怖主義明顯列為人類生存權（Right to Life）與保障人權（Protecting Human Rights）上，必須最優先處理的地位，並為各國制定反恐怖主義範圍內的人權義務準則。同時，也要求各會員國能將恐怖主義，認定為是司法上一暴力犯罪行為，並使恐怖主義者無所避難（No Safe Haven for Terrorists）。

2001 年 9 月 28 日，安全理事會根據「聯合國憲章」第 7 章採取行動，通過了第 1373（2001）號決議，重申斷然譴責 2001 年 9 月 11 日在紐約、華盛頓特區和賓夕法尼亞州發生的恐怖主義攻擊，表示決心防止一切此種行為。此外，第 1373 號決議還設立了「反恐委員會」（Counter Terrorism Committee, CTC），由安全理事會全部 15 位成員組成。反恐委員會負責監測各國執行第 1373 號決議的情況，並努力提高各國打擊恐怖主義的能力。在長達 4 頁的決議案中，由美國發起，要求所有聯合國成員在打擊恐怖主義組織上，須密切合作，其中包括交換恐怖主義組織活動情報，和防止恐怖主義者越過國際邊界，並且主張會員國必須共同切斷恐怖主義組織的財源。

在 2003 年 1 月 20 日，聯合國安理會外長會議經過近 3 個小時的公開

討論，一致通過反恐宣言，呼籲 191 個成員國採取緊急行動，防止並壓制一切主動及被動支持恐怖主義的行為，尤其是必須遵守安理會有關反恐的各項決議。宣言進一步還指出，不管恐怖行為發生在何處，各成員國在防止、調查、起訴和懲罰恐怖行為過程中，要盡最大可能以相互協助。宣言還要求安理會反恐委員會，為推動成員國執行聯合國第 1373 號決議，要作進一步努力。2004 年 3 月 26 日安全理事會第 1535（2004）號決議，更設立了「反恐怖主義委員會執行局」（Counter-Terrorism Executive Directorate, CTED），使成為 UN 在集體對抗國際恐怖主義上，是最具領導地位的組織，以期加強委員會監測第 1373（2001）號決議執行情況的能力，並向會員國提供技術援助，促進與國際、區域和次區域組織的更密切合作及協調等各方面工作，逐漸發揮著更為積極主動的作用。2004 年 5 月，聯合國祕書長科菲・安南（Kofi Anan）任命西班牙籍迦威爾・魯佩雷斯（Javier Ruperez）為反恐怖主義委員會執行局主任，惟此組織仍預計在 2007 年 12 月 31 日能結束此一反恐任務。

㈡美國經驗

依據研究顯示，1968-1997 年間，反美之國際恐怖主義事件高達 5,655 起，占全球國際恐怖主義事件的 36.75%，拉丁美洲就有近 4 成的比率，且平均 6 成是以爆炸案為主。至於攻擊的目標，依據美國國務院的統計，商業目標居首為 34.27%，其他依次為 22.54% 的外交目標，18.46% 的平民目標，14.71% 的軍事目標，10.02% 的政府目標。（胡聯合，2001：106, 111, 116, 124）又如美國在 911 重創中，涉案之恐怖主義者雖只有 19 人，但造成死亡人數竟高達 3,600 人，受傷者亦有 8,000 多人，經濟損失 3,500 億美元，情況可說至為慘烈。

不過，在全國驚恐後的反省與預防性的規劃行動中，事實證明已有顯著之績效，足為各國效尤。其中值得借鏡者，至少有四：

其一就「建立有效的國家反恐網路系統」而言，911 事件後，美國相繼

發表了「國土安全戰略報告」、「國防報告」，隨後又公布「抗擊恐怖主義國家戰略」，明顯確立了反恐的中心地位。尤其是調整 FBI 和 CIA 許可權職責，頒布反恐法令，並首次讓美軍參與國土防禦，持續加強了本土反恐體系的建設和完善。

其二就「反恐的國際合作」而言，美國主導「反恐聯盟」，不僅強調源頭打擊恐怖主義勢力，還通過國際「情報交流」、「簽定協議」、「舉行演習」、「軍事援助」、「協助訓練」等方式，加強了與各國的反恐合作。

其三就「反恐戰技的研發」而言，不僅投入了巨大的人力、物力，並發展諸如「臉部識別攝影機」、「探地雷達」等先進反恐設備，同時將高科技的生物識別技術引入美國護照、證件，全面構建了一道高科技的反恐屏障。

其四就「反恐經費的擴編」而言，為全力打擊恐怖主義，911 後美國國會嘗一次就撥款 250 億美元，以作為反恐專款經費。2003 年用於反恐戰爭的軍事開支為 270 億美元，用於國內安全的開支為 377 億美元（比 2002 年度 195 億美元增長將近一倍）。2004 年用於國土安全的撥款亦保持在 260 億美元的高水位，充分凸顯美國人民與政府反恐之決心。

㈢其他國家行動

除了美國外，其他反恐的國家也積極投入此一全球的行動，如日本開始醞釀建立一支 5,000 至 6,000 人的反恐任務的特種部隊。德國議會制定了「反恐法案」。英國公布了新的「反恐法規草案」。泰國政府公布了泰國第一部「反恐怖法」。美、俄等國則多次舉行大規模的「反恐軍事演習」。美國甚至還宣布「伊斯蘭特種團」等 3 個車臣反政府武裝團體為恐怖主義組織，並對它們實行制裁。俄、印亦決定成立一個反恐聯合工作小組，沙特和葉門則簽署了「邊界安全機構協調協定」。

1. 區域性反恐宣言有：
   (1)阿拉伯國家聯盟反恐協議

   Arab Convention for the Suppression of Terrorism (League of Arab States, 1998)
   (2)依斯蘭會議組織打擊國際恐怖主義公約

   Convention of the Organization of the Islamic Conference on Combating International Terrorism (1999)
   (3)壓制恐怖主義歐洲宣言

   European Convention on the Suppression of Terrorism (1977)
   (4) 8 國高峰會反恐宣言

   G8 Summit Declaration on Counter-Terrorism (2006)
   (5)東協反恐宣言

   ASEAN Convention on Counter Terrorism (2007)

2. 各國反恐宣言與法案

   各國為確保國家安全、社會秩序與人民生命財產之保障，莫不積極立法與執行相關之反恐政策，主要國家的概況如下（中國現代國際關係研究所反恐研究中心，2002）：

   (1)阿根廷，反恐怖主義法，1996 年；

   (2)德國，反國際恐怖主義法，2002 年；

   (3)俄羅斯，聯邦反恐怖主義法，1998 年；

   (4)英國，反恐怖、犯罪及安全法，2001 年；

   (5)日本，反恐怖對策特別措施法，2001 年；

   (6)南非，反恐怖主義法，2000 年；

   (7)斯里蘭卡，反恐怖主義臨時法，1979 年；

   (8)印度，防止恐怖主義法，2001 年；

   (9)以色列，預防恐怖主義條例，1948 年；

⑩義大利，打擊國際恐怖主義的緊急措施，2001 年。

總而言之，反對恐怖主義與人權保護乃是相輔相成、互不排斥的工作。聯合國 OHCHR 先後任的主任 Mary Robinson 與 Sergio Vieira de Mello，在安全理事會反恐（Counter-Terrorism）會議中，即嘗明確的表示，我們對於恐怖主義的回應，唯有全心全力的反擊與預防一途，而且必須積極加強全球反恐鬥爭的國際合作；同時，在致力於與恐怖主義的戰爭中，尊重與伸張「人權」、「基本自由」、「社會正義」與「法治」等項準則，乃是最好與唯一擊倒或孤立恐怖主義的最佳策略。聯合國祕書長 Kofi Anan 亦清楚表示說：「我們大家都應明確認識到，在有效打擊恐怖主義和保護人權之間，絕不能顧此失彼。相反的，從長期來看，我們會發現人權、民主和社會正義，都是預防恐怖主義的最佳辦法之一。」（OHCHR, 2006）

參考資料 ▐▐▐▐▐▶

中國現代國際關係研究所反恐研究中心（II），2002，**世界主要國家和地區反恐怖政策與措施**，北京：時事出版社。

中國現代國際關係研究所反恐研究中心（III），2002，**各國及聯合國反恐怖主義法規選編**，北京：時事出版社。

中國現代國際關係研究所反恐研究中心（I），2002，**恐怖主義與反恐怖鬥爭理論探索**，北京：時事出版社。

何秉松，2002，「現代恐怖主義演進之研究」，**國政研究報告**，台北：財團法人國家政策研究基金會。

王逸丹主編，2002，**恐怖主義朔源**，社會科學文獻出版社。

胡聯合，2001，**當代世界恐怖主義與對策**，東方出版社。

胡聯合，2001，**第三只眼看恐怖主義**，世界知識出版社。

F. Fukoyama 原著，2002，「恐怖主義與文明衝突」，原載於中國現代國際

關係研究所反恐研究中心（I），**恐怖主義與反恐怖鬥爭理論探索**，北
京：時事出版社。

Lester A. Sobel 1975, *Political Terrorism,* New York: Facts on File.

C. Walker, 1992, *The Prevention of Terrorism in British Law*, Manchester University Press.

Samuel P. Huntington, 1996, *The Clash of Civilizations and the Remaking of World Order*, New York.

Schlagheck, 1988, *International Terrorism*, Lexington Books.

Walter Laqueur, *The Age of Terrorism*, Boston: Little, Brown and Company.

Ian O. Lesser, 2001, *Countering the New Terrorism*, Rand.

M. Taylor, 1988, *The Terrorist*, London: Brassey's Defense Publishers.

N. C. Livingstone, 1982, *The War Against Terrorism*, Lexington Massachusetts: D. C. Health and Company.

Terrorism in The 20th Century,

http://terrorismfiles.org/encyclopaedia/terrorism_20th_century.html

李潤田，2004，911 看美國反恐三年 http://www.zaobao.com/special/us/pages4/attack110904m.html

OHCHR, Terrorism and Human Rights

http://www.unhchr.ch/terrorism/

Statistics Summary,

http://www.emergency.com/2002/terroris00-01.pdf

Terrorism In The 20thCentury

http://terrorismfiles.org/encyclopaedia/terrorism_20th_century.html)

Israel-Palestinian Suicide Terrorism

http://terrorismexperts.org/terrorism_research.htm

Suicide Bombing

TerrorismExperts.org

Terrorist Incidents

http://www.tkb.org/IncidentRegionModule.jsp

National Security Watch, 200

http://www.usnews.com/usnews/news/articles/050706/6natsec.htm

第十三章
隱私權與人權

　　在人類的社會生活中，大體可分成「公領域」與「私領域」兩大部分。其中公領域當然是有其必要的「公共規範」（Public Norms），以維持基本的社會秩序。但私領域的部分，則有其「私密」的屬性，應受「國家」（State）的「必要保護」，以體現個人基本生活的「尊嚴性」與「自主性」。顯見就公民社會的人權而言，如學者 Edward Felten 與 John A. Halderman 所言，基本的隱私權是必要的，否則對一自由的社會與民主政府的維持而言，將產生災難性的牽連與影響。（Edward Felten & John A. Halderman, 2006）

一、隱私權的概念說明 ▌▌▌▌➡

　　「隱私權」引起廣泛的關注，最早是源於 1890 年美國哈佛大學法學院教授 Louis D. Brandeis（後來擔任聯邦最高法院大法官）和 Samuel D. Warren 二人合寫「隱私權」（The Right to Privacy）論文，並發表在 12 月 15 日出版的第 5 期《哈佛法律評論》（*Harvard Law Review*）上。該文不但在法律界引起了極大的興趣，並在美國產生了對隱私權的一連串的討論。惟必須注意的是，「隱私權」的概念，是在與媒介的對抗中產生，其最初的界定是指：個人在一般情況下，對他的思想、觀點和情況，有決定是否與別人交流的權利。換而言之，隱私乃是一種獨處的權利，也是一種保持自己個性的權利。（Louis D. Brandeis & Samuel D. Warren, 2006）

　　「隱私」（Privacy）的概念界定，雖然有相當的困難度，而且不容易取得普遍性與統一的共識，但大體上還同意「隱私」，乃是指無關於公領域且屬個人不願公開的私密性事務（Person's Secret Affairs）。「隱私」期

刊（Privacy Journal）的編輯 Robert Ellis Smith，嘗界定隱私權乃是吾人身心免於干擾、侵犯與妨害的權利（Be free of Interruption, Intrusion and Embarrassment）。（Robert Ellis Smith, Ben Franklin's Web Site 6, Sheridan Books 2000）另一學者 Edward Bloustein 則認為隱私權乃是一種人類人格的利益（An Interest of the Human Personality），即保護人格之不可侵害（Inviolate Personality），使個人有其獨立（Independence）、尊嚴（Dignity）與統整性（Integrity）。（Edward Bloustein, 1964）學者經研究以為隱私有幾個要素，其一是私密性（Secrecy）；其二是匿名性（Anonymity）；其三是獨處性（Solitude）；其四是人格性（Personality）；其五是個體自主性（Autonomy）。（Ruth Gavison, 1980；王利明，2005）

二、國際人權法典中的隱私權保障 ▶▶▶

隱私權既為重要的人權，也是民主自由社會的指標，自然在國際人權組織的法典中，或是各國的重要憲政文憲中，皆會有明確的規範。現且就其重要者分述於後。

㈠國際暨區域組織人權文獻

1. 聯合國相關公約與宣言

聯合國人權宣言（Universal Declaration of Human Rights）第 12 條明確規範：任何人的私生活（Privacy）、家庭（Family）、住宅（Home）和通信（Correspondence）不得任意干涉（Arbitrary Interference），他的榮譽和名譽不得加以攻擊（Attacks）。人人有權享受法律保護，以免遭受種種干涉或攻擊。

1966 年 12 月 16 日聯合國大會決議通過的「公民權利和政治權利國際公約」（International Covenant on Civil and Political Rights）第 17 條亦有類似的規範：⑴任何人的私生活、家庭、住宅或通信不得加以任意或非法干涉，他的榮譽和名譽不得加以非法攻擊。⑵人人有權享受法律保護，以免遭受種種干涉或攻擊。

1959 年聯合國通過的「兒童人權國際公約」（The Rights of the Child）第 16 條明確規定，兒童的隱私權猶須受到必要的尊重，內容為：⑴兒童之隱私、家庭、住家或信函不可恣意或非法干預，其信用、名譽與通信亦不可受到非法侵害。⑵兒童對此等干預或侵害有依法受保障的權利。

2. 美洲人權公約

比照聯合國人權宣言第 12 條，美洲人權公約（American Convention on Human Rights）第 11 條也規定：享有私生活的權利（Right to Privacy）⑴人人都有權使自己的榮譽受到尊重，自己的尊嚴受到承認。⑵不得對任何人的私生活、家庭、住宅或通信，加以任意或不正當的干涉，或者對其榮譽或名譽進行非法攻擊（unlawful attacks）。⑶人人皆有權受到法律的保護，不受到上述的干擾與攻擊。

1948 年通過的「美洲人民權利和義務宣言」（American Declaration of the Rights and Duties of Man）第 1 章第 5 條亦明定：「人人有權受到法律的保護，使其榮譽、名譽及私人生活和家庭生活不受辱罵性之攻擊。」

3. 歐盟

歐洲議會部長理事會 1980 年通過「歐洲數據保護公約」，1995 年後又相繼通過「自動處理個人資料公約」（Convention for the Protection of Individuals with regard to Automatic Processing of Personal Data）、「歐盟保護個人資料的指令」、「電信事業個人資料處理及隱私保護指令」（1997），依據以上指令，歐盟（European Union）明文禁止把個人資料傳輸至資料保護不足的個人與地區。（楊立新，2000：413）

4. 經濟合作發展組織

1980 年在法國巴黎（Paris）訂定「個人資料跨國流通隱私權保護綱領」（Guidelines on the Protection of Privacy and Transborder Flows of Personal Data），確定隱私權保護的原則，如資料收集限制（Collection Limitation Principles）、負責原則（Accountability Principle）、使用限制原則

（Use Limitation Principle）與安全防衛措施原則（Security Safeguards Prin-ciple）。（Loger Clarke, 2006）

　　㈡各國隱私權保護立法

　　依據研究顯示，政府資訊公開制度最早發源地為北歐之瑞典，於 1973 年即制定「資料法」（Data Act）。然將此項制度予以體系化者，最早仍為美國，其於 1966 年即制定「資訊自由法」（Freedom of Information Act），其實際運作之狀況亦為各國中最佳者。惟各國之立法保護隱私權，有如英國的「地方政府資訊近用法」（Local Government Access to Information Act）、法國的「取得行政文件法」（Law on Access to Administration Docu-ments）、德國 1977 年所制定之「聯邦個人資料保護法」（該法曾於 1980 年修正），而加拿大、挪威、紐西蘭、澳大利亞亦有相關隱私權法律之立法。如加拿大亦先後訂定「聯邦隱私法」（Privacy Act）、「個人資訊保護法」（Personal Information Protection Act）、「個人健康資訊保護法」（The Personal Health Information Protection Act）、「個人資訊保護與電子檔案法」（Personal Information Protection and Electronic Documents Act, PIP-EDA）；澳洲 1994 年訂定的「澳洲隱私憲章」（Australian Privacy Char-ter），亦普遍規範隱私權承認與尊重的原則與運作方法，皆是在維護個人資訊的隱私權。（Canadian Legislation, http//www.shredit.com/privacy_cana-dian.asp）

　　美國有關保護個人隱私的法律，係針對不同性質之「資料主體」與「資料使用者」也有分別立法。1.針對「行政機關」而規定者有：「隱私權法案」（The Privacy Act, 1974）、「聯邦有線通訊法案」（Federal Cable Communication Policy Act）、「電子通訊隱私法」（The Electronic Com-munications Privacy Act, ECPA），以禁止電視媒體公開課戶的個人資料，限制竊聽監視傳輸之訊息。2.針對「私人機構」而規定者有：「公平徵信報告法案」（Fair Credit Reporting Act of 1970, FCRA）、「平等徵信機會法

案」（The Equal Credit Opportunity Act）；3.針對「學生教育資料」保護之「家庭教育權及隱私權法」（Family Educational Rights and Privacy Act of 1976）；4.針對「私人財務」而規定者有：「財務隱私權法」（Right to Financial Privacy Act of 1978）及「公平信用記錄法」（Fair Credit Billing Act of 1976）。顯見，美國上述各法之精神，實與歐陸各國之資料保護法相同，同是為保護個人穩私而制定。

不過值得關注者，即美國在「911 事件」後，為了打擊「國際恐怖主義」（International Terrorism），也為了「國家安全」，總統 George W. Bush乃在白宮簽署「愛國者法案」（Patriot Act）（2001 年 10 月 26 日），消弱民主制衡的機制，擴大政府監聽或電話錄音（Surveillance & Wiretapping）之權限，遂引起各方對國民隱私權之保護，有了相當程度的憂慮、爭議與論辯。（EFF Analysis Of The Provisions Of The USA PATRIOT Act, http://www.eff.org/Privacy/Surveillance/Terrorism/20011031_eff_usa_patriot_analysis.php）

三、隱私權保護的範圍

隱私權保護乃是任何民主與自由社會的表徵，其具體的理念就是限制政府與私人組織，對個人隱私自主（Privacy Autonomy）的非法侵犯。然隱私權保護的範圍，依據學者的研究指出，隱私權的侵犯，通常是指四種的侵權行為，其一是「入侵」（Intrusion），是指不合理侵入他人的隱私，即干擾他人生活安寧、獨居或隱私事務；其二是指具有高度冒犯性的「私人事務之公眾揭露」（Public Disclosure of Private Facts）；其三是指「誤導」（False Light），即是指具有高度冒犯性的宣傳，公開錯誤的描述他人，使其為公眾誤解；其四則是「盜用」（Appropriation），即是未經許可，竊用他人姓名或肖像而謀取不當利益者，亦是將他人人格作為商業使用。（Ellen Alderman & Caroline Kennedy，吳懿婷 譯，2001：208-209；王利明，2005：581）

細分而言，則有「政治的隱私」、「醫療的隱私」、「基因的隱私」、「網路的隱私」、「免於公司干預的隱私」、「免於政府干預的隱私」（Privacy from Government Interference）……等等。（Privacy, http://en. wikipedia.org/wiki/Privacy_rights）不過，具體而言，隱私權的侵害仍可從以下諸層面來探討，其一是身體的隱私（Bodily Privacy），其二是資訊的隱私（Information Privacy），其三是通訊的隱私（Communication Privacy），其四是區域的隱私（Territorial Privacy）。

㈠身體的隱私

「身體隱私」的概念，通常是指個人生理上不願為外人所侵犯者，均屬個人隱私。其中包括如私密器官的窺視、未經同意的或被迫性的輸血（Blood Transfusion）、藥物檢驗（Drug Testing）、體液（Body Fluids）組織（Tissue）樣本抽取、遺傳基因檢測（Genetic Tests）等等，均屬個人隱私的侵犯。

除此之外，學者更進一步研究指出，個人的身體都是自己特別的財產，如胸部、肚臍、兩大腿間（私處）、屁股或嘴巴，都是沒有人可以不經同意的「隨意對待」。其中除包括直接間接的觸碰如性侵擾（Sexual Harassment）外，亦包括使用直接或間接方法的窺視如針孔攝錄。此外較為特殊者，即如婦女的哺乳，對兒童人權而言，是頗為健康之舉，但若在公共場所為未經同意之「觀看」，亦有隱私權侵犯之虞。醫療院所婦產科缺乏隱私的看診環境，也都可視為對身體隱私的不尊重。

當然，所謂身體隱私部位，事實上並不只限身體的「三點」，凡屬民眾不想被他人知道的身體部位，都是保護範圍，除最常見的「裙底風光」外，洗澡時被偷拍到背部、臀部等部位，均算是隱私權之侵犯。其次有待關切者，乃即使窺探非為前述之「三點」，而是未經同意的行為如偷錄或轉播，照樣有隱私權侵犯之虞。此外，若老師以「性教育」為由，1.要求學生繳交「自繪性器官」或「自拍私處」作業，2.現場或非現場的公開某女生

「乳房自我檢查」或「陰道塞藥」等活動，基本上皆屬個人隱私權之侵犯。再者，監禁中之犯罪者（Prisoners），雖然身在監獄受刑，但其身體性的隱私權，除有特別規範外，仍如自由人一樣得受必要的尊重。

以實際案例而言，國內外身體隱私受侵犯而興訟者，可謂不勝枚舉。以美國法院曾經處理的案件如 People v. Gibbons（California, 1990）、Kansas v. Martin（Kansas, 1983）、New Summit Associates v. Nistle（Maryland, 1987）、Hamberger v. Eastman（New Hamphire）、Young v. Nevada（Nevada, 199）等，均是以各種方法偷窺她（他）人如廁、性愛、洗澡等身體隱私而被告上法庭。（Ellen Alderman & Caroline Kennedy，吳懿婷譯，2001：365-371）國內豪華旅館亦經常發現相同的案例，甚者更在房內化妝檯裝置特殊鏡面，直窺並錄製新婚夫婦性愛影帶販售，或以為要脅詐財之用，更是嚴重侵犯身體隱私及刑法相關罪行。又如婦女之貞操（Virginity）或處女膜（Hymen）問題，是屬個人之私密，但卻經常成為婦女人格受屈辱之原因。殊不知貞操乃身體之隱私，亦屬當事人之人格尊嚴，非特別法律因素，他（她）人或機構是不得過問。（楊立新，2002：667-668）

（二）通訊的隱私

「通訊的隱私」通常是指個人對外的通訊，包括書信、電話、網路等等，均屬於私密性質，除非因犯罪等公共因素，皆應受合法的保護，不得有通訊之監視（Surveillance of Communications）。換而言之，這些與公領域無關的私人溝通，不論國家政府或私人組織個體，均不得有非法的監聽、監視與竊取行徑。美國 1998 年由商務部訂頒的「隱私權有效保護自律要點」，聯邦貿易委員會（Federal Trade Commission, FTC）更依據隱私政策要求網路經營者，必須依此自訂個人資料隱私權保護自律規章，即是國家督促網路經營者確實履行通訊隱私權的具體作為。（Federal Trade Commission Privacy Policy, http://www.ftc.gov/ftc/privacy.htm）

不過依據研究顯示，在非民主或威權統治（Authoritarianism）的國家，

對隱私權的處理，則會因人的身分地位而有相當詭異的「差別對待」。最明顯的表現有二，其一是就「統治地位」而言，統治者不但擁有「無限的隱私權」（Right to Limitless Privacy），而且也會受到完全與充分的保護。可是身為被統治者的平民百姓或弱勢團體而言，則隨時隨地會受到全方位與嚴密的監督，談不上什麼隱私權之保護可言。尤其是若淪為「政敵」的身分，所有的通訊隱私更會受到無窮盡的監聽與監視。其二就「人權教養」而言，民主人權教育較佳的地區，人民的隱私權才會受到較高層次的對待，否則不待政府的侵犯，人民之間就已經會有侵犯隱私權的情事發生，如租屋浴室被祕密裝置攝影機偷窺，即是對他人身體隱私嚴重的侵犯。此外，當資訊科技愈發達之後，其他種種竊聽器材的運用，更使得個人的「通訊隱私」蕩然無存。（楊立新，2002：660-661）

當然隱私權非絕對不可限制，它仍然有其基本的界線。依據相關的研究顯示，當有以下諸情事發生時，個人通訊隱私權即會受到某種程度的規範。

其一是當「國家安全」（National Security）明顯可能遭受威脅時，政府有關機關即可對犯罪嫌疑人採取監聽或監視手段。如我國電信法第 15 條，亦有明確規範：「電信之內容顯有危害國家安全或妨害治安者，得拒絕或停止其傳遞。」（1977 年）其他如美國的「聯邦電子通訊隱私法」（Electronic Communication Privacy Act），亦有類似的規範。

其二是當個人有相當明確的「刑事犯罪嫌疑」，且有嚴重危害「社會秩序」（Social Order）之虞，政府檢警單位亦可採取必要的監聽或監視行動，以一方面能獲得更多破案的事證，二方面當可防止傷害進一步的擴大。如德國基本法第 18 條：「郵件與電訊祕密……以攻擊自由、民主之基本秩序者，應剝奪此等基本權利。此等權利之剝奪及其範圍由聯邦憲法法院宣告之。」（1994 年）

其三是基於「特別行政管理之必要」，如監獄對受刑人採行「強閱主

義」，使其喪失通訊隱私權。

其四是基於「保障私人權益為目的」者，如依據我國破產法規定，法院得委託郵電機關將寄送破產人之資訊，送交破產管理人拆閱，以防止破產人脫產，進而保障債權人之權益。

不過，值得嚴重關切者，即一切隱私權的限制，仍必須注意三點，其一通訊隱私權的限制，並不表示就可剝奪當事人其他一切的隱私權；其二是政府機關行使人民隱私權的限制，一切行動均須「依法行政」（Administration of Law），確實尊重嚴謹的法定程序（Due Process of Law）；其三是通訊隱私權限制之時間，不可無理由的無限制延長，即當「緊急狀態」（Emergency）或影響社會秩序的因素或危機解除時，通訊隱私權之限制就必須終止。

㊂資訊的隱私

所謂「資訊隱私權」（Right to Information Privacy），即是指個人私密的資料，有免於他人窺探的權利（The Right Free from Prying）。換而言之，歸屬個人享有且無關於公領域的資訊，個人有自由處分的權利。依據研究顯示，其中有包括對資訊隱私「等級程度」的裁定、「公開程度」之抉擇、「使用程度」之決心與「維護程度」之方法等四種。具體上而言，就是對於隱私的資訊，是不可「非法持有」、「非法收集」、「非法公開」與「不知情同意處分」。

個人資訊的流通，會隨著科技的發展而呈現多元的形式，從最初的飛鴿傳信到資訊網路的信息傳遞，內容只要有其「私密性」，國家社會就必須依法保護，以維持其必要的權益，其中包括人格尊嚴（Dignity of Personality）的尊重。（James Q. Whitman, 2004）然無可否認的，資訊隱私是有「廣泛性的」（Extensive）、「複雜性的」（Complicate）、「多元性的」（Pluralist）、「變動性的」（Changing）及「合理期待性的」（Reasonably Expected）等特性，致使隱私權的保護相當不易有「標準化」的規範。

僅管如此，至少以下諸資訊隱私之資料（Privacy of Personal Data），確實是當今社會值得吾人尊重與關切的，非經當事人同意是不可非法竊取或閱讀：

1. 私人信件，包括電報、電子郵件等。

2. 個人生理資訊，包括婦女生理期、DNA 基因資料、指紋等。

3. 私密器官特徵，包括內臟等重要部位等。

4. 身體醫療情資，包括治療概況及病史等。

5. 個人財務資料，包括金融機構存款等。

6. 家庭感情問題，包括婚姻狀態等。

7. 個人經歷，包括戀愛史、應徵工作履歷、薪資、日記等。

8. 個人社會通訊資料，包括電話、住址、IC 卡等。

9. 私人精神理念，包括宗教信仰等。

10. 私人證件，如身分證、信用卡等。

11. 其他有關個人之生活習性，包括消費偏好等。

以上列舉者，表面上似為個人道德涵養之行為，但實際上大部分已有法律規範，如依據我國 1999 年立法通過的「檔案法」規定，檔案有下列情形之一者，各機關就得拒絕前條之申請：1.有關國家機密者。2.有關犯罪資料者。3.有關工商祕密者。4.有關學識技能檢定及資格審查之資料者。5.有關人事及薪資資料者。6.依法令或契約有保密之義務者。7.其他為維護公共利益或第三人之正當權益者。又如我國有立法通過之「電腦處理個人資料保護法」（1995 年）第 7 條：「公務機關對個人資料之蒐集或電腦處理，非有特定目的，並符合下列情形之一者，不得為之：一、於法令規定職掌必要範圍內者。二、經當事人書面同意者。三、對當事人權益無侵害之虞者。」，但更具體者是在「中華民國刑法」已設有「妨害祕密罪」專章，明確顯示我國對資訊隱私權保護之內容與罰則，具體內容如次：

1. 無故隱匿他人之封緘信函、文書或圖畫、開拆或以開拆以外之方法，

窺視其內容者。（處拘役或科 3,000 元以下罰金，告訴乃論）

2. 無故利用工具或設備窺視、竊聽他人非公開之活動、言論、談話或身體隱私部位者。無故以錄音、照相、錄影或電磁紀錄竊錄他人非公開之活動、言論、談話或身體隱私部位者。（處三年以下有期徒刑、拘役或科 3 萬元以下罰金）。又意圖營利供給場所、工具或設備，便利他人為前述行為者（處五年以下有期徒刑、拘役或科或併科 5 萬元以下罰金，告訴乃論）。

3. 意圖散布、播送、販賣前項行為者，或製造、散布、播送或販賣前述竊錄之內容者。（處五年以下有期徒刑、拘役或科或併科 5 萬元以下罰金，竊錄內容之附著物及物品，不問屬於犯人與否，沒收之）

4. 醫師、藥師、藥商、助產士、心理師、宗教師、律師、辯護人、公證人、會計師或其業務上佐理人，或曾任此等職務之人，無故洩漏因業務知悉或持有之他人祕密者。（處一年以下有期徒刑、拘役或科 5 萬元以下罰金，告訴乃論）

5. 依法令或契約規定有保守因業務知悉或持有工商祕密之義務，而無故洩漏之者。（處一年以下有期徒刑、拘役或科 1,000 元以下罰金）

6. 公務員或曾任公務員之人，無故洩漏因職務知悉或持有他人之工商祕密者。（處二年以下有期徒刑、拘役或科 2,000 元以下罰金）

7. 無故洩漏因利用電腦或其他相關設備知悉或持有他人之祕密者。（處二年以下有期徒刑、拘役或科 5,000 元以下罰金）。利用電腦或其相關設備有第 4、5、6 項犯行者。（加重其刑至二分之一，告訴乃論）

此外，我國也有另定「郵政法」、「電信法」、「通訊保障及監察法」、「廣電法」、「有線電視法」等，以保障人民祕密通訊之自由。即使是政府之通訊監察，也必須依循一定的法律程序行之。一般違反相關規定者，亦有相當之罰則如：刑法第 133 條：「在郵務或電報機關執行職務

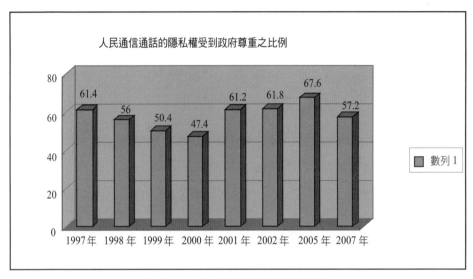

人民通信通話的隱私權受到政府尊重之比例

圖 13-1　人民通信通話的隱私權

資料來源：參見 1997-2005 年中國人權協會台灣地區政治人權指標研究報告 http://www.cahr.org.tw/in-
dex.asp
2007 年中國人權協會台灣地區政治人權指標研究報告 http://www.cahr.org.tw/index.asp

之公務員，開拆或隱匿投寄之郵件或電報者，處三年以下有期徒刑、拘役
或科 500 元以下罰金」。民法第 195 條亦明確規定：「不法侵害他人之……
隱私……，或不法侵害其他人格法益而情節重大者，被害人雖非財產上之
損害，亦得請求賠償相當之金額。」

　　由此可見，我國對於資訊隱私之保障，與各民主國家是有一致之理念
與規範。但依據中國人權協會 1997-2007 年的調查，結果如圖 13-1 所示並
不理想，2009 年的調查評估，亦仍在 60 分之譜（http://www.cahr.org.tw/政
治.pdf），顯示尚有許多努力與改善的空間。不過，直至 2011 年 61.2 分，
2012 年亦有 62.2 分，雖顯示略有改善，但仍有問題存在其中。（http://www.
cahr.org.tw/eweb/uploadfile/20121204155549594.pdf）

　　當然，如同前述通訊的隱私一樣，假如資訊隱私有涉及到「國家安
全」、「刑事偵查」與「社會秩序」等等公領域之情事，資訊隱私仍然依

法必須受到某種程度的限制。根據我國刑事訴訟法第 105 條規定：「管束羈押之被告……與外人接見、通信……得監視或檢閱之，如認其情事有足致其脫逃或湮滅、偽造、變造證舉或勾串共犯或證人之虞者，並得禁止或扣押之。」（民國 82 年）。不過若有傳染病者，依據「傳染病防治法」第 10 條，雖然有規定：「各級主管機關、醫療（事）機構、醫事人員及因業務知悉傳染病病人，或疑似感染傳染病之病人之姓名、病歷及病史等有關資料者，對於該資料，不得洩漏。」第 39 條仍規定：「警察或消防人員發現疑似傳染病之病人或因疑似傳染病致死之屍體時，應於 24 小時內通知當地主管機關。」，顯示發現疑似傳染病之病人或因疑似傳染病致死之屍體時，必須通知當地主管機關，只是不宜公開其相關姓名等相關資料，以維護其必要的隱私與尊嚴。此外如「電腦處理個人資料保護法」（1995 年）第 8 條亦更有具體的規範曰：「公務機關對個人資料之利用，應於法令職掌必要範圍內為之，並與蒐集之特定目的相符。但有下列情形之一者，得為特定目的外之利用：一、法令明文規定者。二、有正當理由而僅供內部使用者。三、為維護國家安全者。四、為增進公共利益者。五、為免除當事人之生命、身體、自由或財產上之急迫危險者。六、為防止他人權益之重大危害而有必要者。七、為學術研究而有必要且無害於當事人之重大利益者。八、有利於當事人權益者。九、當事人書面同意者。」由此可知，隱私權在特殊的狀況下，仍須受到某種程度的限制。

　　因此，無論資料的保護是如何的被宣示或立法，至少以下的目標仍然是必須被體現的，其一是公平與合法的取得（Obtained Fairly and Lawfully）；其二是原始資料使用的目的必須有充分的承諾（Used Only for the Original Specified Purpose）；其三是確實維護資料的安全（kept Secure）；其四是資料使用的目的完成後，必須銷毀（Destroyed after its Purpose is Completed），以維持其隱私的屬性。

㈣領域的隱私

所謂「領域的隱私」（Territorial privacy），即是指有關侵犯家庭、工作場所或其他領域隱私的限制。依據學者之研究指出，領域隱私最容易受到侵犯且最受關切的場所有二，其一是家庭，其二就是工作場所。

1. 家庭居所隱私

家庭居所幾乎是每個人出生成長之地，也是人類最親蜜關係或親情涵蘊所在，其私密的屬性乃可理解。故在各國憲法中大都有明確表明，人民有居住之自由（Freedom of Domicile），即是人民居住處所隱私，有不受非法侵害之自由權。英國習慣法中嘗稱「住宅為個人的城堡」（One's House in his own Castle），或曰是人民有「居所不可侵犯權」（Inviolability of Home），其中的核心原因，即是強調人民居所領域隱私權保護的問題。

英國 1628 年的權利請願書有明示：「大批海陸軍隊，散駐全國各郡，並違反居民意志，強迫居民接納住入其家宅，忍受其長期駐紮，既有背於本王國之法律及習慣，且使民不堪命。」（董云虎、劉武萍，1991：236）美國憲法增補條文第 3 條亦有明定：「未經居住之許可，不得平時駐紮軍隊於民房，除依法律所規定之手續外，亦不得於戰時在民房駐紮軍隊」（1971 年）。德國基本法第 13 條亦規定：「一、住所不得侵犯。二、搜索唯法官命令，或遇有緊急危險時，由其他法定機關命令始得為之，其執行並須依法定程序。」（1994 年）

由此，顯見居住之自由有兩項重要內涵：其一是任何人均不得侵入他人居住處所。其二是國家官吏，非依法定程序，亦不得搜索、檢查人民居住處所。我國除憲法第 10 條有規定：「人民有居住……之自由」外，刑法第 306、307 條對於下列之行為，均可予以治罪：(1)無故侵入他人住宅者；(2)不依法令搜索他人住宅者。

惟依據刑事訴訟法之規定，司法警察雖無搜索票，亦得在下列狀況時逕行住宅之搜索：(1)因逮捕被告或執行拘提羈押者；(2)因追捕現行犯或犯

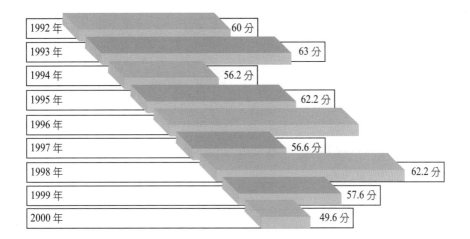

圖 13-2　1992-2000 年私人住宅、建築物國家不得藉故任意進入與侵犯

資料來源：參見薛承泰，2000 年台灣地區社會人權指標研究報告，台北：中國人權協會，P.11。

罪脫逃者；(3)有確實之證舉有人在內犯罪且情形急迫者。（刑事訴訟法第
131 條）

　　至於住所之封查，仍須由法院依據強制執行法之相關規定辦理，否則
確有礙人民居住之自由權，及侵犯人民財產權之虞。然就台灣地區的情況
而言，依據中國人權協會 1992 年至 2000 年的調查，公民自由指標的評估，
單就居住自由保障的調查評估，如圖 13-2 所示，情況也不是很理想，相當
值得有關單位注意改善。

　　2. 工作職場隱私

　　每個人在人生的過程中，工作職場（Workplace）通常是家庭以外，最
重要的謀生之地。惟由於種種因素的影響，工作職場仍然會出現許多威脅
生存與健康的因子。其中除了「工業安全與衛生」（Industrial Security &
Sanitation）、「職場性騷擾」（Workplace Harassment）外，「職場隱私」
（Workplace Privacy）即是最受關切的困擾。（劉定基，2005）根據美國隱
私權基金會（Privacy Foundation）發布的分析報告指出，西元 2000 年十大

隱私權議題中，以職場監視問題居首，並指出在職場受到監視的美國人，就多達上百萬人之多。再則以 2005 年而言，依據美國管理協會（American Management Association）之調查，四分之三的雇主有對員工進行網路監視，超過一半雇主也有瀏覽員工的電子郵件訊息（electronic mail messages）。（Employee Monitoring: Is There Privacy in the Workplace? http://www.privacyrights.org/fs/fs7-work.htm; Edward J. Ottensmeyer & Gerald D. McCarthy, 1996: 405-407）

惟依據學者的調查研究顯示，職場隱私所包括的內容相當多元而複雜，比較受關切者有幾，其一是職場談話之「竊聽」（Eavesdropping）或「電話錄音」（Wiretapping），目的在監控員工上班時間閒聊與公務無關的私人事務；其二是職場辦公情形之攝錄監視（Monitoring.），目的在防止員工是否有長時間溜班情事；其三是電腦監視（Computer Monitoring），目的在防止員工因網路聊天、收發私人資訊而怠忽職守；其四就是電子郵件的竊讀，目的在於防止員工可能洩露營業機密。

從上述理由來看，公司監視員工似乎是有其一番道理，尤其是電腦伺服器等相關設備既然是公司所有，基於所有權的觀點，公司有條件的掌控管理，對於「保護營業祕密」與「提高工作績效」，當有一定程度的幫助。但是職場中的「竊聽」、「電話錄音」、「攝錄監視」等，若未經員工的同意而權威性的逕行作為，事實上已經可稱是職場內的「大眾監視」（Mass Surveillance），依法也已明顯侵犯到員工的隱私權及基本的公民自由。譬如依據新聞報導，美國某家公司老闆除在辦公室設置「監視器」（CCTV Cameras）以監控員公的工作概況外，居然在職場廁所亦設置針孔攝影機，結果經員工告上法院，公司老闆即因侵犯員工隱私權而被起訴。

四、隱私權保護合理解決的途徑 ▓▓▓▓▶

依據學者之研究顯示、隱私權之所以成為人權上的問題，主要是對於個人隱私有非法收集、披露、使用與處理所致。然隱私侵權行為（Torts）

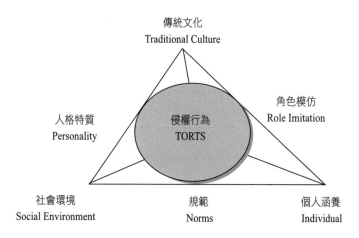

圖 13-3 侵權行為形成的結構因素

之所以形成，因素極為複雜，由圖 13-3 可知，有傳統文化、現實社會環境、個人涵養、角色模倣、規範、個人人格特質等問題不同程度的作用。惟其解決的途徑，簡單而言，主要可分成三大部分來處理，其一是成功的人權教育，其二是健全法律制度及其運作系統，其三則是嚴謹的防護措施。

㈠成功的人權教育

依據聯合國「國家人權教育行動計畫綱領」（Guidelines for National Plans of Action for Human Rights Education）的說明，人權教育乃是國民應有的權利，其內容包括三大部分：㈠人權的知識（Knowledge）；㈡價值（Values）、信仰（Beliefs）與態度（Attitudes）；㈢行動（Action）。故在隱私教育行動中，應確實完成以下的目標（UN Report of the Sectary-General Addendum, 1997）：

1. 尊重任何來自基於國家、種族、性別、生理、宗教、語言、年齡等原因之隱私，尤其反對因歧視（Discrimination）而引發對其隱私的侵犯；

2. 隱私權保護要引用「參與式的教與學」（Participatory Teaching and Learning）；

3. 隱私權規範（Privacy Norms）要轉換在每天的生活舉止之中；

4. 持續增強人民「隱私權保護」理性的自覺（Rational Self-conscious-ness）與研究發展（R.&D.）；

5. 注重與關切國家對隱私權教育的評鑑與改進。

果真如此，全民對隱私權的尊重，必會因持續「成長的共識」（Growing Consensus），而對於「自由、公正與和平社會的建立」（Building of Free, Just and Peaceful Societies），引發決定性的作用。換而言之，假如上面諸項工作能成功的完成，隱私權的人權保護，非但有免於被侵犯的可能，更可有豐富其內涵的作用與機制。

㈡健全法律制度及其運作系統

隱私權的保障，若只停留在道德的層面，其產生的效用將極為有限，尤其是在道德快速沒落的過渡社會，唯有增強「法治」面的「制度建立」（Institution-building）與實踐，才可能有具體的成效。譬如如澳洲隱私憲章（Australian Privacy Charter）即明確揭示隱私權保護之原則，如「同意」（Consent）、「合法與例外」（Justification & Exceptions）、「負責」（Accountability）、「法律遵奉」（Observance）、「免於監視」（Freedom from Surveillance）、「收集限制」（Collection Limitations）、「安全近用」（Security of Access）、「公共註冊登記」（Public Registers）與「無害」（No Disadvantage）等。（Australian Privacy Charter Council, 1994）

但值得關切者，除立法的制度建立外，仍須在「執行面」有所規範，否則在「立法從嚴，執法從寬」的習性下，隱私權的保障極可能會在形式主義（Formalism）下而逐漸腐化（Corruption）。如若行為人屬惡意及故意之高度冒犯，且後果已導致當事者之傷害者，自然就應以「具體事證」依法處置，讓其承擔該負的法律責任，其中包括必要的賠償。（Vincent R.

Johnson 原著，赴秀文譯，2004：310-318；Christian von Bar 原著，張新寶譯，2001：715-716） 換而言之，只有在「立法合理，執法準確」的原則下，隱私權保護方才有其實質的意義。

(三)嚴謹的防護技術

隱私權的保護策略，除了必須積極增強隱私權的人權教育，與隱私法律制度系統的建立外，如何提高隱私保護的技術層次，卻是不可或缺的途徑。如為保護「身體的隱私」而言，則須有多方面的防護措施，其中包括有個人身體隱私警覺度（Vigilance）的提高、攜用反窺探相關設備或工具、組織反窺探行動隊伍、重要地點裝置偵防或監視窺探系統等等。但在資訊的時代，例如為維護網路上個人資料的安全，就須極為謹慎與嚴謹，否則一旦實施網路民主的投票，資料隱私的安全若有所疏失，後果將不堪想像。（劉靜怡，2006）因此，依據相關經驗的比較分析，至少可從幾方面來降低這方面的風險：

其一是網路隱私政策上，可建置隱私保護標準平台（Platform for Privacy Preferences）；其二是當事人可裝置高科技的「反間諜軟體」（Anti-spyware），以偵測或逮捕侵害他人隱私權的網路罪犯；其三是可與國家或政府的「網路警察」（Internet-Police）合作，共同打擊這方面的網路犯罪。或可尋求國際合作，如「歐盟暨美國安全隱蔽裝置」（European Union-United States Safe Harbor Arrangement），即是如此的作為。（簡榮宗，網路上保護隱私權可行之方法 http://www.cyberlawyer.com.tw/alan4-08_7-1.html；http://europa.eu.int/comm/internal_market/en/dataprot/wpdocs/wp62_en.pdf）

總而言之，隱私權的保護，即是一種人格權與生命尊嚴的保障。它雖然須要基本而健全的人權教育為基礎，以尋求自律（Self-regulation）外，在技術面上仍然要有「魔高一尺，道高一丈」的概念為指導，否則「道高一尺，魔高一丈」的結果，隱私權將毫無保障可言。

參考資料 ▌▌▌▌➡

Christian von Bar 原著，張新寶譯，2001，**歐洲比較侵權行為法**，法律出版
　　社。

Vincent R. Johnson 原著，赴秀文譯，2004，**美國侵權法**，北京：中國人民
　　大學出版社

王利明，2005，**人格權法研究**，北京：中國人民大學出版社。

宋才發，2001，**中國：侵權行為認定與賠償**，北京：中國民主法制出版社。

Brain Kahin & Charies Nesson 原著，巫宗融譯，**數位法律：網際網路的管
　　轄、立法、規範與保護**，台北：遠流出版公司。

張新寶，**隱私權的法律保護**，北京：群眾出版社。

馮震宇、錢世傑合著，1999，「論網路電子商務發展與隱私權之保護」，
　　萬國法律雜誌，四月號。

楊立新，2002，**人身權法論**，北京：人民法院出版社。

楊立新，2000，**侵權法熱點問題法律應用**，北京：人民法院出版社。

董翔飛，1994，**中國憲法與政府**，台北：自印。

朱柏松著，「個人資料保護之研究─近代隱私權之形成及發展（下）」，
　　法學叢刊，第 115 期。

劉定基，2005，「資訊時代的職場隱私權保護：以台北地院九十一年度勞
　　訴字第一三九號判決為中心」，**律師雜誌**，307 期，PP.52-64。

王郁琦，1996，「網路上的隱私權問題」，**資訊法務透析**，10 月號

李科逸，1999，「網際網路之隱私權保護」，**資訊法務透析**，三月號。

陳仲嶙、賴文智，2001。

Edward J. Ottensmeyer & Gerald D. McCarthy 1996, *Ethics In The Workplace*,
　　New York: The McGraw-Hill Companies, Inc.

James Q. Whitman, 2004, "The Two Cultures of Privacy: Dignity versus Lib-
　　erty", Yale Law Journal, April.

Ellen Alderman & Caroline Kennedy，吳懿婷譯，2001，**隱私的權利**（*The Right To Privacy*），台北：商周出版公司。

William L. Prossey, 1960, "Privacy" *California Law Review* (48) 383.

Robert Ellis Smith, Ben Franklin's Web Site 6 (Sheridan Books 2000).

Edward Bloustein, 1964, "Privacy as an Aspect of Human Dignity", *New York University Law Review,* 971 .

Ruth Gavison, 1980," Privacy and the Limits of Law", *Yale Law Journal*, 421, 428.

UN Report of the Sectary-General Addendum, 1997, *Guidelines for National Plans of Action for Human Rights Education*, A/52/469/Add.1,20 October.

James Michael, 1994, Privacy and Human Rights, UNESCO.

Marc Rotenberg, 2000,Protecting Human Dignity in the Digital Age, UNESCO.

Australian Privacy Charter Council, 1994.

http://en.wikipedia.org/wiki/Privacy_rights

法律課題

http://www.bp.ntu.edu.tw/bpresults/tpgis/tgis2/tg2ch5.htm#A5

劉靜怡，數位時代隱私權保護的法律面貌

http://www.hre.edu.tw/report/epaper/no09/topic2_1.htm

簡榮宗，網路上保護隱私權可行之方法

http://www.cyberlawyer.com.tw/alan4-08_7-1.html

American Management Association , Report on Electronic Monitoring & Surveillance.

http://www.amanet.org/survey/elec97.htm

Privacy

http://www.privacy.org.au/apcc/charter.html

United States Constitution Amendments 1-27

http://www.australianpolitics.com/usa/constitution/1-27.shtml

Federal Trade Commission Privacy Policy,

http://www.ftc.gov/ftc/privacy.htm

http://www.aclu.org/privacy/index.html

EFF Analysis Of The Provisions Of The USA PATRIOT Act

http://www.eff.org/Privacy/Surveillance/Terrorism/20011031_eff_usa_patriot_
analysis.php

http://www.ca11.uscourts.gov/opinions/ops/200316527.pdf

International Covenant on Civil and Political Rights http://www.hrweb.org/legal/
cpr.html

Universal Declaration of Human Rights

http://www.hrweb.org/legal/udhr.html

Louis D. Brandeis & Samuel D. Warren, The Right to Privacy

http://www.lawrence.edu/fast/BOARDMAW/Privacy_brand_warr2.html

Canadian Legislation,

http://www.shredit.com/privacy_canadian.asp

AUSTRALIAN PRIVACY CHARTER

http://www.privacy.org.au/apcc/Charter.html

Edward Felten & John A. Halderman,2006

http://www.cs.princeton.edu/ugprojects/projects/j/jhalderm/senior/srtdraft_4-13.pdf

Platform for Privacy Preferences (P3P) http://europa.eu.int/comm/dg15/en/me-
dia/dataprot/wpdocs/wp11en.htm

http://www.aclu.org/privacy/index.html

Employee Monitoring: Is There Privacy in the Workplace?

http://www.privacyrights.org/fs/fs7-work.htm

Roger Clarke, 2006, The OECD Data Protection Guidelines

http://www.anu.edu.au/people/Roger.Clarke/DV/PaperOECD.html

第十四章
往生者人權

　　人類的生命，通常可分成「肉體的生命」與「精神的生命」兩種。就肉體的生命而言，以現代的醫學科技，雖然有能力延展其壽命，但仍然總有其結束的一天，而且也會終止肉體生命過去「一輩子」努力的一切，而此即是佛家生命哲學中必然的結論—「人無論表現如何，究竟還是要被迫放下」。

　　惟值得關切者，即身體的生命被迫放下之前，無論從兒童人權、婦女人權、病人人權、消費者人權、宗教人權……到老人人權，乃都在維護「活人」的生命尊嚴，但人身後的生命又將如何，難道就此劃下「生命的休止符」？依據學者Peter Singer在其《實踐倫理學》（Practical Ethics）著作中嘗明確指出，相對於其牠動物，人的生命具有獨特的價值，即生者對他人肉體生命的終結，也仍然會付予他「生命倫理」永恆的意義。（Peter Singer著，劉莘譯，2005：81-97）譬如人類的「宗教」，對於人的「死亡」，數千年來就有其多元的闡述甚至於預測。但無論如何，死亡雖然是一「事實判斷」的命題，在此基礎上的「價值判斷」，確是人權要處理的課題。因為由於時代與社會的變遷，往生者「人權」及「生命尊嚴」的定位，畢竟會嚴重影響到爾後往生者生前的「生命態度」與「生涯規劃」。

一、往生者的概念界定 ▌▌▌▌➡

　　「往生者」乃是一具有佛教意義的概念，主旨在謂「命終時生於他方世界」。就廣義而言，為「無生之生」，通常乃以「往生」為「死亡」之代用詞，（佛光大藏經編修委員會，1989 中：3189）但也不是說死亡就代表「滅絕」。

但學者 Loius P. Pojman 則稱：「死亡是意謂一個有生命實體狀態的全然改變，這種改變是這些具有某些特性的生命實體，已產生不可復原的喪失。」（Loius P. Pojman 著， 魏德驛譯，1997：33）而此所謂「某些特性的生命實體」，即包括幾方面，其一是心臟、肺臟、呼吸與血液等活化流體永遠不可復原的喪失；其二是靈魂自肉體永遠不可復原的喪失；其三是身體整合能力永遠不可復原的喪失；其四是「社會死」（Social Death）即社會互動能力永遠不可復原的喪失。由此，醫學界死亡的判定標準，經過多年的檢測，從「腦死」（Brain Death）、「腦幹死」（Brainstem Death）到「全腦死」（Whole Brain Death）的死亡詮釋，則更列出具體的指標為：（INTERNATIONAL SYMPOSIUM ON BRAIN DEATH, http://www.change-surfer.com/BD/1996/1996Abstracts.html）

1. 無接受與反應能力；

2. 沒有心跳與呼吸；

3. 無任何反射作用；

4. 腦波持續呈水平線狀態。

法律上對死亡的宣告，則是依據醫院開立的〈死亡證明書〉來確立。因此無論如何，往生或死亡乃是指一切生命跡象或徵兆永遠的消失。

二、死亡在人權上的意義 ▐▐▐▐▶

在一般人權的概念中，往往以為「生死之間」的人生過程，才是人權探討的核心。事實上如圖 14-1 所示，人權所涵蓋的範圍是生命整個過程。換而言之，無論是「出生之前」（Before Death）、「生死之間」（Between Death and Life）或是「死亡之後」（After Death），均是人權所要保障的主體。人類由「無知」的誕生、到「能知」與「有知」的生存發展後，人人均將在「髮蒼蒼」、「視茫茫」與「齒牙動搖」中面臨死亡的結果，惟死亡後仍應有其人的尊嚴。因此無論如何，人生是全方位的，而且是希望達到

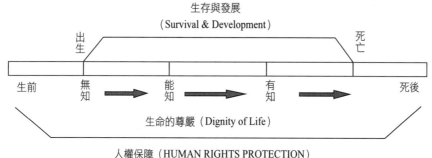

圖 14-1　人權的生命過程

人人皆可「有尊嚴」、「有希望」與「有未來」的「出生」（Birth）、「生存」（Survival）、「發展」（Development）與「死亡」（Death）。換而言之，往生者的人格權，是其人權的基礎，是不會也不應因其死亡而消失，他必須持續受到國家社會合法的保護。（王利明，2005：192-195）

　　不過，值得關切者，即「死亡之前」往往總是被「有希望」或「尊嚴性」的期待，而「死亡之後」，除了宗教的理念與意識外，則即刻陷入沒有任何期待（No Expectation）的狀態。甚者更以其生前的表現，以為歷史褒貶的憑證。善者即給予「永垂不朽的讚歎」（Immortal Admiration），惡者則給與「遺臭萬年」的「汙辱」（Humiliation），甚至有納骨塔內拒絕與「死刑犯骨灰壜」為鄰之舉，使後代子孫也「同蒙其害」或「羞於見人」。面對如此的情事，以人權的角度而言，以下諸問題的探討是有其意義的。

　　第一就生命的延續而言，人在生前乃是「心物合一」的狀態，「心性」是有相當的能力決定身體的動向，也成為其所謂人生的意義。但肉體「圓寂」後，精神上的靈魂是否存在，或許不同的宗教有其不同的詮釋，但宗教仍賦予其安「身」及立「命」之處，至少對「未亡人」而言，也有其慰藉的功效與意義，即所謂往生者即非只是單純的「死亡」而已。

　　第二就生命的意義而言，往生者身體生命的結束，是否就可以完全決

定身後「靈魂」的價值與意義，卻相當有討論的餘地。譬如身後的一切，姑且不論其是否有「存在」的爭議，至少其是否意謂身前的所做所為，即可以完全命定身後的未來，卻是不無可議之處。因為著實而言，任何人生前既已「蓋棺論定」，當無改變可能。再者，若身後仍為不可變，即兩者均為「不可變」之結論。若生前有「失足者」，以此邏輯推論，身後豈非就永無尊嚴可言？故以人權的角度而言，當有「質疑」的空間，故死亡後應當就「存而不論」視之，以維護死後的尊嚴。

第三就宗教的哲學與科學而言，如同生命學者所言，自古以來人類宗教無數，可證明其為人類所需要。但以科學哲學而言，宗教處理人類往生之事，在某個角度而言，它仍是一「尚未證明的假設」，其意義與價值乃貴在真誠的「信仰」。因為由信仰而產生的力量，尚可解決部分「精神」的問題。畢竟就「宗教社會學」的面向而言，「人類創造了宗教，宗教規範了人類」，乃是一不爭的事實。只是透過宗教的協助，不論是往生者或在世者，均應可獲得人生暫時或最終的「安頓」。

第四就社會道德而言，誠如學者所言，往生者雖已身亡，但其生前數十寒暑的「生命過程」，其所扮演的畢竟是「多元的的角色」，而且角色的「社會價值」仍然會因此而多元。如即使有為社會「負面評價」（Negative Evaluation）之舉，畢竟也非終身均處在「為非作歹」之中，其間總有許多行為是為社會所肯定者，如「父慈子孝」之行為角色。故依據社會學家的研究顯示，一般人在「社會化」（Socialization）與「成長」的過程中，「總體評估」後，無論如何總是有其「不同領域」與「不同程度」的貢獻，在其往生之後，社會就應該給予必要且是尊嚴性的安頓或曰「最低限度的尊重」，而此乃就是社會存在最基本的「生命倫理」（Life Ethics）。

第五就人道的理念而言，依據學者的詮釋，人本身就是價值，人本身就是目的，人的尊嚴只有一個前提，即她（他）只要是「人」，就有其根

本的尊嚴與價值。因此，不論人是否往生，人與人之間總有其相互的責任與義務，因為，畢竟每一個人終究還是有肉身結束的一天。更進一步說，人類尊嚴的存在如前所述是包括三個階段，即是出生之前、生死之間與往生之後。因此，社會是不能狹隘的只注重人生存期間的人權，任何無意或故意忽視「往生者」的人權，仍是社會不可原諒的盲點。否則對於「萬物之靈」的人而言，無非是一種理性上自我的否定，或者是道德上天大的一種自我諷刺。

　　故總而言之，所謂有尊嚴的死亡與往生後有尊嚴的受保護，都是同時必須被關切的問題。換而言之，往生者生前種種，對「後人」或「新生命」固有其「啟發性之教訓」，也值得謹記在心而有所成長。同時，往生者既已往生，其「靈魂」不但當無尊卑與貴賤之分，其人權上的「尊嚴」亦應無有「階層化」之必要，反而必須使其回歸原點，一律受到「尊嚴性的對待」，如此方足以體現人類「生命的究竟」及其「核心的價值」，使她（他）們的靈魂不但「有希望」，而且也能安心於其真正的未來之「善」。至少若有靈界在，尚存者當不可成為往生者痛苦的來源。更何況就 Emile Durkheim 的「社會連帶責任」（Social Solidarity）而言，人之所以異於其他動物，最鮮明者乃在於價值與道德的反省。故基於人權的考量，吾人不但有義務與有責任，讓每個人在往生之後仍然能夠「有尊嚴的安息」，如此給後生者也會有另一種生命的啟示。

三、往生者人權的悲歌

　　往生者「肉身」已亡，「靈魂」（Soul）是否隨之消失，或已經存在於宗教所謂之「靈界」，雖然仍有不同的爭議，但至少對「活人」而言，就經驗調查而言，是會直接間接的影響其對人類生命哲學的評判。換而言之，往生後活人若仍給予必要的與持續的尊重，如華人社會「清明時節」中掃墓的「慎終追遠」，往生者生命的意義就有其「莊嚴性」與「可尊敬性」（Respectable）。反之，往生後活人對待的態度，隨之即有「棄之而

後快」的「想法」與「舉措」，則往生者生命的意義就有其「棄如糞土」的「不可尊敬性」（Unrespectable）。依據資料顯示，至少諸如以下的情事，就是對往生者人權的「漠視」與「大不敬」：

(一)棄屍

所謂「棄屍」（Abandoned Corpse）即是指往生者之肉身被任意丟棄且又無人「認領」、「照顧」與「管理」者，故又有名為「無主屍體」（Unclaimed Body）或「無名屍體」（Anonymous Corpse）。依據台北市政府殯葬管理處的統計，91年至94年間，無名的屍體就累積達142具。（台北市政府殯葬管理處，2006）在中國大陸的無主屍體就更多了，以廣州市殯儀館為例，依據統計每個月會收到的無主屍體平均即近100具，且認領率不及10%。惟由於屍體防腐的處理需要一定的費用，因此各國往往在經過一定程序之公告後，即依法處理結案，其中包括移交或賣給醫學院相關單位，以為教學用途。如此殯儀館少了存放處理的成本，醫學院也得到了極需的解剖屍源，可謂一舉兩得。問題是被棄屍的往生者也是人，其生命的尊嚴可以因無人認領而完全可「任人宰割」？事實上，人的屍體並不等同於煤礦或石油，他們都是獨立的個體，哪怕找不到其親屬，也應對其保持應有的尊重，尤其是其死亡過程中，所延伸的人權與公民權問題。

(二)分屍

所謂「分屍」（Divided Remains），即是指往生者的屍體被支解成若干支離的「屍塊」。在一般的風俗習慣中，往生者在下葬前，肉身通常必須保持潔淨與完整，若不是處在如此的狀態，則表示其一定是受到很「不人道的對待」（Inhuman Treatment）。惟屍體之所以會有分屍的狀態，依據調查資料顯示，原因可謂相當複雜，有可能來自治病的醫療手術造成，亦有可能來自車禍、空難等意外因素造成，再者更有可能是因為仇殺、戰爭等「報復性的行為」所造成。尤其是後者的原因，不但都會被認定往生者的死亡是沒有尊嚴的，亦有可能被認為是往生者的苦難或罪業。因此，

無論如何，站在非宗教性的人權立場而言，往生者的身體若是在死亡後，仍然被「故意」及「邪惡」的動機使之分屍，當然即是有辱往生者生命及人的尊嚴。

㈢無主墳墓

「墳墓」（Grave）通常是指往生者肉身埋葬之地，即是其生前包括子孫等社會關係人祭祀哀思之所在。此墳墓的建立與祭拜，對往生者而言，當是一種尊重的表示，尤其是對其後人與社會環境而言，亦可提供許多省思的空間。無論如何，當是有其文化的意義與價值。然所謂的「無主墳墓」（Unclaimed Grave）則改變了前述的現象，即是本來有人祭拜的墳墓，後來因為諸種因素影響，使成無人持續祭拜且年久荒廢的狀態。就宗教教義而言，也許各個宗教都會有不同的解讀，但就人權的理念而言，往生者是受到很不平等的對待，尤其如面臨中國清明掃墓之際，有主墳墓的往生者就受到最佳的奉祀，不但有鮮花水果等豐盛的祭品，子孫親戚亦全員到齊的共同追思，可謂尊嚴之至。然無主墳墓之往生者，尤其是荒郊野外之孤墳，則彷如是有「孤魂野鬼」般的淒涼，了無尊嚴可言。

㈣鞭屍

所謂「鞭屍」（Whiplash Corpse），即是指基於報復性的憤怒而鞭打屍體之意。在中國古代，於戰爭之後，新君主為了替人民吐一口怨氣，才會把前暴君的屍首挖出來鞭屍，最有名的當屬伍子胥仕吳時，吳國攻打楚國，攻陷了楚國首都郢都，伍子胥怒而鞭楚平王的屍體，算是解了楚平王殺他父兄的怨恨，而此也是一種象徵新時代來臨的意思。在國際上最有名的例子，即是在 1956 年 2 月，蘇共召開「二十大」，當時蘇共領導人赫魯雪夫（Nikita S. Khrushchev, 1894-1971），史無前例的公開在黨大會中，批判史達林（Joseph V. Stalin, 1879-1953）掌權時期所犯的嚴重錯誤；隨後，克里姆林宮對史達林進行無情的鞭屍，禁止史氏著作出版，甚至在官方文件和百科全書上，簡化與修改史氏的歷史定位。（洪茂雄，2005）

不過，委實而言，往生者的遺體仍有其人的尊嚴，無論其生前是如何的「十惡不赦」，一切仍止於死亡，對往生者的肉身應給予必要的尊重，畢竟鞭屍乃是違反天賦人權的舉措，而且也是封建專制王朝的產物。事實上，「死者為大」與「入土為安」的兩大觀念，是相當值得吾人省思的民間想法。同時就當代民主之法律與人權而言，法雖是可判人無數個死刑，但終究也只能執行一次。更何況鞭屍的行為，是已觸犯刑法上的「蓄意毀壞屍體」罪，顯然人權法律仍然是保護往生者遺體的尊嚴。

(五)濫葬

所謂「濫葬」（Undue Burying），即是將往生者遺體或骨灰葬於非法之地點。依據各國的殯葬管理法規，往生者殯葬地點是有其特別的規範，以避免因濫葬而帶來種種環保、衛生、生活等社會生態及社會發展上的困擾。譬如國內目前除了少數企業界經營辦理的墓園，已呈現人性化的風貌外，各縣市仍有多數墓地，不但散落於非法地之農牧區，而且墓園也是雜草叢生，亂無章法可言，甚者更呈現一種「恐怖的氣氛」。撇開宗教不論，對先人之不敬可謂溢於言表，更別論所謂往生者的人權了。尤其再加上水土保持不良，一有颱風土石流等災情，墓地隨即處於流離失所的狀態，對先人當是一種「大不敬」。

(六)恐怖的殯儀館

所謂「殯儀館」（Funeral Parlor），即是指往生者遺體暫時存放的公共建築場所。人性上基於「趨吉避凶」與「趨利避害」的原因，殯儀館總是置於最為陰暗之處，令人普遍有「陰森森」與「毛骨悚然」的感覺。同時，如此的場景或布置，對往生者生命的尊嚴而言，事實上反而是一種不尊重的表現。因為即使是有必要的「隔離」，也只能是為了「公共衛生」或「特殊宗教」的原因，至少不宜讓人有「陰森恐怖」的感覺，否則若連往生者的「至親好友」都會因場景而懼怕接近，則對於往生者更是一種「死亡的悲哀」。2001 年台大醫院建置了一堪稱是全國規模最大、最現代化的「太

平間」，不論從燈光到裝潢布置，皆讓人走進來就有一溫馨祥和的感覺。同時依據報導，這間人生旅程的「出境大廳」，總共有適合各種宗教需求的「往生室」4 間、「靈位室」2 間、「冰櫃室」24 個。每次使用以 8 小時為限，每年就可以服務 1700 多名往生者，能夠莊重安祥地走完人生最後旅程。如此的理念與建構，基本上才符合往生者人權的基本需求。

四、改善往生者人權的途徑

相較於先進的民主國家，由於種種傳統宗教、風俗、習慣與後天現實因素的影響，我國往生者的人權始終沒有獲得普遍的改善。依據人權的理念與經驗，至少以下諸途徑是有確實落實與體現的必要：

㈠健全生死學的生命教育

生死學的濫觴，可溯源至 20 世紀初，俄國諾貝爾生物化學獎得主 Elie Metchnikoff）在其大著《人性》（*The Nature of Man*）（1903）中，首先提出「死亡學」（Thanatology）的概念。其後至 1955 年，另一名諾貝爾文學獎得主 T. S. Eliot，即率先倡導「死亡教育」（Death Education）。1959 年，美國南加州大學醫學院教授 Herman Feifel 出版了其主編的一本書：《死亡的意義》（*The Meaning of Death*），即引起社會各階層熱烈的迴響，因此乃開啟了美國教育界推動「死亡教育」的契機。1963 年，Minnesota 大學首先開設了正式的死亡教育課程，之後全美各大學也就相繼跟進。時至 1974 年 7 月，根據《紐約時報》（*New York Times*）報導，全美國已經有 165 所大學校院，開設了以「死亡與臨終」（Death and Dying）為主題的通識教育課程。有些學校更將其納入通識教育的核心課程（Core Curriculum），開課的歷史至今已達 20 餘年。

國內生死學的研究，則是由已故知名學者傅偉勳教授自美國引進而肇其端，在其於 1993 年出版的大作《死亡的尊嚴與生命的尊嚴——從臨終精神醫學到現代生死學》中，首先引介美國「死亡學」的研究與「死亡教育」的發展，不但掀起國內各界探討生死學的熱潮，更促使各大學校院相繼開

設生死學相關的通識教育課程。換而言之，為了徹底改善傳統與現在社會錯誤的理念與行為，勢必要從「現代化」（Modernization）與「生死學」的角度出發，以激發全民對往生者人權及其生命尊嚴的省思與行動。

㈡人性化與制度化的殯葬管理

前述有關濫葬、無主墳墓或殯儀館陰森恐怖的等等問題，事實上就是缺乏完善而人性化的殯葬管理制度與政策執行所致。譬如依據「殯葬管理條例」之規定，公墓、殯儀館、火化場或骨灰（骸）存放等設施，如表 14-1 可知，均有一些必要的硬體的規範，以彰顯對往生者的尊重。除此之外，為了地點環境的美化，「殯葬管理條例」仍然明確指出許多應該關注的重要指標：

其一是殯葬設施規劃應以人性化為原則，並與鄰近環境景觀力求協調，其空地宜多植花木。

其二是公墓內應畫定公共綠化空地，綠化空地面積占公墓總面積比例，不得小於十分之三。

其三是公墓內墳墓造型採平面草皮式者，其比例不得小於十分之二。

其四是於山坡地設置之公墓，應有前項規定面積 2 倍以上之綠化空地。

其五是專供樹葬之公墓或於公墓內畫定一定區域實施樹葬者，其樹葬面積得計入綠化空地面積。

其六是在山坡地上實施樹葬面積得計入綠化空地面積者，以喬木為之者為限。

其七是實施樹葬之骨灰，應經骨灰再處理設備處理後，始得為之。

其八是屍體以裝入容器為之者，其容器材質應易於腐化且不含毒性成分。

再者，有關軟體的管理系統而言，政府中央與地方主管機關，也均應確實完成相關制度系統之建立，其中包括：

1. 殯葬管理制度之規劃設計、相關法令之研擬及禮儀規範之訂定。

表 14-1 殯葬管理條例之規定

	1	2	3	4	5	6	7	8	9	10	11	12	13
公墓	墓基	骨灰骸存放設施	服務中心	公共衛生設備	排水系統	給水及照明設備	墓道	停車場	聯外道路	公墓標誌	其他依法應設置之設施		
殯儀館	冷凍室	屍體處理設施	解剖室	消毒設備	污水處理設施	停柩室	禮廳及靈堂	悲傷輔導室	服務中心及家屬休息室	公共衛生設備	停車場	聯外道路	其他依法應設置之設施
火化場	撿骨室及骨灰再處理設備	火化爐	祭拜檯	服務中心及家屬休息室	公共衛生設備	停車場	聯外道路	其他依法應設置之設施					
骨灰骸存放處	納骨灰骸設備	祭祀設施	服務中心及家屬休息室	公共衛生設備	停車場	聯外道路	其他依法應設置之設施						

2. 對地方主管機關殯葬業務之監督。

3. 殯葬服務業證照制度之規劃。

4. 殯葬服務定型化契約之擬定。

5. 全國性殯葬統計及政策研究。

6. 公立殯葬設施之設置、經營及管理。

7. 殯葬設施專區之規劃及設置。

8. 對轄內私立殯葬設施之設置核准、監督、管理、評鑑及獎勵。

9. 對轄內鄉（鎮、市）公立殯葬設施設置、更新、遷移之核准。

10. 對轄內鄉（鎮、市）公立殯葬設施之監督、評鑑及獎勵。

11. 殯葬服務業之設立許可、經營許可、輔導、管理、評鑑及獎勵。

12. 違法設置、擴充、增建、改建或經營殯葬設施之取締及處理。

13. 違法從事殯葬服務業及違法殯葬行為之處理。

14. 殯葬消費資訊之提供及消費者申訴之處理。

15. 殯葬自治法規之擬（制）定。

16. 埋葬、火化及起掘許可證明之核發。

17. 違法設置、擴建、增建、改建殯葬設施、違法從事殯葬服務業及違
法殯葬行為之查報。

㈢殯葬文化之教育與改革

由於時代的變遷，以往生者的人權而言，現實社會就有不勝枚舉的個案，足以讓其悲傷不已，甚而有辱其身為人的尊嚴。例如：⑴家屬或承辦其殯葬事宜者，未予尊重成年人生前預立之遺囑或已填具之意願書；⑵殯葬服務業擅自進入醫院招攬業務；⑶未經家屬同意就自行運送屍體，甚至強索高額費用，否則屍體拒絕歸還；⑷在死亡災難現場，不顧家屬失去親人悲痛，即當面爭搶殯葬生意。除此之外，更有出殯行列途中，子女無有失親痛哭之情，反而卻雇用專人花車上演大唱哭墓情節，真不知往生者情何以堪。因此，不但學校或社教機構要加強生死學及往生者人權的教育，更應要求殯葬服務業加強所屬成員的教育講習、在職訓練，同時也應定期接受評鑑，以充分改善殯葬文化，進而充實或豐富往生者的人權內涵。

㈣訂定往生者人權保護法

往生者人權的保障，基本上並不能只由民間的習俗及道德性的作為來

反應，政府必須在政策上有所行動。一方面對民間的陋習有所革新，二方面也應有前瞻性的導引。譬如對民族掃墓節的維護，其對往生者的人權尊重，當有其崇高的意義，但對於民間無主墳墓，卻始終沒有一很妥切的措施來管理，甚至任由其「自生自滅」。再者在掃墓時節，如前所述許多無主墳墓亦經常被鄰墓子孫傾倒垃圾，社會與政府卻視若無睹，試問在往生者的人權尊重上，不是一奇大的譏諷嗎？因此無論如何，往生者的人權尊重並不是一項口號，政府應該有更積極的政策作為如制定「往生者人權保護法」，以確實體現往生者全方位的人權保護。

　　總而言之，往生者生前種種，對「後人」或「新生命」固有其「啟發性之教訓」，也值得謹記在心而有所成長。同時，往生者既已往生，其「靈魂」不但當無尊卑與貴賤之分，其人權上的「尊嚴」亦應無有「階層化」之必要，反而必須使其回歸原點，一律受到「尊嚴性的對待」，如此方足以體現人類「生命的究竟」及其「核心的價值」，使她（他）們的靈魂不但「有希望」，而且也能安心於其真正的未來之「善」。因為如John Kiley醫生所言，如果生命沒有真正的價值，死亡又何須任何的尊嚴？（Loius P. Pojman著，江麗美譯，1995：xiii）另正如聖嚴法師所言：「人的出生即已確認，死亡必有來臨的一天。生命若無尊嚴，生命何喜之有？死亡若有尊嚴，死亡又何必悲哀？」。故總結而言，至少若有靈界在，尚存者當不可成為往生者痛苦的來源。

參考資料 ▌▌▌▌➡

楊鴻台，1997，**死亡社會學**，上海社科院出版社。

施文森，2001，**美國聯邦最高法院憲法判決選譯**，司法院編印。

Peter Singer著，劉莘譯，2005，**實踐倫理學**（*Practical Ethics*），北京：東方出版社。

Loius P. Pojman 著，魏德驥譯，1997，**解構死亡**（*Life and Death: A Reader* *in Moral Problems*），台北桂冠圖書公司。

Loius P. Pojman著，楊植勝等譯，1997，**生死的抉擇**，台北桂冠圖書公司。

王利明，2005，**人格權法研究**，中國人民大學出版。

藤井正雄等著，陳玉華等譯，1997，**生命的抉擇**，台北：東大圖書公司。

Loius P. Pojman著，江麗美譯，1995，**生與死**，台北桂冠圖書公司。

台北市政府殯葬管理處

http://www.mso.taipei.gov.tw/925-6.htm

從歷史鞭屍到死者為大

http://enews.url.com.tw//archiveRead.asp? scheid=31071

洪茂雄：改革者的悲歌

http://www.libertytimes.com.tw/2005/new/jan/25/today-o1.htm

生死學介紹

http://tw.knowledge.yahoo.com/question/? qid=1205080922233

INTERNATIONAL SYMPOSIUM ON BRAIN DEATH

http://www.changesurfer.com/BD/1996/1996Program.html

All Corpses Are Bodies, But not All Bodies Are Corpses

http://www.koerperwelten.de/en/pages/snk_leichen_tote.asp

第十五章
第三世界的人權侵犯與政治變遷

　　依據學者對政治發展的經驗研究顯示，第三世界歷經朝代政治、殖民統治到發展中的民主（Developing Democracy），基本上均與該國家存在著不同程度的「人權侵犯」（Human Rights　Violations）有著密切的辯證關係。換言之，朝代政治時期的人權侵犯是最為嚴重，然後的殖民統治、威權體制、民主鞏固（Democratic Consolidation）到憲政民主則是處在依次遞減的狀態。（Juli Mertus & Jeffrey W. Helsing, 2006）

　　然依據民主的理論而言，國家本來就是因人民的需要及是為社會正義（Social Justice）而存在，自然對民主及善的治理（Good Governance）而言，人權與政權間是有其相互的依存性（Interdependence），即「不可分割的人權」（Indisvisible Human Rights）對善的治理是必要的條件，也是一種國家的責任（State Responsibility）。（Martin Scheinin, 2002: 29-44; Gudmundur Alfredsson, 2002: PP.19-27）

　　當然，無論該政府權威當局對人權的侵犯是如何辯解，終究只是在合理化其對國民基本人權侵犯的正當性。因為事實上，其關鍵點乃是在政治權力所帶來龐大的既得利益，才是統治者不願向人民表示道歉與悔意的真正原因，而此也正是開發中國家人民終會在政治的絕望中採取激烈的手段如街頭暴動（Street Insurgency）、武裝叛亂(Armed Rebellion)、政治暗殺（Political Assassination），甚或以革命（Revolution）來終止當權者對人民持續的人權侵犯的原因。（Henri Vot & G. karasimeonov, 2001: PP.119-146; S. N. Eisenstadt, 1978: 230）

一、人權侵犯的概念

「人權侵犯」（Human Rights Violation）顧名思義就是對人的基本權利種種形式的戕害，其中包括在精神（Spirits）、思想觀念（Ideas）、制度（Institution）與行為（Behavior）上進行威權性的歧視（Discrimination）、侵略（Aggression）、壓制（Repression）與篡奪性的剝削（Usurpative Exploitation）。

在封建王朝時代，帝王以武裝力量制服群雄而威霸天下，所謂「莫非王土」、「莫非王臣」即是其「獨裁統治」（Dictatorship）的最好寫照，人民曰為其「子民」，亦是屬絕對的「被統治者」，甚者更嘗假藉「神權」而威嚇百姓，以成就其「絕對的統治」，人民的人權可謂是受到完全的侵犯。

由於民主國家一方面認為人權是「普世的價值」（Universal Value），二方面如前所述，人權是超越國家主權與國界，因此比較認同全球人權應有其一致的絕對性，無分國籍、種族、語言、出生地、性別、年齡、貧富，均應平等的被對待（Be Treated Equally）。可是對於非民主（共產）的國家而言，則堅持人權非絕對的規範，理應尊重各國不同的文化傳統，因此對於民主國家人權侵犯的指控，均不予接受，進而嚴重影響該國憲政民主的政治發展之進程。

二、人權侵犯與政治變遷

政治變遷（Political Change）通常是指政治狀態更迭的現象，舉凡政權的轉移（Regime Transformation）、政治體制（Political System）的改變或是叛亂（Rebellion）的發生，均可視為是政治的變遷。惟依據學者的研究顯示，政治變遷乃是一種連續的過程（Continuous Process），有其短程、中程及遠程的變化；它產生的原因也有其隱性或顯性等多元而又複雜的因素。

　　就開發中國家政治發展經驗而言，如圖 15-1 所示，政治變遷主要可分為兩種，其一是屬「憲法性的變遷」（Constitutional Change），是依據憲法規範所造成政治事務改變，即使會造成某種程度的政治衝突（Political Conflicts）與社會壓力（Social Tensions），它也是屬局部性的與和平的抗爭（Peaceful Protest），至多是為政府的變遷（Government Change）。其二則是屬「非憲法性的變遷」（Unconstitutional Change），它是不依據憲法規範所造成政治事務的改變，不但會造成政治社會零合性的衝突（Zero-sum Conflicts），而且也會形成全面性極端與非和平性的抗爭（Radical & Violent Protest），進而造成非和平的「政權改變」（Regime Change）。（Lawson, Kay,1993: PP.549-574 ; David Sanders,1981: 62, 96）

三、人權侵犯對政治變遷的影響

　　依據學者經驗研究顯示，引發政治變遷的因素雖然複雜，但主要仍可分成政治系統「內發的變遷」（Endogenous Change）與「外發的變遷」（Exogenous Change）兩方面及其相互的影響與刺激所形成。政府若能積極而有效率的以人權立法（Legislating for Human Rights）來改善國內的人權水準，且能持續的增強國民的人權教育（Human Rights Education），則該國因重視人權所帶來的政治績效（Political Performance），必會因其「制度正當性」（Institutional Legitimacy）與「政府治理正當性」（Governmental Legitimacy）的雙重提升而促進其政治安定（Political Stability）在政治發展

圖 15-1　政治變遷的軌跡

上功能性的增強。（Cooper, Jonathan & Adrian Marshall-William, 2000）因為畢竟承如學者所言，政府對於人權是必須有一定水準的尊重。具體言之，善的治理（Good Governance）是必須對人權、法治（Rule of Law）、民主化（Democratization）、正當性的政府（Legitimate Government）及活化市場經濟（Market Economy）有所承諾的。換而言之，沒有人權的體現，善治理的任務是不可能達成的（Sano, Hans-Otto,2002:126-128,132）

不過，若政府是反其道而行，即一方面漠視全球化（Globalization）中人權的發展，一方面故意忽視人權立法與教育，三方面對人權侵犯亦完全不負責任，則該國政府勢必在「政府治理正當性」（Governmental Legitimacy）與「制度正當性」（Institutional Legitimacy）的雙重下降中埋下政治不安定（Political Instability）的種子，進而導致「政治的衰敗」（Political Decay）。現若以 2002 年 5 月 20 日成立的東帝汶民主共和國（Democratic Republic of East Timor）為例，其之所以會堅持經由公民投票（Plebiscite）來尋求獨立，主要也是因為印尼政府多年來對東帝汶人權侵犯及高壓統治所造成。根據人權組織的統計，東帝汶自 1975 年被強迫併入印尼版圖成為第 27 省以來，至少已經有 20 萬人死於印尼政府的虐殺行動中。較著名的殺戮罪行應屬發生於 1991 年 11 月 12 日的「聖塔克魯斯虐殺事件」，當時獨立派計畫在東帝汶首府發動示威遊行，三千多名獨立派人士遊行到被印軍屠殺的東帝汶烈士墳墓，他們手持標語，高喊「東帝汶萬歲」，印尼軍警卻突然向群眾掃射，被殺者達三百多人。這些嚴重的人權侵犯，事實上就是成為東帝汶人民為何拼死仍要尋求獨立的原因。（http://proj.ncku.edu.tw/seataiwan/prof%20dai/16.pdf）

四、第三世界的民主發展與人權侵犯 ▊▊▊▊➡

依據 Joseph Schumpeter 的研究指出，民主雖然有其理念，但真正的重點仍然歸結於民主核心是屬工具性價值（Instrumental Value）的方法。（Gerry Mackie,2009:138-141）各國民主發展的程度，基本上就是取決於其

競爭的方法。現若以政黨的政治競爭性（Political Competitiveness）來區分
政府的政治體制（Political System），大體上就有威權政體（Authoritarian
System），半競爭政體（Semi-Competitive System）及競爭政體（Competitive System）等三種，結果在人權侵犯的程度上亦有一大體的趨向，即如圖
15-2 所示，在人權侵犯上依威權政體、半競爭政體及競爭政體而有逐漸下
降的態勢。主要原因是政權在具有競爭的政治壓力下，是比較會以改善人
權來穩定其繼續執政的機會。換而言之，無論如何，調查中多數威權國家
的人權侵犯是比具有民主政治制度的國家來得多。（Pourgerami , Abbas,199:
22-23）不過，值得關切者，即依據學者的調查發現，民主發展的程度、自
由與人權並無統計上絕對的相關性，如表 15-1 所示，1986 年許多具有競爭
性政府的國家仍然有不同程度的人權侵犯。如威權體制的國家 United Arab
Emirates 及 Nigeria 仍有法治（Rule of Law）的運作，屬於競爭體制的國家
如 Argentina、Uruguay、Colombia、Guatemala、Ecuador 卻有恐怖治理
（Rule of Terror）的現象，顯示各國在特殊的政治生態或經濟狀況中，往往
會為了國家安全、政治安定、社會秩序或宗教文化種種的理由而有不同的
人權對待。

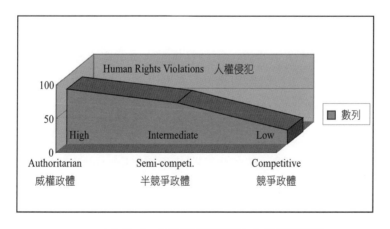

圖 15-2　不同政府體制的人權侵犯趨勢

表 15-1　不同政府體制與人權侵犯的概況

		民主程度 DEMOCRACY		
		威權體制 Authoritarian	半競爭體制 Semi-competitive	競爭體制 Competitive
人權	法治	United Arab, Empirates Nigeria	Mauritius, Singapor, Panama, Mexico	Cyprus, Jamaica, Bahamas, Venezuela, Costa Rica, Portugal
	主要侵犯	Oman,Jordan,Congo,Mauritarnia,Central African,Niger, Kuwait	Gabon,Algeria,Malaysia,Tunisia,Paraguay,Zambia,Tanzania	Brazil,Thailand,Guyana,Sudan,Gambia,Greece,Iserael
	恐怖統治	Chile,Syria,Libya,Iran,Iraq, Viet Nam,Uganda,Chad	South Africa,Turkey Lebanon,Morocco, Liberia	Argentina,Uruguay Colombia,Guatemala,Ecuador

資料來源：Abbas Pourgerami, 1991, Development and Democracy in the Third World,Oxford: Westview Press,P. 26

五、開發中國家的人權侵犯 ▌▌▌▌▶

　　就理論上而言，如圖 15-3 所示，憲政民主（Constitutional Democracy）是以立憲主義（Constitutionalism）為前提，而立憲主義（Constitutionalism）卻是以尊重人性（Human Nature）之人權為基礎。換而言之，開發中國家所以會經常出現「沒有立憲主義的憲政」（Constitution without Constitutionalism），即是徒有一部憲法卻沒有具體實踐人權所致。最明顯的如早期的前蘇聯憲法（1977 年通過）第六條規定：「蘇聯共產黨是蘇聯社會的領導力量和指導力量，是蘇聯社會政治制度以及一切國家機關和社會團體的核心。」（董云虎＆劉武萍，1991: 400）又如 1978 年通過的中華人民共和國憲法第二條即規定：「中國共產黨是全中國人民的領導核心。」（董云虎＆劉武萍，1991:830）在在皆表明共產黨是國家唯一的統治者，不容許任何人反對，顯然不合乎現代立憲主義之理念，共產政權也算不上是「憲治政府」（Constitutional Government）（周陽山，1992: 31）。而此即可充分證明，除了已開發國家的規範性憲法（Normative Constitution）外，開發

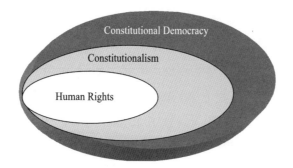

圖 15-3 憲政民主、立憲主義與人權的關係

中國家的名義性憲法(Nominal Constitution)及共產國家的語意型憲法（Sem-antic Constitution），均難體現人權。（Susan Alberts, 2009: 127-144）

再者，依據學者的調查研究顯示，非民主政權的政治運作，基本上對於人民及異議人士，相當程度上無所謂「政治信任」（Political Trust）可言（J. S. Maloy, 2009: 502-503）。依此遂在不同程度上背離立憲主義與法治的人權侵犯。尤其值得注意的，即非民主政權不像民主政權為一能不斷論辯及自我修正的體系（Self-correcting System），故其對人權的違反，經常是處在持續惡化的狀態。

六、人權侵犯的政治效應

如前所稱，人權是一普世的價值（Universal Value），假如全球均已有如此的認知與共識，則不論是個人或政府均會遵守及實踐此一規範，甚至成為憲法及法律的重要主體之一。凡是違反者，也皆會依據程序正義（Pro-cedural Process）的原則來執行懲治。西歐等先進的民主國家，莫不依此邏輯來運作。但是第三世界的新興國家通常無上述的共識，且在「先天不足」與「後天失調」的惡性循環中陷於無窮盡的衝突之中，嚴重者甚至會因政府的人權侵犯而導致社會運動、內戰（Civil War）或革命（Revolution）的爆發。

㈠革命的發生

依據學者 D. H. Russell 的研究發現，政治革命（Revolution）是衝突極化（Polarization）後最通常的現象，即是下層階級（Inferior Classes）為了爭取自由而用暴力來反對上層的權力集團。更具體的說，當憲法和政府同時被改造時，革命即已發生。（D. E. Russell, 1974: 58）由此可知，革命的構成有以下幾項重要特點，其一是手段上使用的改變。（Robert J. Jackson & Michael B. Stein,1971: 350）開發中國家之所以容易產生革命，事實上相當比例是因為政府長期對人民嚴重的人權侵犯所造成。以政治心理學（Political Psychology）的角度而言，非民主政權的人權侵犯，即容易激起人民對政府的抱怨與不滿。尤其是當其轉變成政治衝突，而政府又沒有適當的回應與疏壓時，此一衝突在相關因素的刺激後，就會由「非零合衝突」轉變成「極化」及「勢不兩立」的「零合衝突」（Zero-sum Conflict），而此即埋下內戰或革命的種子。

再者，以人民與政府間「期望」（Aspiration）、「成就」（Achievement）與「滿足」（Satisfaction）的變項而言，如圖 15-4 所示，政府的人權侵犯基本上就會擴大人民「期望需求滿足」（Expected Need Satisfaction）與其獲得「實際需求滿足」（Actual Need Satisfaction）的差距。但此一現象若發生由可以忍受的差距（Tolerable Gap）惡化到全面不可忍受的差距（Intolerable Gap),即會快速增強革命的心理條件。換而言之，這就是一種「期望日增的革命」（Revolution of Rising Aspirations）。不過依據研究指出，當國家或政府嚴重侵害到人民的權益，人民便得行使抵抗權（Civil Disobedience），即抵抗暴政或惡法壓迫的權利，尤其是在以下的情況下，更可能暴發人民全面性的抗暴：1.絕大多數的人民確實已受到政府的迫害；2.此種迫害已經持續一段很長的時間；3.此種迫害是源自於政府的故意；4.此項故意是來自於政府邪惡的動機。

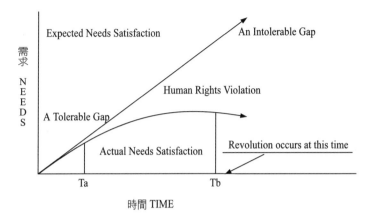

圖 15-4 人權侵犯與革命心理的形成

資料來源：參考 B. C. Smith,2003,Understanding Third Politics:Theories of Political Change & Development, New York:Palgrave Macmillan,P.230.

㈡政治性社會運動的爆發

對於開發中國家而言，政府對人民的人權侵犯，雖然是革命的主因，但革命也不是毫無預警的發生。事實上依據政治發展的經驗顯示，革命爆發前，總是會持續出現許多社會的暴力或非暴力的社會運動(Social Movement)，這就是人民對政府人權侵犯抗爭（Protest）最明顯的表示。

社會運動（Social Movement）是一群人自發性（Spontaneity）進行有組織促進或抗拒改變（Organize to Promote or Resist Change）的集體行為（Collective Behavior）。（Paul Wilkinson,1974:29-32）但她們組織性的行為是有其「特定的目標」（Definite Goals）或理想性的「意識型態」(Ideology)，而且也企圖在行動中強烈的表達及影響民意（Public Opinions）與公眾價值（Public Values），甚至改變政府的決策。尤其是涉及政治性的社會運動，其間至少有四項特徵是最受矚目的，其一是個人、團體或組織間非正式的互動網絡；其二是參與者有共享的認同信念與凝聚力；其三是突顯衝突的集體行動；其四則是暴力或非暴力抗爭手段的運用。（Donatella del-

321

la/Mario Diani 著，苗延威譯，2002:6-18）

　　換言之，社運的抗爭行動，通常是以非傳統、間接的方式來干預政府的決策，但為了成功，此抗爭仍會創造正面的刺激，以引發社會更多感動與同情性的支持與參與。社會運動依據不同的指標，即會有不同的類型，但大體來說除了最嚴重的「革命」外，其它則是屬於「改革」（Reform）、「抵抗」（Resistance）與「烏托邦」（Utopia）的運動。政府的人權侵犯，事實上依據其嚴重性，也皆會分別發展出前述「革命」、「改革」、「抵抗」與「烏托邦」等不同類型的社會運動。（范珍揮等編，1999:58-60）同時以社會運動的發展階段而言，政府或國家人權侵犯議題，也會產生強而有力的「觸媒反應」（Catalytic Reaction），即因其嚴重性所產生人民生存權的被「絕對剝奪感」（Absolute Deprivation）或因期望與需求之落差擴大的被「相對剝奪感」（Relative Deprivation），均會對社運發展的不同階段如：(1)局部不滿暴發（序幕揭開）、(2)不滿普遍擴散（焦點結晶）、(3)訴諸行動（組織動員）與(4)制度化（抗爭收編）產生一定程度的催化作用。即使政府或國家使用高壓的手段，或可維持短期壓制性的秩序（Repressive Order），但長期而言，終將因人民集體正義的怒吼而衰敗。

　　然依據學者的經驗研究顯示，開發中國家通常即使原來只是非政治性的社會運動，也會在政府一再侵犯人權下而轉變成政治性的社會運動。譬如東歐第一個工會組織，即是由華勒沙（Lech Walesa）所領導的團結工聯（Solidarność），本來只是一單純的工會，後來卻演變成為勞工政治性社會運動的主體。主要問題即是當時政府的高壓統治，包括對其領導人的拘禁、隔離，數千名團結工聯支持者的被捕，使團結工聯轉變成高度政治性的抗暴組織，如在其黨綱中即明示：「歷史告訴我們，沒有自由便沒有麵包。而我們心裡有的不只是麵包、奶油和臘腸，還有正義、民主、真理、合法性、人性尊嚴、信念的自由以及對共和國的改革。」簡而言之，她們在多次運用罷工和其他抗議行動來逼迫政府改變政策後，情勢發展到最後則是

Lech Wałęsa 被選為《時代雜誌》的年度風雲人物，1983 年不但獲得了諾貝爾和平獎，1990 到 1995 年，更當選為波蘭共和國總統。（http://en.wikipedia.org/wiki/Solidarity）

㈢威權控制與轉型

對於非民主政體人權的侵犯，就政治發展的理論與經驗而言，政府的政治正當性的高低是會隨著其侵犯的「普遍性」與「嚴重性」而產生變化。換而言之，假如國家與政府只是對極少數的「政治異議份子」（Political Dissenters）有人權迫害的情事，人民的反應相當可能就是在「明哲保身」等「臣屬型政治文化」（Subject Political Culture）中「默默承受」，至多也是「敢怒不敢言」而已。但假如是已經大規模侵犯到人民的基本人權如生存權、財產權與自由權等，則政府政治正當性的危機就會隨之升高，甚至威脅到該國的「政治安定」。

不過依據學者的研究顯示，非民主政權的統治者，通常是不會由自動自發的覺醒而積極進行人權的政治改革。其最普遍的做法就是隨著人民的反抗而提高政治的控制，進而維持其壓制性的秩序（Repressive Order）。譬如以政黨體制與政變的關係為例，依據學者 Fred R. Von Der Mehden 的調查 83 個新興國家獨立後的政治發展，結果如表 15-2 所示，愈是獨裁的政黨體制其政變的比例愈低，愈是採行民主國家的的政黨體制，其政變的比例反而愈高，而此也可以部分說明亞非及拉丁美洲的第三世界國家盛行一黨制的原因。

此外，依據國內學者江炳倫教授的解釋，如圖 15-5 所示，政治結構的分化（Structural Differentiation）、政治平等的參與（Equal Participation）及政府能力（Governmental Capability）之間，有其政治發展上的辯證關係（Dialectical Relationship）。即政治平等的參與及政府能力之間，通常必須維持一定程度的均衡（Equilibrium），政治結構才能繼續的分化，政治體系也才能持續有所發展。否則，往 P2 偏向發展的結果是會導至民粹主義的

表 15-2　第三世界新興國家獨立後政黨與政變的關係

政黨體制 Party System	國家數 Number	政變國家	
		Number	%
共產黨 （Communist Party System）	3	0	0
一黨制 （One-party System）	18	2	11
一黨居主制 （One-party Dominant System）	12	3	25
兩黨制 （Two-party System）	11	5	45
多黨制 （Multiparty System）	22	15	68
無效政黨制 （No Effective Parties System）	17	14	83

資料來源：Huntington ,Samuel P.,1997, "Political Development and Political Decay" in Roy C. Macridis & Bernard E. Brown (eds.),Comparative Politics : Notes and Readings, Homewood, Illinois: The Dorsey Press,P.53.

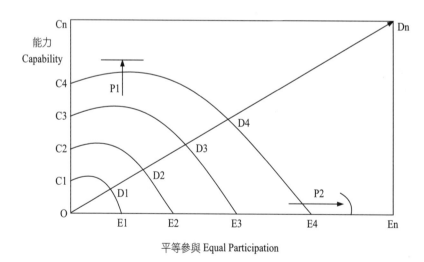

平等參與 Equal Participation

圖 15-5　結構分化、平等參與及政府能力的關係

資料來源：江炳倫，《政治學論叢》（台灣商務印書館，1973），頁 34-35。

「暴民政治」（Mobocracy），若過度往 P1 偏向發展的結果是會導至僵化的威權獨裁統治。由此亦可說明，當政府欲宰制人民平等的政治參與時，以高壓手段維持其政治及社會秩序，乃是必然的結果。

然值得關切者，許多威權轉型成功的國家，為彌補非民主時期嚴重的人權侵犯，乃有所謂「轉型正義」（Transitional Justice）的行動，以一方面為被犧牲者討回應有的正義，二方面也希望因此能減少衝突而獲得往後更多的正義、民主與秩序。（Paige Arthur, 2009:357. Bronwyn A. Leebaw, 2008:116-117）如台灣地區政治發展中的二二八事件，在首屆民選總統產生後，執政當局於各方的強烈要求下，乃有調查公布史實真象、立法賠償受難家屬、立碑紀念死難者、建立受難者紀念館……等種種舉措，目的就是藉此為過去大規模白色恐怖的屠殺、濫捕與酷刑致上最真誠的道歉，同時也為未來憲政民主的發展奠定政治整合（Political Integration）和族群和諧的基礎。

惟極少的事例如蘇聯共產政權的解體，即蘇聯帝國的崩解，雖有其長期而複雜的因素所促成，但當時假如沒有戈巴契夫（Mikhail S. Gorbachev）的覺醒，認為人類必須尋回人類普遍性的價值，進而建立新文明的典範。同時，他更認為代表專制暴虐的史達林主義（Stalinism）事實上就是抑制蘇聯民主發展的元兇，遂領導「由上而下」及「由內而外」的改革策略，積極啟動政治和經濟上的開放，使人民有機會提早享受較接近人權民主的生活。

七、結論

從以上的探討中，吾人不難發現，第三世界非民主政權的人權侵犯，已經隨著威權轉型（Transition from Authoritarianism）而有所改變。其中主要的因素乃是源於世界民主人權NGOs的衝擊與國內人民日漸升高的需求。換而言之，人民在態度上，已可由消極的「默默承受」及「避免政府的迫害」，轉變成積極要求人權政策與內涵的充實（Enrichment），尤其是在自

由（Freedom）之外，更應注意平等（Equality）的人權政策決定與執行，因為，畢竟不平等與政治不安定是有必然的關係。（Robert R. Kaufman, 2009:377-378）至於處在民主鞏固階段的國家，或欲持續其民主執政的時間（Durability），則如何「有效率」、「有效能」及「有效果」的建構包括人權教育在內的公民社會環境，當然就會成為其憲政民主是否能真正成功的主體因素。

參考資料 ▌▌▌▌▶

許治雄，「未成年人之人權」，**月旦法學教室（1）公法學編** *1995-1999*（台北：元照出版，2000）。

葉保強，**人權的理念與實踐**（香港：天地圖書公司，1991）。

王德祿、蔣世和編，**人權宣言**（香港：中國圖書刊行社，1995）。

Michael Freeden 著，孫嘉明袁建華譯，**權利**（*Rights*）（台北：桂冠圖書，1998）。

董云虎，「資產階級天賦人權觀剖析」，馮卓然、谷春德主編，**人權論文集**（北京：首都師範大學出版社，1992）。

Herbert M. Levine 著，王業立等譯，**政治學中爭辯的議題**（台北：韋伯文化事業出版社，1999）。

Austin Ranny 著，陳想榮譯，**眾人的管理**（*The Governing of Men*）（台北：台灣商務印書館，1967）。

李步云，「人權的普遍性和特殊性」，王家福、劉海年、李林合編，**人權與** *21* **世紀**（北京：中國法制出版社，2000）。

陳忠信，「台灣社會傳統與現代因素的競賽：公民社會出現了嗎？」，時報文教基金會，**邁向公與義的社會：對** 21 **世紀台灣永續經營的主張（上）**（台北：時報文教基金會，2000）。

顧忠華，「民主社會中的個人與社群」，殷海光基金會主編，**市民社會與民主的反思**（台北：桂冠圖書公司，1998）。

何增科，**公民社會與民主治理**（北京：中央編譯出版社，2007）。

豬口孝著，劉黎兒譯，**國家與社會**（台北：時報出版社，1992）。

丁仁方，**威權統合主義：理論、發展與轉型**（台北：時英出版社，1999）。

董云虎＆劉武萍，**世界人權約法總覽**（成都：四川人民出版社，1991）。

周陽山，**學術與政治的對話－憲政與民主**（台北：正中書局，1992）。

Brian Innes原著，李曉東譯，**人類酷刑史**（*The History of Torture*）（吉林：時代文藝出版社，2001）。

孫萌，「虐囚事件與國家責任」，徐顯明主編，**人權研究：第四卷**（山東：人民出版社，2004）。

John martin Fischer & Mark Ravizza 原著，楊韶剛譯，**責任與控制**（*Responsibility and Control*）（北京：新華書店，2003）。

陳云生，**反酷刑：當代中國的法治和人權保護**（北京：社會科學文獻出版社，2000）。

劉海年等編，**人權與司法**（*Human Rights and Administration of Justice*）**學術研討會論文集**（北京：中國法制出版社，1998）。

易延友，**沉默的自由**（北京：中國政法大學出版社，2001）。

夏勇，H. Thelle 等編，**如何根除酷刑**（*How to Eradicate Torture*）（北京：社會學文獻出版社，2003）。

Richard A. Posner 著，蘇力譯，**正義／司法經濟學**（中國政法大學，2002）。

陳隆志主編，**國際人權法：文獻選集與解說**（台北：前衛出版社，2006）。

王孔祥，**國際人權法視野下的人權教育**（北京：時事出版社，2008）。

Betty A. Reardon 著，馮朝霖審訂，蔣興儀、簡瑞容議譯，**人權教育：權利與責任的學習**（*Educating for Human Dignity-Learning About Rights and*

Responsibilities）（台北：高等教育出版公司，2002）。

Donatella della / Mario Diani 著，苗延威譯，**社會運動概論**（台北：巨流圖書公司，2002）。

范珍揮等編，**社會運動**（台北：國立空中大學，1999）。

江炳倫，**政治學論叢**（台灣商務印書館，1973）。

東帝汶獨立始末
http://proj.ncku.edu.tw/seataiwan/prof%20dai/16.pdf
世界各國推動學校人權教育之比較研究報告
http://www.scu.edu.tw/hr/hu_education/20040419/articles/hsu_c.doc

Alberts, Susan, 2009, "How Constitutions Constrain" *Comparative Politics*, Vol. 41, No.2, January.

Alfredsson, Gudmundur, 2002, "The Usefulness of Human Rights for Democracy and Good Governance" in Hans-Otto Sano & G. Alfredsson (eds.), *Human Rights and Good Governance*, London: Martinus Nijhoff Publishers.

Arat, Zehra F., 1991, *Democracy and Human Rights in Developing Countries*, Boulder & London: Lynne Rienner Publishers.

Arthur, Paige, 2009, "HowTransitions Reshaped Human Rights: A Conceptual History of Transitional Justice", *Human Rights Quarterly*, Vol.31.

Berglund, Sten, Frank H. Aarebrot, Henri Vot & G. karasimeonov, 2001, *Challenges to Democracy*, Massachusetts: Edward Elgar Publishing, Inc.

Binder, Leonard, 1966,"Ideology and Political Development," in Myron Weiner (ed.), *Modernization: The Dynamics of Growth*, London: Basic Books,Inc.

Brownlie, Ian, 1997, *Baic Documents on Human Rights*, New York:Oxford University Press.

Buchanan,James M., 1986, *Liberty Market, and State*, Harvester Press.

Cooper, Jonathan & Adrian Marshall-William, 2000, *Legislating for Human Rights: The Parliamentary Debates on the Human Rights Bill*, Oxford & Portland Oregon: Hart Publishing.

Davies, James C.1968, "Toward A Theory of Revolution," in Roy C. Macridis & Bernard E. Brown (eds.), *Comparative Politics*, Illinois: The Dorsey Press.

Donnelly, Jack, 1989, *Universal Human Rights in Theory and Practice*, Cornell University Press.

Donnelly, Jack, 1993, *International Human Rights*, Oxford: Westview Press.

Donnelly, Jack, 2007, "The Relative Universality of Human Rights" *Human Rights Quarterly*, Vol.29, No.4.

Dor ,Gabrief Ben , 1975, "Institutionalization and Political Development: A Conceptual and Theoretical Analysis," *Comparative Studies in Society and History*, Vol.17, No.3 (July).

Dowse, Robert E. & John A. Hughes, 1986, Political Sociology, John Wiley & Sons Ltd., Eisenstadt, S. N., 1978, *Revolution and the Transformation of Societies: A Comparative Study of Civilizations*, London: The Free Press.

Feinberg, Joel,1970, "The Nature and Value of Rights," *Journal of Value Inquiry*, Vol.4.

Feinberg, Joel, 1973, *Social Philosophy — Foundations of Philosophy Series*, N. J.: Engliwood Cliffs.

Gilley, Bruce, 2009, "Is Democracy Possible?," *Journal of Democracy*, Vol.200, No.1,January.

Howell,Jude & Jenny Pearce, *Civil Society and Development: A Critical Exploration*, London: Lynne Rienner Publishers.

Huntington ,Samuel P.,1997, "Political Development and Political Decay" in N.

Zahariadis, *Theory, Case, and Method in Comparative Politics*, Harcourt Brace & Company.

Jackson, Robert J. & Michael B. Stein, 1971, "The Issues of Political Revolution," in R. J. Jackson & Michael B. Stein (eds.), *Issues in Comparative Politics*, New York: St.Martin's Press.

Kamrava, Mehran & Frank O. Mora, "Civil Society and Democratization in Comparative Perspective: Latin America and The Middle East"in Carolyn M. Elliott (ed.), *Civil Society and Democracy*, Oxford University Press.

Kaufman, Robert R., 2009, "The Political Effects of Inequality in Latin America: Som Inconvenient Facts", *Comparative Politics*, Vol.41, No.3,April.

Lawson, Kay, 1993, *The Human Polity: A Comparative Introduction to Political Science*, Boston: Houghton Mifflin Company.

Leebaw, Bronwyn A., 2008, "The Irreconcilable Goals of Transitional Justice", *Human Rights Quarterly*, Vol.30, No.1.

Mackie, Gerry, 2009, "Schumpeter's Leadership Democracy" *in Political Theory*, Vol.37, No.1.

Maloy, J. S., 2009, "Two Concepts of Trust", *The Journal of Politics*, Vol.71, No. 2, April.

McLean, Iain,1996, *Oxford Concise Dictionary of Politics*, New York: Oxford University Press.

Mertus, Juli & Jeffrey W. Helsing (eds.), 2006, *Human Rights & Conflict: Eastern Europe Ten Years after the Collapse of Communism*, Washington, D.C.: United States Institute of Peace Press.

Mutua, Makau, 2007, "Standard Setting in Human Rights:Critique and Prognosis" *Human Rights Quarterly*, Vol.29, No.4.

Office of the UN High Commissioner for Human Rights, 2009, *Enforced or In-*

voluntary Disappearances, New York & Geneva: United Nations.

Pourgerami, Abbas, 1991, *Development and Democracy in the Third World*, Oxford: Westview Press.

Russell, D. E.,1974, *Rebellion, Revolution, and Armed Force*, New York: Academic Press.

Sano, Hans-Otto, 2002, "Good Governance, Accountability and Human Rights" in Hans-Otto Sano & G. Alfredsson (eds.), *Human Rights and Good Governance*, London: Martinus Nijhoff Publishers.

Shevel, Oxana, 2009, "The Politics of Citizenship Policy in New States", *Comparative Politics*, Vol.41, No.3,April.

Scheinin, Martin,2002, "State Responsibility, Good Governance and Indivisible Human Rights", in Hans-Otto Sano & G. Alfredsson (eds), *Human Rights and Good Governance*, London: Martinus Nijhoff Publishers.

Sigelman, Lee, 1979, "Understanding Political Instability: An Evaluation of the Mobilization-institution Approach" in *Comparative Political Studies*, Vol.2, No.2 (July).

Smith ,B. C., 2003, Understanding *Third Politics: Theories of Political Change & Development*, New York: Palgrave Macmillan.

Soysal, Y. N.,1994, *Limits of Citizenship: Migrants and Postnational Membership in Europe*, Chicago & London: The University of Chicago.

Stepan, Alfred, 1978, *The State and Society: Peru in Comparative Perspective*, Princeton University Press.

Wellman, Carl, 1978, "A New Conception of Human Rights," *E. Kamenka & A. E. S. Tay, Human Rights*, London.

Wilkinson, Paul 1974, *Social Movement*, Taipei Edition.

Human rights education and training

http://www2.ohchr.org/english/issues/education/training/index.htm

National initiatives

http://www2.ohchr.org/english/issues/education/training/national-initiatives.htm

Civil Society

http://en.wikipedia.org/wiki/Civil_society#_note-5

Democracy Table

http://www.worldaudit.org/democracy.htm

Solidarity

http://en.wikipedia.org/wiki/Solidarity

Three Generations of Human Rights

http://en.wikipedia.org/wiki/Three_generations_of_human_rights

http://www.freedomhouse.org/uploads/fop08/FOTP2008_Charts.pdf

http://www.freedomhouse.org/uploads/fiw09/CompHistData/FIW_Percentage-
    sByRegion.xls

Death Penalty Trends   http://www.amnestyusa.org/death-penalty/death-penalty-
    facts/death-penalty-trends/page.do? id=1011572

Death Penalty Facts

http://www.amnestyusa.org/abolish/factsheets/DeathPenaltyFacts.pdf

Death Sentences and Executions in 2008

http://www.amnestyusa.org/abolish/annual_report/DeathSentencesExecu-
    tions2008.pdf

12-Point Program for the Prevention of Torture

http://www.amnestyusa.org/war-on-terror/reports-statements-and-issue-bri-
    efs/12-point-program-for-the-prevention-of-torture/page.do? id=1031033

Enforced Disappearances

http://www.amnesty.org/en/enforced-disappearances

The International Convention for the Protection of All Persons from Enforced
Disappearance

http://en.wikipedia.org/wiki/International_Convention_for_the_Protection_of_
All_Persons_from_Enforced_Disappearance

Freedom of The Press

http://www.freedomhouse.org/uploads/Chart113File158.pdf

國家圖書館出版品預行編目資料

民主社會的人權理念與經驗／彭堅汶著. --四版.
--臺北市：五南， 2013.07
　　面；　公分.
ISBN 978-957-11-7133-3（平裝）

1.人權

579.27　　　　　　　　　　　　　102009421

1PR6

民主社會的人權理念與經驗

作　　者 － 彭堅汶 (277.2)

發 行 人 － 楊榮川

總 編 輯 － 王翠華

主　　編 － 劉靜芬

責任編輯 － 蔡惠芝

封面設計 － P.Design 視覺企劃

出 版 者 － 五南圖書出版股份有限公司

地　　址：106 台北市大安區和平東路二段 339 號 4 樓

電　　話：(02)2705-5066　傳　　真：(02)2706-6100

網　　址：http://www.wunan.com.tw

電子郵件：wunan@wunan.com.tw

劃撥帳號：01068953

戶　　名：五南圖書出版股份有限公司

台中市駐區辦公室 ／ 台中市中區中山路 6 號

電　　話：(04)2223-0891　傳　　真：(04)2223-3549

高雄市駐區辦公室 ／ 高雄市新興區中山一路 290 號

電　　話：(07)2358-702　傳　　真：(07)2350-236

法律顧問　林勝安律師事務所　林勝安律師

出版日期　2006 年 9 月初版一刷
　　　　　2008 年 4 月二版一刷
　　　　　2010 年 3 月三版一刷
　　　　　2013 年 7 月四版一刷

定　　價　新臺幣 380 元